KB038779

마인드 다이어트

명상 기반의 자기조절

| 김완석 저 |

학지사

머리말

　많은 사람이 다이어트에 도전합니다. 사람들이 다이어트를 하는 이유는 자신의 몸에 대해 불만족하기 때문이지요. 몸이 너무 부겁게 느껴져서, 살이 찌면 우울해서, 입을 옷이 없어서, 쉽게 피곤해지고 게을러져서, 자신의 몸매가 마음에 안 들어서 등의 여러 가지 이유로 불필요한 지방과 몸무게를 줄이고, 근력과 지구력을 키우고, 외형적으로 아름답고 멋져 보이는 신체를 만들고 유지하고자 합니다. 하지만 다이어트에 성공하는 경우는 실패하는 경우에 비해 훨씬 더 적은 것 같습니다. 이는 그만큼 다이어트가 어렵다는 것을 보여 주는 것입니다. 게다가 다이어트에 성공했다고 해도 꾸준히 지속하지 않으면, 다시 원치 않는 상태로 돌아갑니다. 영원한 성공이란 없는 것이지요. 어쩌면 다이어트는 실패할 수밖에 없는 일에 대한 무모한 도전일지도 모릅니다. 인간의 몸은 다치거나 병들거나 아니면 늙거나 하여 결국 스러지게 되어 있는 것이 섭리이니까요. 그래도 우리는 다이어트를 계속합니다.

당신의 마음은 어떻습니까? 자신의 마음에 만족하시나요? 마음이 너무 무겁지는 않으신가요? 과도한 스트레스로 어려움을 겪고 있지는 않으신가요? 몸에 때가 끼듯이 마음에 묵은 때가 끼어 있지는 않으신가요? 끊임없는 잡다한 생각으로 골치가 아프지는 않으신가요? 뭔가 내 마음에 문제가 있다고 여기지는 않으시나요? 내 마음대로 되지 않는 마음 때문에 불만족스러우세요? 내가 무엇인가에 힘없이 질질 끌려다닌다는 느낌은 없으신가요? 마음을 좀 가볍게 하고 싶지 않으세요? 마음을 균형 잡히고 안정되며 유연하고 지혜로운 것으로 키우고 싶지는 않으신가요? 내 몸과 마음을 온전히 내가 원하는 삶으로 향하게 하고 싶지는 않으신가요?

마인드 다이어트, 어떠신가요? 통상적인 다이어트가 신체적으로 불필요한 지방이나 살을 빼고, 건강하고 자연스러운 외형과 신체기능을 증진하는 것이라면, 마인드 다이어트는 정신적으로 불필요한 생각이나 감정을 줄이고 건강하고 바람직한 생각과 감정을 증진하는 것이라 할 수 있습니다.

이 책은 인류의 오랜 문화유산인 명상을 통해 자신이 진정으로 원하는 삶을 살아가는 데 필수적인 자기조절력을 향상시키는 방법을 스스로 훈련할 수 있도록 하는 마인드 다이어트 프로그램을 소개하고 있습니다. 사람마다 사는 목적은 다를 수 있겠지만, 궁극적으로 건강하고 행복한 삶을 추구한다는 점에서는 차이가 없습니다. 그러려면 자신의 마음을 이해하고 적절하게 조절할 수 있는 자기조절력이 꼭 필요합니다. 마음은 행동의 원인이 되기 때문에, 마음을 조절한다는 것은 결국 자신의 마음뿐 아니라 몸으로 구현하는 행동까지 조절한다는 것을 의미합니다. 그런 점에서 마인드 다이어트는 신체에만 치중하는 다이어트가 아니라 몸과 마음 모두를 아우르는 다이어트이며, 진정한 다이어트라 할 수 있습니다.

명상은 우리 인류의 조상들이 수천 년 전부터 심신의 건강과 행복을 위해 여러 가지 이름으로 해 왔던 수련법입니다. 하지만 현대 과학이 종교와 신비주의적 관심을 넘어 명상을 과학적 연구의 대상으로 삼게 된 것은 제2차 세계대전 후인 1950년 이후의 일이었습니다. 그동안 많은 과학적 연구와 임상적용 연구를 통해 이제 명상은 다양한 만성질환과 심리장애의 치료에 보편적으로 쓰일 만큼 널리 활용되고 있으며, 명상에 대한 대중적 관심도 크게 증가했습니다. 최근에는 구글과 삼성을 비롯한 세계적인 기업들이 명상에 열을 올리고 있을 정도입니다.

이 책은 암이나 심장병, 고혈압, 우울증, 불안신경증, 트라우마성 장애, 분노조절장애 등과 같이 특별한 임상적 문제를 가진 사람들을 겨냥한 것이라기보다는 모든 성인이 활용할 수 있도록 만들었습니다. 누구에게나 정도의 문제일 뿐 만성질환이나 심리장애로 발전할 수 있는 사고방식이나 생활양식, 감정상의 문제가 있을 수 있습니다. 그래서 특별히 진단을 받은 환자가 아니더라도 일상생활에서 겪는 긴장과 불안, 짜증, 분노, 우울, 무기력, 좌절, 질투, 수치심, 죄의식, 통증, 소화불량, 피부트러블과 같은 다양한 스트레스 반응이나 집중력 저하, 수면 문제, 약물남용, 섭식 문제와 같은 생활습관의 문제들을 완화하거나 개선하는 데에 도움을 받을 수 있을 것입니다.

또한 명상에 기반을 둔 마인드 다이어트 프로그램은 괴롭고 불편한 문제들을 다루는 것을 넘어서 안정감, 생동감, 자신감, 즐거움, 의미와 보람, 존재감, 연결감 같은 긍정적 경험과 감성지능, 회복탄력성, 유연성, 이타심, 공감, 낙관성과 같은 심리적 자원을 증진하고 계발하는 데에 도움이 될 수 있을 것입니다.

　이 책을 만드는 데 많은 분의 기여와 도움이 있었습니다. 무엇보다 지난 7년간 필자가 개설한 '마음챙김과 자기조절' 과목을 수강한 아주대학교 학생들에게 고마움을 전합니다. 프로그램에 참여한 학생들의 성실한 참여와 진솔한 피드백은 프로그램의 내용을 선별하고 가다듬는 데 큰 도움이 되었습니다. 아주대학교 명상랩의 여러 선생님의 도움도 빠트릴 수 없습니다. 박사과정의 김민애, 송영미, 마정이, 박희영 선생님과 김민정 박사, 허정문 박사는 학생들의 실습지도를 분담해 주었고, 수련내용을 정리하는 데 필요한 많은 정보를 제공해 주었습니다. 명상의 과학에 대해 일깨워 주신 장현갑 교수님 그리고 멋진 요가 시퀀스를 제공해 주신 조옥경 교수를 비롯한 사단법인 한국명상학회의 명상 전문가들께도 감사를 드립니다. 마지막으로, 오래도록 좋은 관계로 도움을 주시는 학지사의 김진환 사장님 그리고 편집을 맡아 수고한 정은혜 과장님에게 감사를 드립니다. 모두의 건강하고 평안한 삶을 기원합니다.

아주대학교 건강명상센터에서
2019년 8월 저자

이 책의 구성과 활용법

　시장에서는 이 책의 본문을 이해하는 데 필요한 핵심 개념으로 자기조절과 마음 및 마음챙김 그리고 명상에 관해 간략하게 설명을 했습니다. 건너뛰어도 되지만, 뒤의 장들이 이해가 잘되지 않거나 할 때 또는 수련과정에서 가끔 돌아보아 다시 읽어 보면 자기조절과 마음챙김, 명상의 관계를 전체적으로 통합하여 이해하는 데 그리고 명상수련을 바르게 하는 데 도움이 될 것입니다.

　서장을 제외한 10개의 장은 각각 전체 10회기의 훈련 프로그램에 해당합니다. 각 장은 자기조절과 명상에 관련된 여러 가지 개념적 이해를 위한 본문과 참고자료 그리고 해당 회기의 명상수련을 위한 실습안내로 구성되어 있습니다. 1~3회기의 실습은 주로 집중명상법을, 4~7회기는 주로 마음챙김명상을, 8~10회기는 주로 자비명상법을 수련하는 것으로 이루어졌습니다. 가능하면 각 회기를 1회기부터 시작해서 10회기까지 순서대로 1주일 간격을 두고 수련하기를 권장합니다. 다음의 표는 각 회기의 내용과 구체적인 명상실습 내용을 정리한 것입니다.

실제로 혼자서 명상을 수련하는 것은 생각처럼 쉽지 않습니다. 각 장의 실습 부분에서는 각각의 명상법의 요령을 간단하게 요약함으로써 한 번 읽어 보면 어떻게 하는지 개괄적으로 알 수 있도록 했습니다. 실제 명상수련을 할 때에는 유튜브에 올린 안내용 비디오를 이용하시기 바랍니다. 스스로 아무런 안내 없이 각각의 명상을 할 수 있을 때까지는 음성이나 비디오 안내를 이용하시는 게 도움이 됩니다.

- 유튜브 채널명: 과학명상
- 유튜브 주소: https://www.youtube.com/channel/UCWNaWJsl ABQJBtKLBreyDxg

회기	주제글	심리교육	실습
1. 삶의 실제	• 고통과 괴로움의 보편성 • 자동반응과 반응선택 • 쾌락원리: 자동반응의 토대 • 금욕주의 • 마음챙김과 자기조절	• 좋고 싫음의 진화	1-1. 호흡관찰: 호흡 마음챙김 1-2. 해맞이 요가
2. 스트레스와 명상	• 스트레스 • 실존적/개념적 스트레스 • 스트레스 대처 • 명상과 스트레스 조절	• 스트레스와 노화, 명상 • 생각이 어떻게 스트레스를 일으킬까? • 이완과 명상	2-1. 먹기명상 [연료와 음식] 2-2. 만트라명상
3. 주의조절	• 주의: 모든 경험의 시작 • 주의의 자동성과 의도성 • 내적 경험에 대한 주의 • 명상의 주의조절 • 관찰하는 자기: 떨어져서 보기 • 수용적 주의: 따뜻하게 보기 • 명상수련의 태도	• 메타주의: 주의에 대한 주의	[정좌명상의 자세] 3-1. 수식관명상 3-2. 정좌명상: 주의확장

4. 몸과 마음챙김	• 심신일원론과 심신이원론 • 몸은 기계인가 • 몸과 마음의 분리 • 신체감각 자각의 중요성	• 신체이미지 • 몸과 마음: 부모와 자녀의 비유 • 몸과 생각: 체화인지	4-1. 보디스캔: 몸 마음챙김 4-2. 걷기 집중명상
5. 현재에 살기	• 몸의 현재성과 마음의 초월성 • 과거로 가는 마음: 반추, 후회와 번민 • 미래로 가는 마음: 걱정, 우울과 불안 • 행위양식과 존재양식	• 마음의 방황 다루기 • 감사연습	5-1. 정좌명상: 감정과 생각 마음챙김 5-2. 산명상
6. 생각과 마음챙김	• 인지적 융합 • 고정관념과 관점 • 자기개념: 자신에 대한 고정관념 • 관점의 중요성: 세상을 보는 틀 • 스트레스에 대한 관점	• '나는 강아지를 좋아한다.'는 생각은 실제인가 • 메타인지란 • 원효대사의 깨달음 • 내적 경험에 대한 관점	6-1. 정좌명상: 열린 마음챙김 [절 동작 익히기] 6-2. 걷기 마음챙김
7. 감정과 행위 마음챙김	• 감정과 행동 • 감정의 기능성 • 경험회피와 사고억제 • 수용: 기꺼이 경험하기	• 감정의 원천 • 사고억제의 역설: 북극곰 실험 • 한계의 인식과 확장	7-1. 마음챙김 하타요가 7-2. 통증관찰: 통증과 함께하기
8. 모든 것의 연결성	• 자기의 본성 • 사회적 존재인 나: 용서 구하기 • 자기자비	• 가이아 이론 • 자기존중감: 우월감과 열등감	8-1. 먹기명상: 연결성 경험 [절명상: 용서 구하기] 8-3. 자기자비명상
9. 사랑과 이타성	• 자비심의 보편성 • 연민의 의미 • 모든 존재의 평등함 • 자비명상의 효과	• 주고받기에 대하여 • 세 가지 정서체계 • 노력과 운 • 나지사명상	9-1. 평등명상 9-2. 자비명상 9-3. 용서명상: 미운 사람을 위한
10. 명상과 행복	• 행복이란 • 행복과 가치 • 가치주도-감정주도행동 • 명상의 일상화	• 가치와 가치선택	[자신만의 수련계획 만들기] [하루 집중수련]

* 2회기 이후의 수련은 매 회기 호흡관찰과 해맞이 요가로 시작.

실제 명상수련은 집중명상이든 마음챙김명상이든 아니면 자비명상이든 그 수련과정에 집중 요소(대상에 주의 고정)와 알아차림 요소(경험에 대한 순수한 자각)가 모두 들어 있기 때문에 특별히 특정 명상에 초점을 맞출 필요는 없습니다. 그래도 세 종류의 명상은 기대하는 효과도 다르고, 실제 과학적 연구 결과들도 이런 차이를 뒷받침하기 때문에 이를 참고하여 자신에게 더 필요한 회기에 초점을 맞추어도 좋습니다.

집중명상의 가장 탁월한 효과는 이완효과입니다. 즉, 집중명상은 부교감신경계의 활성화와 이에 따른 근골격계와 내장계, 신경계 같은 신체 시스템의 이완 그리고 심리적인 몰입감에 수반한 편안함(평정심)과 이완감을 유발합니다. 즉각적인 스트레스 경감에 매우 유용하며, 장기적으로는 신체질환의 치료와 예방효과를 기대할 수 있습니다.

마음챙김명상의 가장 탁월한 효과는 정서조절과 관점 전환입니다. 즉, 이 명상은 감각과 생각, 감정에 휘둘리지 않고 거리를 두어 자각할 수 있게 함으로써 생각과 감정의 자동적인 연쇄적 반응에 따른 과도한 심리적 스트레스를 제어할 수 있게 합니다. 이는 결국 정서와 행동의 조절로 이어집니다. 또한 감정과 생각의 본성, 자기개념의 허구성 등을 통찰할 수 있게 함으로써 삶에서 중요한 것들에 대한 새로운 관점을 가질 수 있게 합니다(그 예는 제6장에서 여럿 제시했습니다).

자비명상으로 기대할 수 있는 가장 중요한 것은 마음을 긍정적인 상태, 즉 긍정적인 정서 상태로 만들어 주는 것입니다. 다른 사람이나 존재에 대한 사랑과 친절, 공감과 연민, 함께 기뻐하고 차별하지 않는 긍정적인 태도와 감정은 그 자체가 웰빙이나 행복에 매우 중요한 요소일 뿐 아니라 낙관성, 회복탄력성, 희망, 공감력, 창의성 등의 긍정적인 심리적 자원을 계발하는 데에도 매우 효과적입니다.

하지만 개념적인 이해만으로는 원하는 효과를 충분히 기대할 수 없습니다. 실제로 몸을 동원하고 시간을 들여서 하는 꾸준한 수련으로 체험하고 통찰하는 것이 실제로 우리 삶을 변화시키는 진정한 힘이 됩니다. 다만, 각 장의 본문을 통해 중요한 개념들을 이해하는 것은 수련의 의미감과 수련하고자 하는 동기를 북돋우는 데 도움이 될 것입니다.

차례

13

자기조절, 마음챙김, 명상

서장
자기조절, 마음챙김, 명상

🍃 자기조절

우리는 살면서 많은 불만과 좌절을 겪습니다. 살면서 부딪히는 여러 가지 도전에 적절히 대응하지 못하기 때문입니다. 가장 큰 도전은 아마도 자신의 마음일 것입니다. 지금 자신의 마음이 어떤 활동을 하고 있는지 한번 느껴 보세요. 자신의 의지나 의도와 관계없는 여러 가지 욕구와 감정, 생각이 끊임없이 일어나고 있는 것을 지금 알 수 있다면 참 다행입니다. 많은 사람은 대부분의 시간 동안 마음이 어떤 활동을 하고 있는지 알지 못한 채 마치 자동기계처럼 반사적으로 살고 있습니다.

우리가 마음을 조절해야 하는 이유는 마음이 여러 가지 이유 때문에 습관적으로 자동적이고 반사적으로 작용하기 때문입니다. 마음의 자동적이고 반사적인 반응은 긍정적인 측면도 있지만, 동시에 우리에게 불필요한 갈등과 괴로움을 만들어 내기도 한다는 부정적인 측면도 있습니다. 특히 우리의 일상생활에서 자동적이고 반사적인 마음의 작용은 심신건강을 해치는 가장 중요한 원인이 될 뿐 아니라 우리가 단순한 동물이 아닌 인간으로서 추구하는 진정한 행복과 웰빙에 접근하는 것을 어렵게 합니다. 마음을 조절하는 것은 결국 자신의 행동을 조절하는 것이기도 합니다. 왜냐하면 행동은 마음의 작용으로 나타나기 때문입니다.

자신의 마음을 마음대로 조절하는 것은 매우 어려운 일입니다. 우리가 자신의 마음을 마음대로 조절할 수 있으려면, 무엇보다도 내 마음의 본성과 특징을 알아야 합니다. 그것도 그냥 글과 생각으로 간접적으로 아는 것이 아니라(이렇게 아는 것을 이해라고 합니다) 직접적인 경험을 통해 알아야만 합니다(이렇게 아는 것을 통찰이라고 합니다). 심리학 지식은 마음의 본성과 작용에 관해 글과 생각으로 이해하는 데에 도움이 됩니다. 하지만 이런 이해만으로 실제로 마음을 조절하기에는 부족합니다. 자신의 마음을 관찰하고 조절하는 구체적 연습을 통해 행동을 선택하는 힘을 얻을 수 있습니다.

이 책을 통해 계발하려는 **자기조절이란 '스스로 자신의 심리행동과정을 조정하는 일련의 의도적인 선택과정'**을 말합니다. 이런 자기조절은 자동으로 특정 온도를 유지하는 에어컨이나 입력된 특정 목적지를 향해 운항하는 무인자동차와 같은 기계의 자동적인 조절과는 다릅니다. 자동조절과의 가장 큰 차이는 자기조절에서는 의식적이고 의도적으로 반응이나 행동을 선택한다는 점입니다. 또한 자기조절은 흔히 많이 쓰는 자기통제와도 조금 다릅니다. 자기통제는 자신의 정서나 욕구, 행동을 억제하거나 지연한다는 의미가 강하며, 보상추구와 처벌회피라는 쾌락원리를 바탕으로 하는 개념입니다. 하지만 자기조절은 정서나 욕구, 생각, 행동을 억제하기보다는 있는 그대로 정확하게 관찰해서 알아차림으로써 의도적인 선택의 가능성을 확보한다는 의미가 더 큽니다.

마음이라는 말

마음이란 무엇인가? 무척 오래된 질문이지만 어느 누구도 마음이 무엇인지 한마디로 설명하기는 어렵습니다. 하지만 우리가 '마음'이라는 말을 쓰는 방식을 살펴보면 마음이 무엇인지는 몰라도 마음의 내용이 무엇인지는 알 수 있습니다. "그 사람은 내 마음을 몰라 준다." "마음대로 안 되는 나의 마음." "내 마음은 그게 아닌데⋯⋯." "마음 편하게 생각해." "마음이 아파." 등 흔히 쓰는 표현에서 '마음'은 나의 감정이나 의도, 계획, 몸의 느낌 등을 말하는 것이라 할 수 있습니다. 한마디로 정리하면, 마음의 내용은 생각과 느낌 그리고 신체감각이라 할 수 있습니다.

하지만 생각이나 느낌이라는 말도 일상적인 용법으로는 그 대상이 매우 다양하고 또 잘 구분하지 않고 섞어서 쓰는 경향이 있어서 심리학에서는 좀 더 엄밀한 의미로 인지(congnition)와 정서(emotion) 그리고 감각(sensation)이라는 말을 씁니다. 인지는 지식과 정보를 다루는 것과 관련이 있고, 정서는 주관적인 느낌과 관련이 있습니다. 감각은 신체의 감각기관들을 통해 경험하는 몸의 느낌이라 할 수 있습니다. 그 외에도 욕구, 동기, 의도와 같은 다양한 개념이 마음의 내용을 지칭하는 것으로 쓰이는데, 대체로 인지나 정서라는 범주에 넣을 수 있는 것들이지요.

인지는 흔히 말하는 생각과 같은 것인데, 생각이라는 말은 너무나 많은 정신활동을 포괄하고 있어서 심리학에서는 인지와 인지과정이라는 개념을 주로 사용합니다. 유기체가 지각과정을 거쳐 들어온 내외부의 정보를 받아들여 처리하고 해석하며 활용하는 모든 정신과정, 예를 들면 비교, 평가, 판단, 계획, 추론, 계산, 기억, 회상, 은유, 유추 등의 사고과정을 인지과정이라 하며, 인지과정의 산물이면서 동시에 그 과정에 영향을 미치는 모든 지식을 인지라 합니다. 이런 지식은 맥락과 특징에 따라 명제적 지식, 스키마(schema), 기억, 고정관념, 신념, 관점, 마인드셋 등으로 다르게 부르기도 합니다.

정서는 감정이라고도 하며, 주관적으로 경험하는 다양한 느낌을 말합니다. 불편감, 짜증, 우울, 불안, 분노, 슬픔, 수치심, 미움, 지루함 등 우리가 싫어하는 느낌인 부정적 정서와 기쁨, 안락감, 경쾌함, 편안함, 즐거움, 재미, 희망 등 우리가 좋아하는 느낌인 긍정적 정서로 구분합니다. 싫어하지도 않고 좋아하지도 않는 느낌들은 중립적 정서라 합니다. 정서는 그 강도에 따라서 느낌, 기분, 분위기 등으로 부르기도 합니다. 정서가 인지와 다른 점은 심장박동이 빨라진다거나 땀이 나거나 근육이 긴장된다거나 하는 몸의 변화(생리적 반응)와 함께 나타난다는 점입니다.

감각은 눈, 코, 귀, 혀, 피부의 자극에 따른 주관적 경험이고, 시각, 후각, 청각, 미각, 촉각의 오감을 말하며, 그 외에 자세에 대한 감각인 평형감각과 내장이나 근육과 골격에 대한 감각도 포함됩니다. 특히 피부와 내장, 골격 같은 신체기관의 상태에 따른 감각은 대표적인 '몸의 느낌' 또는 신체감각(body sensation)이라 할 수 있는데, 몸의 느낌은 원초적인 정서경험의 원천입니다. 하지만 인지능력의 발달과 함께 나중에는 인지가 정서경험의 중요한 원천이 됩니다.

인지와 정서, 감각은 서로 영향을 미칩니다. 생각이 정서를 야기할 수 있고, 감각에 영향을 미칠 수 있습니다. 마찬가지로 신체 감각은 정서뿐 아니라 생각을 야기할 수 있고, 그 반대도 가능합니다. 이렇게 정서와 감각, 생각은 서로 상호작용하면서 의식경험으로 나타납니다. 이런 상호작용은 특히 주의조절이 이루어지지 않을 때 과거의 경험을 기반으로 자동적이고 연쇄적으로 나타나게 됩니다(Carmody, 2016).

자기조절은 보통 욕구의 조절과 이를 통한 행동조절을 말합니다. 욕구란 행동의 '이유'나 '목적'과 관련이 있고, 특정 방식으로 행동하게 만드는 힘이라는 의미에서 동기라고도 합니다. 먹고 자고 마시려는 것과 같은 생존과 관련된 욕구와 사랑하고 존경받으려는 것과 같은 사회적인 욕구, 자신의 특징과 잠재성을 온전히 발휘하여 스스로 의미 있는 삶을 살고자 하는 자기실현과 같은 존재적 욕구 등으로 대별하기도 합니다.

일상적으로 쓰이는 욕구라는 말은 인지와 정서, 감각의 상호영향을 모두 담고 있는 말입니다. 욕구는 신체 상태에 대한 감각이나 기억, 생각에 의해서도 발생할 수 있으며, 욕구의 충족은 긍정적 정서를, 욕구의 좌절은 부정적 정서를 야기한다는 점에서 정서에 영향을 미치기도 합니다. 또한 욕구는 '~을 하고 싶다.'는 생각과 계획, 기대를 자극하기도 합니다.

🍃 마음챙김

자기조절은 누구나 어느 정도는 이미 하고 있습니다. 예를 들어, 우리는 인상 관리를 위해 화가 났을 때에도 화가 나지 않은 것처럼 말하고 행동할 수 있습니다. 반대로, 좋아하는 사람에게 좋아한다는 티를 내지 않으려고 의도적으로 말이나 행동을 숨길 수 있습니다. 이는 자신이 지금 화가 난다는 것이나 그 사람에게 호감을 느끼고 있다는 것을 스스로 알고 그에 따라 자동적으로 나타날 수 있는 공격적이고 적대적인(화의 경우) 또는 친화적이고 우호적인(호감의 경우) 표정이나 말, 행동을 특정한 방식으로 표현하려는(또는 표현하지 않으려는) 의도적 조절을 하고 있다는 것을 뜻합니다. 하지만 화가 더욱 강해져서 분노가 되거나 호감이 너무 커지면 이런 조절을 하는 것이 더 이상 어렵게 되어 폭발하거나 충동적인 반응을 참을 수 없게 됩니다. 이렇게 조절력을 잃게 되는 것은 무엇보다도 바로 그 순간 우리의 마음이 어떤 상태이고 어떻게 바뀌는지를 알지 못하고 자동적인 반응에 사로잡히기 때문입니다. 그러다 나중에서야 자신이 무척 화가 났거나 너무 좋아서 흥분했다는 것을 알게 됩니다. 만일 이런 마음의 변화를 매 순간 알 수 있었다면, 그때마다 조절이 가능했을 것입니다.

이 예에서 알 수 있는 것처럼, 자기조절에는 현재 자신의 마음 상태에 대한 자각 또는 알아차림이 꼭 필요합니다. 자신의 마음 상태를 매 순간 정확하게 알아차리려면 마음 상태에 주의를 기울여 잘 살펴보아야 하는데, 이렇게 자기 내면의 정신활동에 주의를 기울여 알아차리는 것과 관련된 개념이 마음챙김입니다.

마음챙김은 'mindfulness'의 번역어이며, 'sati(사띠)'라는 고대 인도말의 번역어이기도 합니다. 'sati(사띠)'가 정확하게 무엇을 의미하는가에 대해서는 학자들 간에 서로 견해가 다릅니다. 그래서 mindfulness의 의미에 대해서도 여러 가지 견해가 있는데, 심리학자들은 대체로 "현재의 경험에 비판단적인 또는 수용적인 태도로 주의(attention)를 기울여 알아차리는 것"으로 정의한 존 카밧진(Jon Kabat-Zinn, 2003)의 견해를 받아들이고 있습니다. mindfulness에 대한 여러 견해에는 마음챙김을 '주의'와 '태도'라는 요소를 포함하는 것으로 본다는 공통점이 있습니다. 즉, 마음챙김은 '주의'에 관한 것이며 이를 통해 대상을 인식 또는 자각할 수 있고, 이렇게 자각한 경험을 있는 그대로 받아들이는 '태도'를 포함한다는 것입니다.

마음챙김이란 현재의 내적 경험에 비판단적으로 주의를 기울여 알아차리는 것입니다. 마음챙김은 내적 경험에 주의를 기울이는 것이며, 이는 우리의 생각과 감정, 감각, 욕구나 동기 등 마음의 내용과 과정에 주의를 기울여 있는 그대로 알아차리는 것을 말합니다. 내적 경험을 일으키는 자극은 외부에도 있고 내부에도 있습니다. 다른 사람이나 주변을 살펴보는 것은 그것에 대한 생각과 느낌, 이미지 등의 내적 경험을 일으킵니다. 내부에 저장되어 있는 과거의 기억을 살펴보는 것도 그 기억에 대한 생각과 느낌, 이미지 등 내적 경험을 일으킵니다.

일반적으로 우리는 깨어 있을 때 주로 외부 대상에 주의를 기울입니다. 다른 사람이나 환경에 주의가 가는 것이지요. 하지만 우리는 이렇게 외부 대상에 주의를 기울인 결과로 나타나는 내적 경험 자체에 대해서는 거의 주의를 기울이지 않습니다. 예를 들어, 처음 만나는 이성을 보면서 '키가 크구나/작구나.' '참 멋진/예쁜 사람이

구나.' '탤런트 ○○ 닮았네~.' '사귀고 싶다.'는 등의 생각을 할 수 있습니다. 이런 생각들은 외부 대상에 주의를 기울인 결과로 나타난 내적 경험입니다. 하지만 나의 그런 생각들에 주의를 기울여서 내가 그런 생각을 하고 있다는 것을 자각하는 경우는 많지 않습니다. 비슷한 예로, 새치기를 당하면 금방 '뭐 이런 사람이 있어.'라는 생각과 함께 분노나 짜증 같은 감정, 얼굴을 찌푸리게 하는 긴장 등의 내적 경험이 일어나지만, 이런 경험을 하고 있다는 것을 그 순간에 자각하는 경우는 별로 없습니다. 마음챙김은 의도적으로 지금 이 순간의 내적 경험 자체에 주의를 기울여 알아차리는 것입니다. 그런 점에서 **마음챙김은 '자기(마음)'에 대해 주의를 기울이는 자기관찰**이라 할 수 있습니다.

마음챙김은 현재에 주의를 기울이는 것입니다. 이는 마음이(정확하게는 주의가) 과거나 미래의 사건이나 그 결과에 있지 않고 지금 이 순간의 사건에 가 있다는 것을 말합니다. 사실 우리는 하루 중 지금 이 순간의 사건에 주의를 기울이지 않는 경우가 많고, 현재의 생각이나 감정에 주의를 기울이는 시간은 더더욱 많지 않습니다. 끊임없이 과거의 일을 회상하거나 미래의 일에 대해 생각하느라 현재를 놓치고 사는 경우가 허다합니다. 아침에 일어나면, 마음이 어디에 가 있나요? 아침에 일어나면, 지금 이 순간 나의 몸과 마음에 주의를 기울이기보다는 일어나서 세수하고 나갈 준비를 해야겠다는 생각이 먼저 듭니다. 세수하고 이를 닦을 때는 마음이 빨리 밥을 먹고 나가야지 하는 생각에 가 있습니다. 밥을 먹으면서는 출근을 생각하고, 출근하는 동안에는 이미 마음이 직장에 가 있지는 않나요?

우리가 과거나 미래의 사건에 대해 생각하는 것을 무조건 잘못된 것이라 할 수는 없습니다. 과거의 사건에서 새로운 교훈을 얻어내고, 미래를 예측함으로써 미리 대비하는 행동을 하는 것은 매우 바람직한 것입니다. 하지만 우리는 과거의 사건을 회상하여 좋거나 싫은 감정을 경험할 수 있는데, 이런 감정을 경험하는 것이 지금의 삶을 살아가는 데에 아무런 도움이 안 되거나 심지어 나쁜 영향을 미치거나 심하면 정신병리의 증상으로 커지기도 합니다. 예를 들어, 과거의 부정적 사건을 끊임없이 회상하여 분석하는 것을 반추라 하는데, 반추의 결과로 후회와 번민 같은 부정적 정서를 심하게 경험하기도 합니다. 부정적인 반추는 우울증의 주요한 증상의 하나입니다. 반대로, 아직 발생하지 않은 미래의 사건과 결과를 부정적인 것으로 예상함으로써 불안이나 공포를 느끼고 심하게 걱정할 수도 있는데, 그 정도가 심하면 그것이 심리장애의 주요한 증상이 되기도 합니다. 이렇듯, 과거나 미래에 주의를 기울여서 현재에 괴로움과 불편감을 겪는다는 것은 매우 불합리한 일이며, 우리의 삶에 아무런 도움이 되지 않습니다.

　마음챙김의 또 다른 특징인 비판단적 또는 수용적 태도란 자신이 주의를 기울여 관찰한 내적 경험이 좋든 싫든 그것에 관계없이 있는 그대로 알아차리기만 할 뿐, 거기에 그런 경험을 바꾸기 위한 아무런 시도나 조작을 하지 않으려는 무위(non-doing)의 태도를 말합니다. 우리는 괴롭고 힘든 경험은 더 이상 하지 않기 위해 없애거나 피하려 하고, 즐겁고 유쾌한 경험은 더 오래 하기 위해 붙잡고 키우려는 타고난(그래서 자동적으로 그렇게 반응하는) 경향이 있습니다. 수용적인 태도란 이런 경향을 의도적으로 넘어서려는 태도를 말합니다. 불편한 경험이든 유쾌한 경험이든 간에 그런 경험에 더 이상 반응하지 않고, 그냥 알아차리기만 하려는 것입니다. 이는 결국 내적 경험을 평가하지 않는다는 말과도 같습니다. 평가란 좋다거나 싫다거나, 맞다거나 틀리다거나, 좋다거나 나쁘다거나 하는 등의 판단을 하는 것을 말합니다. 그래서 마음챙김은 자신의 내적 경험에 주의를 기울이되 이런 판단을 하지 않는 것을 말합니다. 앞의 예에서 '참 멋있는/예쁜 사람이네~. 사귀었으면 좋겠다~.'라는 생각에 대해 '내가 이럴 때가 아닌데, 그러면 안 되는데~.' 하는 생각이 이어졌다면, 이는 자신의 생각을 알아차리고 있는 그대로 받아들인 것이 아니라 그 생각이 나쁘거나 부적절한 것이라고 판단을 한 셈입니다. 마음챙김은 이런 판단이나 평가를 유보하면서 생각을 그냥 그 생각 자체로 관찰하려는 것입니다. 어떤 생각이나 감정이 느껴질 때 '내가 이런 생각을 하는구나~.' '내가 지금 이런 감정을 느끼고 있구나~.' 하고 마치 어떤 객관적인 것을 묘사하듯이 해 보면 생각이나 감정을 수용적인 태도로 알아차린다는 것이 무엇인지 쉽게 이해할 수 있을 것입니다.

하지만 이렇게 순수하게 주의를 기울여 관찰하려고 해도 실제로 평가나 판단은 매우 빠르고 자동적으로 이루어지기 때문에 처음에는 즉각적이고 자동적인 판단이나 평가를 하지 않을 수 없습니다. 그래도 실망하거나 포기하지 않고 자신이 내적 경험에 대해 판단이나 평가를 했다는 사실을 알아차리면 됩니다. 점차 수련을 거듭함에 따라 판단이나 평가를 금방 알아차릴 수 있고, 나아가 점차 판단이 줄어들어 자신의 생각이나 감정을 있는 그대로 관찰하고 알아차릴 수 있게 됩니다.

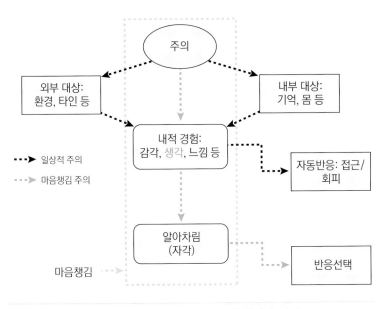

[그림 1] **주의와 내적 경험, 마음챙김의 관계**

위의 그림은 주의와 내적 경험, 마음챙김의 관계를 도식적으로 설명한 것입니다. 평소 우리의 주의는 자동적으로 환경자극이나 타인 같은 외부 대상 또는 기억이나 몸 같은 내부 대상을 향하며, 그 결과로 감각이나 생각, 느낌을 경험합니다. 이런 감각이나 생각, 느낌이 유쾌하고 좋아하는 것이라면, 그런 대상에 계속 접근하여 즐거운 느낌을 유지하거나 늘이고자 하는 접근반응이 나타나고, 그 반대로 불편하고 싫어하는 것이라면, 이를 피하거나 없애고자 하는 회피반응이 나타납니다. 이런 일련의 과정은 모두 일상적으로 나타나는 자동적인 반응연쇄라 할 수 있습니다.

이와 달리 마음챙김은 내적인 경험 그 자체, 즉 지금 경험하고 있는 감각과 생각, 감정에 주의를 기울이는 것입니다. 이렇게 내적 경험에 주의를 기울이면, 지금 자신의 느낌과 생각이 무엇인지를 알아차릴 수 있습니다. 이런 알아차림은 자동적인 연쇄반응을 중단하거나 더 이상 반응하지 않게 하는 효과가 있어서 내적 경험에 대해 자동적으로 반응하는 것이 아니라 스스로 후속 반응을 선택할 수 있는 여지를 만들어 줍니다. 그래서 좋은 경험이라고 해서 무조건 접근하고 붙들려고 하거나, 싫은 경험이라고 해서 무조건 회피하고 없애려고 하는 자동적인 반응이 아니라 적절한 반응을 선택할 수 있게 됩니다.

자동적인 연쇄반응을 중단하거나 줄이는 것은 다양한 선택 가능성을 제공하며, 그러려면 연쇄적으로 발생하는 자신의 내적 경험을 알아차리는 것이 꼭 필요한 능력입니다. 여기에 내적 반응들을 있는 그대로 수용하는 것까지 더해짐으로써 우리는 자동적인 연쇄반응을 중단하고 주도적으로 후속 반응을 선택할 수 있는 힘을 가지게 됩니다.

예를 들어, 평소 매우 싫어하는 사람이 내 쪽으로 걸어오는 것을 우연히 보게 되었다고 합시다. 이때 우리의 몸은 살짝 긴장되며 불편한 느낌을 겪게 되고, 주의는 자동적으로 기억을 더듬어 그 사람에 대한 과거의 나쁜 일들을 떠오르게 합니다. 또한 이런 불편감과 긴장은 그 사람과 마주치면 어색하고 불편하리라는 기대와 예상 같은 후속 반응을 야기할 뿐 아니라 이어서 그 사람을 못 본 체하거나 멀리 피하고 싶은 강렬한 욕구를 자극합니다. 이에 따라오던 길을 되돌아가거나 눈을 마주치지 않고 못 본 체하며 그냥 지나치는 등의 회피행동이 나타날 수 있습니다. 이런 모든 연쇄적인 과정은 거의 자동적으로 나타날 수 있습니다.

하지만 그 사람을 보았을 때 자동적으로 나타나는 불편감과 긴장, 피하고 싶은 욕구 등 그 순간의 내적 경험에 주의를 기울여 알아차리면, 이어서 나타나는 불편감에 대한 기대와 예상, 피하려는 욕구 등도 알아차릴 수 있습니다. 이렇게 연쇄적인 자동반응을 어느 순간에든 알아차리는 것은 그것만으로도 불편감과 긴장이 줄어들 뿐 아니라 자동적인 연쇄반응을 줄이거나 멈출 수 있는 계기가 됩니다. 이런 알아차림과 함께, 내적인 반응들을 있는 그대로 수용하려는 태도는 마음챙김 훈련의 핵심 요소입니다. 그렇게 되면 우리는 그 사람에 대한 혐오감에서 벗어나 그 사람을 좀 더 객관적으로 정확하게 파악할 수 있는 여지를 가질 수도 있고, 무조건 피하는 것이 아니라 열린 마음으로 접근해서 대화를 시도하는 등의 다른 적절한 행동을 선택할 수도 있을 것입니다.

이렇게 꾸준한 마음챙김 훈련으로 자동적인 내적 반응을 알아차리고 내적 경험을 있는 그대로 받아들임으로써 더 이상 그런 반응에 자동적으로 반응하지 않는 힘을 키우는 것이 자기조절의 핵심이라 할 수 있습니다.

자신의 내적 경험에 주의를 기울여 알아차리는 능력은 사람에 따라 차이는 있지만 누구나 가지고 있는 능력입니다. 하지만 내적 경험을 있는 그대로 수용하는 것은 쉽지 않습니다. 내적 경험을 정확하게 관찰하고 이를 있는 그대로 받아들이는 힘을 키우는 마음챙김 수련은 특히 명상과 밀접한 관계가 있습니다. 사실상 마음챙김은 거의 모든 명상수련에서 많든 적든 간에 꼭 필요한 기술이자 태도라 할 수 있습니다.

🌿 명상

명상은 역사가 매우 오래된 인류의 문화유산이라 할 수 있습니다. 이미 5,000년 전 인도 지방의 암벽화에도 명상을 하는 자세가 새겨져 있다고 합니다. 오랜 전통이 있는 만큼 다양한 지역에서 다양한 목적과 방법으로 이루어졌기 때문에 명상을 한마디로 정의하기는 어렵습니다.

명상이라는 용어의 뿌리는 산스크리트어인 diyai에서 파생된 힌두교와 불교의 '디야나(Dhyana)'입니다. 디야나는 영어권에서는 meditation으로, 한자권에서는 선(禪)으로 번역됩니다. '명상(瞑想)'이라는 말은 영어 meditation의 일본식 번역어입니다. 이러한 번역 과정에서 디야나, meditation, 선, 명상은 각기 조금씩 다른 의미를 갖게 되었습니다.

영어의 meditation이라는 단어는 그 어원이 라틴어인 meditan에 있는데, 그 뜻은 '생각하다' '숙고하다' '궁리하다' 등입니다. 즉, 명상은 무엇인가를 깊게 생각한다는 뜻이지요. 어떤 학자는 영어의 meditation은 약 또는 의술을 뜻하는 medicine과 마찬가지로 medi라는 동일한 어근을 갖고 있다고 주장하는데, medi의 뜻은 '측정하다' '진단하다'입니다. 따라서 명상이 현대적인 의학의 발달 이전에 심신의 고통을 치유하려는 목적으로 행해진 수련임을 시사한다고 주장하기도 합니다.

최근까지만 해도 명상은 과학의 영역이라기보다는 종교의 영역에 속하는 것이었습니다. 하지만 1980년대 이후에는 명상의 효과에 대한 서구 의학계와 심리학계의 엄격한 검증을 거쳐 명상의 과학적 효과가 입증되면서 명상이 점차 주류사회로 편입되었습니다. 이제 명상은 심신건강의 증진을 위한 의료 분야, 자기이해와 창의력, 인성계발을 위한 교육 분야, 협동과 직무동기 향상을 위한 기업 및 조직 분야 등에서 널리 받아들여지고 있으며, 일반인의 스트레스 관리와 자기치유, 자기계발, 삶의 질 향상과 행복 증진을 위해서도 폭넓게 활용되고 있습니다.

◢ 명상에 대한 오해

명상은 주로 종교적인 수련법으로 쓰였고, 우리나라에서는 주로 불교와 관련된 수련법으로 알려져 있습니다. 하지만 명상을 특정 종교의 전유물로 보는 것은 오해라고 할 수 있습니다. 앞서 마음챙김은 모든 명상법의 토대가 되는 기본적인 기술 또는 능력이자 태도임을 언급했는데, 마음챙김이 기본적으로 주의를 조절하는 것과 관련된다는 점을 생각하면 명상은 각기 다른 이름으로 불려도 어떤 종교에서든 찾아볼 수 있는 수련법입니다. 어떤 종교이든 섬기는 신앙의 대상에 대한 기도, 묵상, 찬송, 특정한 신체 자세 등은 모두 명상수련이라 할 수 있습니다. 종교에 관계없이 기도나 묵상, 찬송 등은 모두 초월적인 존재와의 직접적 접촉 경험을 위한 것이라는 점에서 의식의 초점, 즉 주의(attention)가 해당 존재에 모아져야 하는 것은 당연한 일이지요. 실제로 'meditation'은 주로 인도에서 발생한 힌두교나 불교의 명상법을 지칭하는 것으로 쓰였지만, 지금은 그 의미가 확장되어 세계적인 종교들의 전문 수련법을 총칭하는 의미로 쓰이게 되었습니다. 예를 들어, 유대교의 까발라나 가

톨릭의 묵상기도 및 관상기도, 이슬람교 수피파의 수피춤, 도교의 단전호흡, 유교의 수신법 등이 모두 명상법의 범주에 속한다고 할 수 있습니다.

그 외에 또 다른 오해로는 명상은 특별한 사람이 특별한 곳에서 하는 것이라는 인식을 들 수 있습니다. 명상은 특별한 사람들이 하는 것이 아니라 누구나 할 수 있는 것이고, 또 하고 있는 것이기도 합니다. 하나의 훈련으로서 명상은 기본적으로 주의를 조절하는 훈련이라 할 수 있습니다. 평소 제멋대로 움직이는 주의를 하나의 대상에 모아서 유지하거나 주의의 대상을 바꾸거나 하는 훈련이 명상의 핵심 훈련이 됩니다. 따라서 누구나 각자의 목적이나 목표

[그림 2] **다양한 명상 자세**

출처: 사단법인 한국명상학회 홈페이지(https://www.k-mbsr.com/).

를 가지고 할 수 있는 것이며, 또 어떤 방법을 택하느냐에 따라서 어려울 수도 있고 쉬울 수도 있는 것이지 일반인들이 범접하기 어려운 특수한 것이라 할 수 없습니다.

명상은 장소와 관계가 없습니다. 물론 조용한 곳에서 명상을 할 수 있으면 더 좋지만, 조용한 곳이 아니어도 얼마든지 명상을 할 수 있습니다. 예를 들어, 소리를 내면서 하는 찬송이나 기도, 만트라, 염불 등은 시끄러운 곳에서도 얼마든지 할 수 있고, 또 주변에서 들리는 여러 가지 소리에 마음을 열고 알아차리는 훈련을 하는 것도 중요한 명상법입니다. 사실 명상은 자신이 처한 삶의 현장에서 건강하고 주도적인 삶을 살아가는 데에 도움을 얻기 위한 것이지 삶에서 도피하여 세상과 차단되려고 하는 것이 아닙니다.

명상은 가부좌와 같은 특정한 자세를 취하고 해야 한다는 등 특정 자세와 관련이 있다는 오해도 있습니다. 하지만 명상이냐 아니냐 하는 것은 어떤 자세로 하느냐의 문제가 아니라 주의를 어떻게 조절하느냐의 문제입니다. 즉, 특정 자세가 명상을 하는 데에 각기 다른 이점과 단점이 있는 것은 사실이지만, 자세가 명상이냐 아니냐를 결정하는 요인은 아니라는 것이지요. 명상은 눕거나 서서 할 수도 있고 여러 가지 자세로 앉아서 할 수도 있습니다. 심지어 명상은 움직이면서도 할 수 있습니다. 천천히 또는 빠르게 걸으며 하는 걷기명상이나 부드러운 동작으로 이루어진 하타요가, 절하기 명상 등은 몸을 움직이면서 하는 대표적인 명상법이라 할 수 있습니다.

🌱 명상법의 분류

최근 서구에서는 명상수련의 방법을 초점화 주의(focused attention)와 열린 관찰(open monitoring)로 구분하기도 합니다. 초점화 주의란 호흡과 같은 하나의 대상에 주의를 모으고, 주의가 흩어지는 것을 알아차리며, 아무런 판단 없이 주의를 본래의 주의 대상인 호흡으로 다시 돌리는 과정을 반복하는 훈련을 말합니다. 이와 달리 열린 관찰은 구체적인 주의의 대상을 정하지 않고, 현재 순간의 의식에 떠오르는 것은 무엇이든 알아차리는 것입니다(Lutz et al., 2008). 이런 구분은 명상법을 집중명상(사마타)과 통찰명상(위빠사나)으로 구분하는 불교수련의 전통적 구분과 큰 차이가 없습니다.

집중명상은 하나의 특정 대상(구체적인 대상, 이미지, 개념, 만트라 등)을 선정해서 의도적으로 집중적인 주의를 기울여 유지하려는 훈련인 데 반해, 통찰명상은 집중의 대상을 고정하지 않고 다양하게 바꾸면서 매 순간 의식에 나타나는 내적 경험, 예를 들면 신체감각이나 감정, 생각 등에 주의를 기울여 있는 그대로 알아차리거나 아니면 아예 주의의 대상을 정하지 않고 내적 경험이 일어나는 대로 알아차리는 훈련입니다. 두 방법 모두 내적 경험을 평가하거나 비판하지 않으려는 태도가 필요합니다.

앞서 설명한 마음챙김은 그것을 어떻게 정의하는가에 따라 모든 명상에 필요한 전제조건이기도 하고, 통찰명상의 다른 이름으로 볼 수 있기도 합니다. 엄밀하게 말하면, 마음챙김과 마음챙김명상은 개념적으로 다르지만, 대체로 '마음챙김'과 '통찰명상'은 서로 비슷한 것으로 혼용합니다. 통찰명상은 다른 명상법에 비해 마음챙김 자체를 중요한 훈련 요소로 삼는 방법이기 때문입니다.

집중명상과 통찰명상은 그 효과에서도 차이가 있습니다. 최근의 과학적 연구 결과에 따르면, 일반적으로 집중명상은 의식에 떠오르는 경험들이 적어져서 마음이 고요하고 안정되며 몸의 긴장도 이완되는 심신의 이완효과를 쉽게 얻을 수 있습니다. 이에 반해 통찰명상은 몸과 마음의 본성인 끊임없이 변화하는 특성과 작동방식(집착, 회피 등), 자기에 대한 잘못된 개념화 등에 기인한 괴로움에 대한 체험적 이해를 높이며, 세상과 삶에 대한 올바른(정확한) 관점을 갖게 하는 지혜를 계발시켜 주는 효과가 있습니다.

또 다른 중요한 명상법으로 자비명상을 들 수 있습니다. 불교전통에서는 자비명상을 집중명상의 일종으로 간주하지만, 현대 심리학의 관점에서는 집중명상이나 통찰명상과 뚜렷하게 구분되는 또 다른 명상법입니다. 자비명상은 자신을 포함해서 다른 사람이나 심지어 동식물 같은 다른 모든 존재에 대해 따뜻하고 친절한 사랑의 마음과 그들의 괴로움에 공감하고 도와주려는 마음을 키우는 훈련입니다. 이는 대부분의 종교가 공통적으로 강조하는 다른 사람에 대한 무조건적인 사랑과 이타심을 키우는 훈련이라고 할 수 있습니다. 그런 점에서 자비명상은 사회적 명상(social meditation)이라고 할 수 있습니다.

01

삶의 실제

01
삶의 실제

🍃 고통과 괴로움의 보편성

누구나 고통과 괴로움이 없는 삶을 꿈꾸며, 즐거움과 행복함이 영원히 지속되기를 바랍니다. 하지만 현실은 그렇지 않습니다. 존재하는 모든 것은 변합니다. 우리를 둘러싼 자연환경은 물론이고 사회적 환경도 끊임없이 변합니다. 우리 자신의 몸도 변하고 있고 마음도 끊임없이 변합니다. 이런 모든 변화는 우리에게 생리적·심리적·사회적 적응이라는 부담을 감수할 것을 요구합니다. 이는 스트레스의 원인으로 작용합니다. 오늘날 우리가 '스트레스'라고 부르는 것은 결국 이런 변화가 야기하는 '괴로움을 경험하는 상태'를 말합니다. 따라서 스트레스 또는 고통과 괴로움은 삶에서 불가피한 경험이라 할 수 있습니다.

대표적인 종교인 기독교와 불교에서도 인간을 포함한 모든 존재의 기본 조건을 고통과 괴로움이라고 말합니다. 기독교에서 인간의 조상인 아담과 이브는 본래 낙원에 살다가 따먹지 말라는 사과를 따먹는 불복종의 원죄를 짓고 낙원(고통과 괴로움이 없고, 즐거움과 행복함이 영원한)에서 추방당해 직접 먹을 것을 구하고 아이를 낳아야 하는 노동의 고통과 괴로움이 가득한 세상으로 나왔다고 합니다(안 그랬다면 예수는 오지 않았을 것입니다). 붓다는 태어나고 늙고 병들고 죽는다는 인간 공통의 삶의 과정 전체를 괴로움(苦)이라고 보았습니다. 그는 괴로움은 불가피한 삶의 현상이며, 이런 괴로움에서 완전히 벗어나는 길(깨달음, 해탈)이 있음을 알려 주었습니다. 불교의 수련은 바로 그 길(道)을 익혀 나가는 것입니다.

이렇게 고통과 괴로움이 우리 삶의 기본적인 조건이라는 말은 우리가 매 순간 끊임없이 고통과 괴로움만을 지속적으로 겪는다는 말은 아닙니다. 우리의 삶에는 언제 어떤 경우에든 즐거움과 행복의 순간이 있을 수 있습니다. 왜냐하면 즐거움과 괴로움은 동전의 앞뒷면처럼 떼어 놓을 수 없는 것이기 때문이지요. 즐거움의 종결은 괴로움이고 괴로움의 종결은 즐거움입니다. 즐거움이 있기에 괴로움이 가능하고, 그 반대도 마찬가지입니다. 그래서 생존 자체가 문제가 될 정도의 환경에서 사는 사람들에게도 행복과 즐거움이 있으며, 행복하기에 아무런 부족함이 없어 보이는 사람들에게도 괴로움과 고통이 있는 것입니다. 그런데도 우리는 즐거움과 행복을 너무나 간절히 원하고, 고통과 괴로움을 너무나 싫어하며 피하려 하고 또 그럴 수 있다고 믿고 있습니다. 하지만 영원히 행복한 천당이나 영원히 불행한 지옥은 현실에 존재하지 않습니다. 만약 그것이 실제로 존재한다고 가정해도 우리는 그곳에 살아 있는 몸으로 갈 수 없습니다. 그곳은 죽음 이후에나 가는 곳이지요! 그래서 고통과 괴로움은 삶에서 당연한 것이며 그것이 삶의 필수적이고 불가피한 일부임을 깨닫고 수용하라고 하는 것입니다.

몸의 감각이든 아니면 정서나 생각이든 고통과 괴로움은 우리가 겪기 싫어하는 경험이지만, 그것이 우리에게 해롭거나 쓸모없는 것은 아닙니다. 마찬가지로 행복과 즐거움은 우리가 간절히 원하는 경험이지만, 그것이 언제나 유익하고 도움이 되는 것은 아닙니다. 고통과 괴로움은 개인적 성장의 동력이 될 수 있고, 행복과 즐거움은 반대로 정체와 쇠락의 원인이 될 수 있습니다.

자동반응과 반응선택

우리는 하루 종일 이런저런 일을 하며 삽니다. 하지만 이런 일들을 하는 동안 나 자신이 무엇을 하는지 알아차리면서 깨어 있는 경우는 그리 많지 않습니다. 대부분의 경우는 아무런 의식도 하지 못한 채 마치 자동기계처럼 자동적이고 반사적으로 반응하며 보냅니다. 예를 들어, 배가 매우 고플 때 냄새가 좋은 맛있는 음식을 보면 자동적으로 입에 침이 고이고 먹고 싶어져서 그 음식을 향해 달려들게 됩니다. 또한 누군가 나를 험담하는 말을 하면 자동적으로 기분이 나빠지고, 그 사람이 미워져 맞서고 싶어집니다. 기분이 우울해지면 부정적인 생각이 자동적으로 떠올라 괴로움이 커지기도 하고, 때로는 아무것도 하기 싫다는 무력감에 빠져서 그냥 잠을 자거나 멍하니 TV 앞에 앉아 있기도 합니다. 또는 잠을 자고 싶은데 잠이 오지 않거나, 어제 본 그 이성을 떠올리고 싶지 않은데 자꾸 그

모습이 떠오르거나, 앞으로 있을 시험을 생각하고 싶지 않은데 자꾸 시험이 생각나기도 합니다.

나의 몸과 마음은 온전히 나의 것일까요? 흔히 내 몸과 마음이라고 하지만 실은 내 몸과 마음은 온전히 나의 것이라고 할 수 없습니다. 신체부터 생각해 봅시다. 내 몸을 모두 내 것처럼 마음대로 할 수 있나요? 팔이나 다리, 머리와 같은 근골격계를 구성하는 신체기관은 비교적 내 마음대로 움직이거나 방향을 돌리거나 근육에 힘을 주거나 빼거나 할 수 있지만, 전혀 내 마음대로 할 수 없는 신체기관도 많습니다. 이렇게 신체에서 나의 의도나 의지와 관계없이 제멋대로 작동하는 기관은 어떤 것일까요? 심장의 작동을 내 마음대로 할 수 있나요? 대장이나 소장은? 위나 간, 콩팥은 어떤가요? 또는 혈압이나 혈당은 내 마음대로 높이거나 낮출 수 있을까요? 더 나아가 면역체계는 어떨까요? 근골격계의 경우 대개 어느 정도는 내 마음대로 할 수가 있지만, 내장기관과 기타 생리체계는 거의 내 마음대로 할 수가 없습니다. 이렇게 말 그대로 우리 자신의 의지나 의도와 관계없이 스스로 신체의 활동을 조절하는 신경계를 자율신경계라 합니다.

그렇다면 우리 마음은 어떤가요? 우리는 원하는 대로 생각하고 원하는 대로 느낄 수 있을까요? 어느 정도는 가능한 것 같습니다. 우리는 과거의 특정한 기억을 의도한 대로 떠올릴 수 있습니다. 마음만 먹으면 구구단을 외울 수도 있고, 장래에 대한 계획도 세워볼 수 있습니다. 또 과거의 즐거웠던 경험을 회상하거나 앞으로 있을 좋은 생각을 하면 기분이 좋아지기도 합니다. 이렇게 우리는 원하는 것을 생각하거나 느낄 수도 있습니다.

하지만 우리 마음이 마음대로 되지 않는 경우도 매우 많습니다.

배가 고프거나 졸리거나 하는 감각이나 불편한 생각 또는 감정을 내 마음대로 경험하거나 경험하지 않기는 매우 힘듭니다. 예를 들어, 배가 고프면 자꾸만 먹을 것에 대한 생각이 떠오르고, 목이 마르면 마실 것에 대한 생각이 떠오릅니다. 외딴 곳에 혼자 남겨지면 안 그러려고 해도 불안하거나 무서워집니다. 원하는 것을 취하지 못하면 화가 나거나 짜증이 납니다. 밤에 잠을 잘 못 이루었던 경험을 회상해 보면, 대개는 '빨리 자야 하는데……' 하는 생각을 포함해서 이런저런 생각이 계속 떠올라 잠들기가 어려웠던 경우가 많습니다. 이렇게 원치 않는 부정적인 생각이 끊임없이 떠오르는 것은 강박증이나 PTSD(외상 후 스트레스 장애) 같은 심리장애의 주요한 증상입니다.

이렇게 몸과 마음은 모두 어느 정도 자신의 의도나 의지로 조절할 수 있는 부분도 있지만, 자신의 의도와 관계없이 환경 변화에 따라 자동적으로 반응하는 기관이나 체계도 있습니다. 이런 자동반응은 그것이 신체적인 것이든 정신적인 것이든 모두 생존과 번식에 긍정적인 기능을 가지고 있어서 진화과정을 통해 확립된 타고난 반응양식이라 할 수 있습니다.

자율신경계에 의해 자동으로 조절되는 신체조절체계는 대단히 긍정적인 기능을 가지고 있습니다. 만일 우리가 숨쉬기나 심장박동, 혈액을 통한 에너지 공급과 노폐물 배출 같은 내장기관이나 생리체계의 작동을 항상 의식적으로 조절해야 한다면, 거의 살아남을 수 없었을 것입니다. 또한 강력한 위협 상황에서는 투쟁-도피반응이라는 자동적인 신체반응이 나타납니다. 이는 교감신경계가 활성화되면서 온몸이 긴장되고 동공이 확장되며 심장과 폐의 활동이 빨라지고 통증에 둔감해지는 등 신체적 위협에 효과적으로 대처할 수 있도록 몸을 준비시키는 자동적인 반응들입니다. 이런 위협 상태가 지나가면, 부교감신경계가 활성화되면서 소화흡수와 노폐물 배출, 근육의 피로회복을 위한 반응들이 나타나게 됩니다. 전체적으로 신체의 항상성(homeostasis) 기제는 몸이 언제나 적절한 생리적 균형 상태를 유지할 수 있도록 자동적으로 작동합니다.

마음의 자동적인 반응도 우리의 삶에 큰 도움이 됩니다. 우리의 자동적인 주의는 생존에 필요한 것과 위협이 되는 것들을 적절하게 인식할 수 있게 하고, 기억에 저장된 지식체계인 스키마나 고정관념은 환경자극을 빠르고 자동적으로 판단하고 평가할 수 있게 하며, 세상을 단순하고 안정적인 것으로 파악하여 효과적으로 대응할 수 있게 합니다. 그래서 복잡하고 위협적인 환경에서 적절한 행동의 방향을 정할 수 있을 뿐 아니라, 직접적인 또는 간접적인 행동경험을 미래를 대비한 지식으로 저장하고 활용할 수 있게 하는 등 여러 가지 긍정적 기능을 합니다.

하지만 인류의 오랜 생존과정을 통해 진화적으로 형성된 자동반응양식은 긍정적 측면만큼이나 부정적 측면도 가지고 있습니다. 과거에 성공적이었던 자동반응 메커니즘이 현재에는 그리 성공적이지 못하거나 오히려 장애가 될 수도 있습니다. 예를 들어, 지방은 귀한 자원이었기 때문에 지방에 대한 선호는 기능적인 것이었지만, 요새는 지방이 귀한 자원이 아닙니다. 요즈음은 지방이 많은 식품을 쉽게 구할 수 있어서 지방에 대한 선호가 심혈관장애를 일으키는 과잉지방섭취의 원인이 되고 있습니다.

오늘날 인간의 환경조건은 오래전 조상들이 살던 과거에 비해 훨씬 더 안전하고 풍요로워져서 생존을 위협하는 사건이 거의 없습니다. 그럼에도 현대의 우리는 여전히 투쟁-도피반응와 같은 격렬한 신체반응을 경험하는 경우가 많으며, 이로 인한 과도한 긴장과 불편감을 겪고 있습니다. 낙제, 부모나 선생의 꾸중, 승진누락, 애인의 결별선언, 자잘한 법규위반 통지 등 결코 생존 자체를 위협하는 사건이 아닌데도 눈앞이 캄캄해지고 가슴이 벌렁거리는 엄청난 긴장감과 압박을 받습니다.

인간은 다른 어떤 생물보다도 괴로움을 크게 겪는 존재일지 모릅니다(물론 즐거움도 다른 존재에 비해 훨씬 다양하고 크게 경험합니다). 자살은 괴로움을 끝내기 위한 최후의 선택인 경우가 많은데, 이는 아마도 인류가 다른 어떤 존재보다도 괴로움을 크게 겪는 존재임을 보여 주는 대표적인 현상일 것입니다. 괴로움을 크게 겪는 가장 큰 원인은 인간의 뛰어난 인지능력입니다. 인간의 고등 인지능력은 지구상에서 인류가 다른 종을 누르고 번성하게 된 핵심 요인이기도 하지만, 동시에 엄청난 고통과 괴로움의 원천이기도 합니다. 인간은 과거와 미래를 생각하는 능력에서 타의 추종을 불허합니다. 그래서 과거에서 교훈을 얻고 미래에 대비하는 기능적인 행동이 가능하기도 하지만, 과거와 미래의 사건을 현재의 사건으로 경험하는 추상적인 능력 때문에 후회와 번민, 불안과 걱정 같은 과거나 미래의 사건과 관련된 괴로움을 광범위하게 겪습니다. 이러한 인지과정과 반응들도 상당 부분 자동화되어 있습니다(이에 관해서는 제6장에서 자세히 다룹니다).

자동반응의 또 다른 문제는 자동적이고 반사적인 양식은 우리가 자신의 삶을 주인이 아니라 그저 환경의 요구나 다른 사람들의 요구와 기대를 맞추는 데에 급급한 수동적 존재로 살게 만든다는 점입니다. 자동적인 삶은 삶의 주도성을 잃게 만들고, 그래서 삶의 의미와 보람 같은 인간 특유의 행복을 향유하기 어렵게 만듭니다.

✔ 쾌락원리: 자동반응의 토대

몸과 마음의 자동반응은 생물학적 생존을 목표로 진화한 것인데, 생존에 유리한 것은 쾌락으로 느끼고 접근하여 취하며 불리하고 위협적인 것은 불쾌한 것으로 느끼고 피하며 없애는 방식으로 반응하는 것이라 할 수 있습니다. 이런 반응양식을 쾌락원리 또는 쾌락주의라고 하며, 동물이나 인간 모두에게 똑같이 적용할 수 있습니다. 즉, 동물이나 인간의 행동은 상당 부분 쾌락원리로 설명할 수 있습니다. 예를 들어, 인간은 설탕의 단맛과 지방의 기름진 맛을 유쾌한 것으로 경험하고, 쓴맛이나 신맛은 불쾌한 것으로 경험하도록 진화했다고 볼 수 있습니다. 당분과 지방은 인간의 신체에 꼭 필요한 에너지원이어서 접근해서 취하는 반면, 쓴맛이나 신맛은 인간에게 해로운 독성이나 부패균을 가진 음식의 맛이어서 이런 맛은 회피하고 먹지 않는 것이 생존에 도움이 되기 때문입니다. (하지만 구체적으로 자극의 어떤 특성이 쾌락적인가는 생물 종에 따라 다를 수 있습니다. 예를 들어, 인간은 20도 내외의 온도와 1기압의 공기를 유쾌하게 느끼지만 300도가 넘는 온도나 수십 기압의 극한환경에서 사는 생물들은 그런 온도나 기압을 더 편하게 경험할 것이라 추측할 수 있습니다.)

좋고 싫음의 진화

어떤 것은 좋고 어떤 것은 싫습니다. 우리 인간은 단맛과 기름진 맛은 매우 좋아하는 반면, 쓴맛이나 신맛은 싫어합니다. 또 접촉했을 때는 거칠고 찬 느낌에 비해 부드럽고 따뜻한 느낌을 좋아합니다. 어떻게 이런 좋아하고 싫어하는 경향이 생겨났을까요?

단맛을 지닌 곡물이나 야채의 당분은 우리 몸의 세포가 살아가는 데에 가장 중요한 에너지원입니다. 기름진 맛을 지닌 지방성분은 체온유지에 매우 중요할 뿐 아니라 비축했다가 필요할 때 분해해서 에너지로 쓸 수 있는 소중한 자원입니다. 이런 물질들에 대해 '좋아하고, 그래서 접근하고 취하도록' 진화하는 것은 생존에 매우 적응적입니다. 이에 비해 쓴맛이나 신맛은 독성이 있거나 음식물이 부패할 때 나타나는 맛입니다. 이런 맛이나 냄새를 풍기는 물질을 '싫어하고, 그래서 피하도록' 진화하는 것도 매우 적응적인 것입니다.

이런 타고난 선호는 맛이나 냄새에만 국한된 것은 아닙니다. 특정 대상이나 상태에 대한 감각과 정서반응에도 선호가 있습니다. 온혈동물인 인간은 따뜻하고 포근한 것을 좋아하는 것이 생존에 도움이 됩니다. 대체로 진화과정에서 생존에 도움이 되는 것들에 대해서는 즐겁고 편안하게 느끼고 접근하며, 위협이 되는 것들에 대해서는 불편하고 괴롭게 느끼고 회피하도록 하는 자동적인 반응기제가 진화적으로 형성된 것이라 할 수 있습니다. 이런 반응기제를 쾌락원리라 합니다. 쾌락원리는 인간이나 동물의 행동을 가장 잘 설명할 수 있는 원리로서 모든 생명체가 진화과정을 통해 획득한 가장 기본적인 행동양식이라 할 수 있습니다.

이렇듯 생존에 이로운 것들은 즐겁고 유쾌한 것으로 경험하고, 해로운 것들은 괴롭고 불편한 것으로 경험하는 진화적 경향은 개개인이 처한 환경 내에서 학습경험을 통해 즐겁고 유쾌한 느낌 그 자체는 물론이고, 과거의 경험을 통해 즐거운 것과 연합된 모든 것—

사람, 사물, 사건, 시간, 장소 등—을 좋아하고 접근하여 취하고자 하며, 불쾌하고 괴로운 느낌 그 자체를 싫어할 뿐 아니라 그와 연합된 모든 것을 싫어하여 피하고 없애고자 하는 경향으로 발달하게 됩니다. 자신의 마음에 주의를 기울여 조금만 들여다보면, 우리는 즐거운 느낌 그 자체는 물론이고, 즐거움과 관계된 모든 것을 좋아하여 더 취하려 하며, 괴롭고 불편한 것에는 그 반대로 반응하는 마음의 작용을 자각할 수 있습니다. 이런 내적인 경험과정은 거의 통제하기 어려울 정도로 순식간에 자동으로 나타납니다.

또한 쾌락원리는 더 나아가서 자신과 타인, 세상을 보는 하나의 관점으로 내재화되어 있습니다. 즉, 일종의 무의식적 신념으로 자리 잡고 있습니다. 그래서 우리 대부분은 자신도 의식하지 못한 채 자신과 타인의 쾌락주의적 행동양식을 당연하고 합리적이며 타당한 것으로 받아들입니다. 반대로, 쾌락주의적 행동양식과 다른 행동에 대해서는 의아해하고 받아들이기 어려워합니다. 예를 들어, 만일 어떤 사람이 "당신은 왜 애인을 그렇게 만나려고 하는가?" 하는 질문에 "애인을 만나면 즐거우니까."라고 답하면, "아, 그렇구나~." 하고 쉽게 받아들일 것입니다. 또한 서로 붙어 다니는 사람들을 보면, "둘이 서로 좋아서 그렇겠거니~." 하고 추측합니다. 하지만 어떤 사람이 "내가 그 사람을 자꾸 만나고 싶은 건 만나면 괴롭기 때문이야." 하고 답한다면 매우 이상하고 이해하기 힘들 것입니다.

이렇듯, 쾌락원리는 인간에게 유전적으로 내재한 일종의 기본적인 반응양식이라 할 수 있으며, 인간이 동물과 공유하고 있는 원리라 할 수 있습니다. 당연히 이런 반응양식 또는 행동양식은 분명히 진화적으로 기능적인 측면이 있었고 지금도 있습니다.

하지만 이렇게 우리의 쾌락적인 내적 경험, 즉 유쾌하고 즐거운 감각과 감정, 생각을 좋아하고 그런 경험을 야기하는 행동이나 사물, 사건을 좋아하여 접근하고 취하며, 반대로 불쾌한 경험을 싫어하고 불쾌한 경험을 야기하는 것들을 피하고 없애려는 식으로 행동하며, 이런 반응양식을 당연한 것으로 간주하는 사고방식은 역기능도 매우 큽니다. 예를 들어, 환경에 대한 인간의 통제력이 커지면서 생물학적 생존이 문제가 되었던 과거와 달리 현대인은 치명적인 생명의 위협을 받는 경우가 매우 드물어졌고, 당분과 지방을 거의 무제한으로 섭취할 수 있게 되었습니다. 이에 따라 비만 같은 섭식 문제나 운동부족 문제를 갖게 되었고, 이로 인한 만성질병에 시달리게 되었습니다. 또한 사회적으로도 문제가 되고 있는 여러 가지 약물중독이나 행동중독과 같은 중독 문제를 포함하는 많은 심리행동적 장애도 쾌락주의적 반응양식이 중요한 원인이며, 현대인의 만성질병의 원인으로 지목되고 있는 지속적인 불건강한 생활습관도 쾌락원리에 충실한 삶이 그 원인이라 할 수 있습니다.

또 다른 문제는 인간은 동물과 달리 단순한 생물학적 생존을 넘어서 사회적 인정과 성취의 욕구나 삶과 존재의 의미를 추구하는 강력한 경향성을 가지고 있다는 점입니다. 인간은 단순히 환경에 순응하기보다는 환경과 적극적으로 상호작용하면서 자신의 한계를 확장하려는 존재로 진화했습니다. 인류의 오랜 전통인 종교적 삶은 이를 보여 주는 대표적인 현상입니다. 대부분의 종교는 개인이나 집단의 생물학적 생존을 넘어서는 초월적이고 영적인 삶을 중시했고, 신체의 쾌락적 욕구는 이런 과정에 방해가 되기 때문에 이에 따르는 쾌락적 행동양식을 극복해야 할 무엇으로 보았습니다. 그래서 쾌락주의와는 반대되는 금욕주의라는 행동양식을 확립하는 것을 중요한 수련으로 간주했습니다. 금욕주의란 쾌락적인 것을 오히려 멀리하고, 불편하고 괴로운 것을 가까이 하는 생활양식이라 할 수 있습니다. 극단적인 금욕주의는 신체적 욕구 자체를 완전히 제어하려는 수련으로 발달하기도 했습니다. 신체적 고통을 자초하고 인내하는 고행(苦行) 수련은 가장 대표적인 금욕주의적 수련법이라고 할 수 있습니다.

◢ 금욕주의

쾌락원리는 몸과 마음의 자동적 작동을 지배하는 가장 기본적인 원리입니다. 이런 자동적인 반응에 대한 의식적이고 의도적인 조절력을 높이는 것은 더 의미 있고 행복한 삶을 살아가는 데 매우 중요한 능력입니다. 쾌락원리에 따른 자동적인 삶을 조절하려는 가장 일반적인 시도는 그 반대로 살도록 노력하는 것입니다. 이를 금욕주의적 삶이라 할 수 있는데, 정신적인 목표를 추구하기 위해 주로 신체적인 쾌락을 금지하는 생활양식으로서 쾌락주의와는 완전히 반대되는 삶의 방식입니다. 즉, 즐거움과 즐거움을 야기하는 대상, 활동 등을 피하고 억제하며, 반대로 괴로움과 괴로움을 야기하는 활동, 대상을 기꺼이 환영하고 오히려 추구하는 삶의 양식을 말합니다.

쾌락과 관련된 모든 것을 피하고 억제하는 능력을 키우려는 금욕주의 수련은 불교와 기독교, 유교 같은 세계적인 종교의 수련법뿐 아니라 인간의 사회화과정을 촉진하는 거의 모든 교육에도 어느 정도는 포함되어 있습니다. 사실 우리가 어린 시절부터 부모와 어른들을 통해서나 학교 등에서 무수히 반복적으로 듣고 배웠던 '기다려라.' '하지 말아라.' '~해야 한다.'는 등의 훈육은 쾌락적 욕구의 즉각적 충족을 억제하거나 조절하는 능력을 키우기 위한 것들입니다.

하지만 쾌락적 욕구를 조절하는 방법으로서 금욕주의는 쾌락적인 욕구 자체를 나쁜 것으로 간주하고 이를 억제하거나 피하는 반응양식을 낳게 되었습니다. 쾌락주의가 쾌락의 충족을 가장 가치 있는 것으로 여기는 관점이라면, 금욕주의는 쾌락 자체를 부정적인 것으로 여기고 이를 완전히 억제하는 것을 가치 있는 것으로 보는 관점이라 할 수 있습니다. 어느 정도의 금욕은 자기조절을 위한 훈련으로 도움이 되지만, 과도하거나 극단적인 금욕은 그 자체가 또 다른 문제의 원인이 됩니다. 두 관점 모두 쾌와 불쾌 또는 즐거움과 괴로움이라는 경험을 좋거나 나쁜 것으로 본다는 점에서 실재(reality)와 부합하지 않습니다.

이런 쾌락주의나 금욕주의와는 다른 관점과 생활양식이 있습니다. 즉, 쾌락을 가치 있게 여기고 추구하는 것이나 부정적인 것으로 보고 억제하거나 피하는 것 모두 한편으로 치우친 극단적인 것이라 보고, 쾌락추구와 고통추구의 양극단을 넘어 조화를 추구하는 중도적인 관점입니다. 중도적인 관점은 인간의 쾌락적 욕구 자체를 긍정적이거나 부정적인 것으로 간주하지 않고, 인간의 모든 내적 경험을 그것이 불쾌하고 괴로운 것이든 아니면 유쾌하고 즐거운 것이든 간에 모두 하나의 현상으로 간주하고 있는 그대로를 인정하는 것입니다. 이런 바탕에서 내적 경험에 자동적으로 반응하지 않는 힘을 가지고 매 순간 자신의 삶을 선택하여 사는 삶을 중도주의적 삶이라 합니다. 대부분의 명상은 대체로 중도주의적 관점을 가진 수련법에 가깝다고 할 수 있습니다. 특히 마음챙김명상은 더욱 그렇습니다.

◢ 마음챙김과 자기조절

몸과 마음의 자동적이고 반사적인 반응양식을 조절하려면, 그러한 반응들을 알아차리는 것이 무엇보다 중요합니다. 우리가 지금 이 순간의 신체적 느낌과 기분, 생각을 잘 알아차리면, 그런 느낌과 기분, 생각에 따른 자동적이고 반사적인 연쇄반응을 멈출 수 있습니다. 이렇게 알아차리고 멈추면, 그 이후의 반응을 의식적으로 선택할 수 있는 여유 공간을 가질 수 있습니다. 이런 훈련을 통해 삶을 자신이 원하는 방향으로 이끌 수 있는 힘과 자유를 가질 수 있게 됩니다.

화가 났을 때를 생각해 봅시다. 누군가 나를 모욕하거나 업신여기거나 내가 옳다고 믿는 것을 지키지 않는 것을 보면 자연히 화가 납니다. 그래서 화나게 한 사람에 대해 불만을 이야기하거나 또는 공격하려는 욕구가 생깁니다. 이렇게 화가 나면 어떻게 하는 것이 좋을까요? 어떤 이들은 화를 표현하는 것을 권하고, 어떤 이들은 반대로 그냥 참는 것을 권하기도 합니다. 대체로 동양문화권에서는 정서표현을 부정적인 것으로 보아 가능하면 감정을 드러내지 않도록 권합니다. 이에 비해 서구에서는 자신의 감정을 솔직하게 드러내는 것을 더 권하는 편입니다. 분노의 감정이 격해지면, 자신도 모르게 순식간에 그 사람에 대해 험한 말이나 공격적 행동을 하게 됩니다. 그 결과는 대개 파괴적입니다. 이런 행동은 인간관계를 악화시키거나 치명적인 실수가 됩니다. 반대로, 억울함이나 화를 억제하도록 오랫동안 문화적 훈련을 받은 사람들은 자동적으로 감정을 억제하거나 기껏해야 수동적인 방식으로 표현할 뿐입니다. 한국 사회의 독특한 정신질환인 화병은 분노나 억울함을 자동적으로 억압하는 것이 가장 큰 원인으로 알려져 있습니다.

여기서 문제는 화를 내느냐 참느냐가 아닙니다. 중요한 것은 화를 내거나 참는 행동이 자동적으로 나타나는가 아니면 의도적으로 선택한 것인가입니다. 화를 알아차리면 의도적으로 선택하는 것이 가능해집니다. 이렇게 화를 표현하기로 선택해서 화를 내는 것은 자동적으로 화를 내는 것에 비해 훨씬 합리적으로 화를 표현할 수 있게 되어 행동의 파괴성이 현저하게 줄어들게 됩니다. 마찬가지로 화를 알아차리고 참기로 선택하는 것은 자동적으로 화를 억누르는 것과는 전혀 다른 결과를 낳습니다. 자동적으로 화를 억압하는 것은 상대방에 대한 억울함이나 피해의식, 자신에 대한 비난으로 축적되어 화병과 같은 질병으로 발전할 수 있습니다. 하지만 화를 알아차리고 참는 선택을 하면 오히려 상대방에 대한 이해와 관대함이 향상될 뿐 아니라, 자신이 화를 적절하게 참아 낸 것에 대한 만족감과 자긍심 등이 생깁니다. 또한 적절한 시기에 긍정적인 방식으로 표현할 수 있는 여유도 가지게 됩니다. 그래서 현재 자신의 감정과 욕구를 알아차리는 것이 중요합니다.

또한 흥미로운 것은 우리의 감정은 그것을 알아차리는 것만으로도 그 감정의 강도가 줄어든다는 점입니다. 이 점은 명상을 수련하는 사람들이 공통적으로 경험하는 현상이지만 아직 과학적으로 입증되지는 않았습니다. 감정의 강도가 줄어드는 것은 아마도 알아차리는 것에 주의의 에너지가 쓰여서 감정을 일으키고 유지하는 것들에 대한 주의가 상대적으로 줄어들기 때문이라고 가정할 수 있습니다.

모든 명상수련의 토대인 마음챙김은 '현재 순간의 내적 경험에 순수한 또는 수용적인 태도로 주의(attention)를 기울여 알아차리는 것'입니다. 지금 내 의식에 떠오르는 생각과 느낌, 감각들을 실시간으로 관찰하여 있는 그대로 알아차리는 훈련입니다. 이런 훈련은 우리 몸과 마음의 자동적인 작동을 알 수 있게 하며, 또한 몸과 마음의 현상에 자동적으로 이끌리어 자동적으로 반응하는 경향을 줄일 수 있게 합니다.

이때 지금 내 몸과 마음의 경험을 있는 그대로 알아차리려는 마음챙김이 지향하는 것은 쾌락주의나 금욕주의적인 삶의 방식과는 다른 것입니다. 앞서 설명한 것처럼 쾌락주의적 삶은 우리의 자각이나 의도와 관계없이 대단히 자동적인 삶의 양식입니다. 금욕주의적 삶은 자신의 내적 욕구에 대한 상당한 수준의 자각과 의도적인 조절을 필요로 한다는 점에서 쾌락주의적 삶과 다르며 오히려 마음챙김과 유사하지만, 자연스럽게 발생하는 신체적 욕구를 부정적인 것으로 보아 의도적으로 회피하거나 억제한다는 점에서 마음챙김과는 많이 다릅니다. 마음챙김은 자신의 욕구에 대한 자각을 토대로 하되, 그런 욕구를 하나의 현상으로 볼 뿐 잘못된 것으로 보지 않습니다. 그리고 그런 욕구에 따를 것인지 아니면 다른 반응을 할 것인지를 온전히 자신이 결정하는 삶의 양식을 지향합니다. 이런 삶의 양식을 쾌락주의나 금욕주의적 삶의 양식이 아닌 중도주의적 삶의 양식이라고 이미 설명했습니다.

호흡관찰: 호흡 마음챙김

호흡은 살아 있는 동안 끊임없이 이루어지는 생명현상입니다. 앞서 자율신경계에 의한 우리 몸의 자동적인 활동에 대해 이야기한 것처럼, 소화흡수, 배설, 면역, 체온조절과 같은 생명유지를 위한 신체의 자동적인 활동은 우리가 의식하든 하지 않든 관계없이 계속 이루어지고 있습니다. 호흡도 이런 생명유지를 위한 중요한 활동이지만, 신체의 다른 자동적인 활동과 달리 어느 정도 의도적인 조절이 가능한 독특한 생리활동입니다. 우리는 일부러 숨을 깊이 들이쉴 수 있고, 어느 정도 참을 수도 있으며, 빨리 내쉬거나 천천히 길게 내쉴 수도 있습니다.

호흡의 양상은 우리의 마음과 몸의 상태를 잘 반영합니다. 심리적으로 긴장하거나 스트레스를 받으면 호흡이 빠르고 얕고 불규칙적이 되며, 흥분하면 호흡이 거칠어집니다. 이럴 때는 몸도 긴장합니다. 반대로, 마음이 편안하고 여유로우면 호흡이 느리고 깊고 규칙적으로 이루어집니다. 이럴 때는 몸도 부드럽게 이완됩니다. 이렇게 호흡 양상은 몸과 마음의 상태와 관계가 있어서 호흡을 몸과 마음이 만나는 지점이라고도 합니다.

이런 관계를 거꾸로 이용해서 의도적으로 호흡을 조절함으로써 몸뿐 아니라 마음의 상태를 조절할 수도 있습니다. 의도적으로 깊게 들이쉬고 길게 내쉬는 심호흡을 하면, 교감신경계의 흥분이 줄어들고 부교감신경계가 활성화되면서 심장박동과 혈압이 줄어들

뿐 아니라 마음도 편안하게 이완되어 안정감을 느낄 수 있습니다.

호흡을 이용하는 훈련은 그 목적에 따라 에너지 훈련과 자각훈련으로 구분할 수 있습니다. 심호흡, 단전호흡이나 기공훈련은 에너지 훈련으로서, 호흡을 자의적으로 통제함으로써 마음을 안정시키고 심신을 관통하는 에너지를 자유자재로 구사할 수 있는 능력을 키우려는 훈련입니다. 이에 반해 자각훈련에서는 호흡 조절력을 키우기보다는 심신현상에 대한 관찰과 순수한 자각력을 키우기 위해 자연스러운 호흡을 활용합니다. 호흡은 심장박동이나 혈액순환, 위장의 소화운동 등의 생명활동과 달리 감각으로 쉽게 경험할 수 있습니다. 이런 이유로, 호흡을 관찰하는 것은 실시간으로 마음의 상태를 관찰하는 데에도 매우 적합합니다.

호흡 마음챙김은 호흡훈련이 아니라 주의조절과 순수한 자각을 위한 훈련입니다. 호흡은 그냥 두면 몸이 알아서 합니다. 이 훈련은 호흡을 의도적으로 조절함으로써 폐활량을 늘리거나 숨을 오래 참는 등의 호흡능력을 키우기 위한 훈련이 아니라, 호흡이 만들어내는 느낌에 주의를 기울여 있는 그대로 알아차리는 마음챙김능력을 키우기 위한 훈련입니다.

■ 요약: 자연스러운 호흡이 만들어 내는 신체감각을 배나 가슴에서 관찰합니다. 오직 호흡의 느낌과 함께하는 시간을 갖습니다.

1단계[준비]

① 바닥이나 의자에 앉아서 하기를 권합니다. 자세에 너무 집착하지 말되, 등은 곧게 편 다음 부드럽게 긴장을 늦추는 것이 좋습니다. 자세의 전체적인 느낌을 살펴보아 편안하면서도 의젓한 느낌이 들도록 조절하면 됩니다.

② 눈을 부드럽게 감고 몇 차례 심호흡을 합니다.

③ 이제 관찰하게 될 호흡의 느낌을 그냥 느끼고 알아차릴 뿐 그 느낌에 대해 이런저런 생각을 하지 않겠다는 태도를 상기합니다.

2단계[본명상]

① 심호흡을 중단하고, 호흡이 평소처럼 스스로 이루어지도록 내버려 두고 호흡의 느낌이 가슴과 배 중에서 어디에서 가장 크게 느껴지는지 찾아봅니다.

② 잘 느껴지지 않는다면 한 손은 가슴에, 한 손은 배 위에 올려놓고 자신의 자연스러운 호흡이 어디에서 더 크게 느껴지는지 관찰하여, 어느 부위든 호흡감각이 가장 크게 느껴지는 곳을 관찰 지점으로 선정합니다.

③ 관찰 지점에 주의를 모아 숨이 들어오면서 부풀어지고 숨이 나가면서 꺼지는 느낌을 있는 그대로 관찰합니다. 숨이 들어올 때 들어오는 것을 알아차리고, 숨이 나갈 때 나가는 것을 알아차립니다.

④ 의식의 초점이 자신이 정한 지점을 떠나 방황하고 있음을 알아차리면 본래 관찰하기로 정했던 배나 가슴으로 되돌립니다. 그러면 즉각 들숨과 날숨의 느낌을 발견할 수 있습니다.

⑤ 지금 이 순간, 매번의 호흡의 느낌과 함께 머물러 있습니다.

3단계[마무리]

① 호흡 마음챙김을 마치고 싶은 생각이 들면, 잠시 더 호흡의 느낌에 머무릅니다.

② 부드럽게 눈을 뜨고 돌아옵니다.

Tip

• 숙련되었을 때
  - 가슴과 배의 호흡에 따른 배의 움직임을 동시에 관찰해 봅니다.
  - 한동안 숨을 지켜보다 보면 몸의 감각이 느껴질 때가 있을 수 있습니다. 이럴 때는 숨에 대한 알아차림을 확장하여 몸 전체에 대한 알아차림을 해 봅니다.

• 일상생활에서
  - 시험을 보기 전이나 발표 등 긴장되는 순간에 호흡 마음챙김을 해 봅니다.

• 시간: 10~15분. 혹은 1분 정도의 짧은 호흡 마음챙김도 가능합니다.

Q&A

1. 숨쉬기가 힘들고 답답합니다.

평소 호흡은 의식적인 조절이 없어도 자동적으로 이루어집니다. 이렇게 자동적으로 이루어지는 신체활동에 의도적으로 주의를 기울이면, 자동적인 과정이 흐트러져서 호흡을 위한 신체 부위의 자연스러운 움직임이 방해를 받습니다. 이는 마치 평소에 잘해 오던 일련의 근골근계 운동을 하나하나 의식적으로 조절하려 하면 오히려 부자연스러워지는 것과 마찬가지입니다. 호흡에 주의를 기울이는 것 자체가 평소의 호흡리듬을 깨트릴 수 있고, 여기에 호흡의 느낌을 더 잘 느껴 보려는 노력이 더해지면 오히려 긴장이 되어서 호흡이 어려워질 수 있습니다. 과도하게 깊고 긴 호흡을 하려고 애쓰는 등 호흡리듬을 조절하려는 노력은 포기하는 것이 좋습니다.

2. 꼭 복식호흡을 해야 하나요?

복식호흡이란 주로 배를 이용해서 숨을 쉬는 것을 말합니다. 이 명상의 목적은 호흡의 감각에 주의를 기울여 있는 그대로 알아차리는 능력을 키우려는 것이지 호흡능력을 키우려는 것은 아닙니다. 이 연습을 할 때, 어디로 숨을 쉬는가는 중요하지 않습니다. 평소와 마찬가지로 숨이 자연스레 쉬어지도록 하고, 그 숨이 만들어 내는 감각이 가장 잘 느껴지는 곳을 주의의 초점의 대상으로 삼아 관찰하면 됩니다. 즉, "배(또는 가슴)로 숨을 쉬어야지~." 하는 의도가 아니라 "매번의 들숨과 날숨의 감각을 잘 관찰해야지~." 하는 의도로 하는 것이 좋습니다.

평소의 자연스러운 호흡이 복식호흡이라면 바람직합니다만, 호흡마음챙김에서는 어디로 숨을 쉬어도 아무런 문제가 없습니다. 단지 그곳에서 느껴지는 호흡의 감각을 관찰하면 됩니다. 앞으로 명상수련을 꾸준히 계속하면 평소에 의식하지 못하고 자동으로 이루어지는 호흡이 자연스레 점차 어깨나 가슴에서 아랫배로 내려오게 될 것입니다.

3. 들숨과 날숨을 모두 코로 해야 하나요?

그렇게 하면 좋지만, 여러 가지 이유로 코로 숨을 쉬는 것이 어려울 수 있습니다. 가능하면 들숨은 꼭 코로 하는 것이 좋습니다. 들숨이나 날숨을 입으로 할 때는 두 입술을 살짝 벌리고, 천천히 하기를 권합니다.

해맞이 요가

해맞이 요가의 방법은 매우 다양한데, 이름 그대로 떠오르는 해를 맞이하면서 몸을 깨우고 부드럽게 풀기 위한 요가입니다. 여기서 소개하는 해맞이 요가는 아쉬탕가(Ashtanga)라는 요가전통에서 수련하는 요가입니다. 모두 9개의 연속적인 동작으로 구성되어 있습니다. 동작을 하는 동안에 나타나는 다양한 신체감각과 정서, 생각 등에 마음챙김을 하면서 수련하면 훌륭한 명상법이 됩니다.

■ 요약: 순서에 따라 동작을 취하면서 발생하는 몸의 느낌과 호흡, 통증과 긴장감 등에 주의를 기울여 알아차립니다.

1단계[준비]
① 다리와 양발을 모으거나 어깨 넓이 정도로 벌려서 섭니다.
② 어깨를 앞에서 뒤로 천천히 돌려 어깨의 긴장을 풀어냅니다.
③ 잠시 눈을 감고 발바닥의 감각에 주의를 모읍니다.
④ 양손을 가슴 앞에 모으고, 천천히 심호흡을 몇 차례 반복합니다.

2단계[9자세]: 호흡과 동작을 일치시키며 천천히 정확하게 수련합니다.
① 숨을 들이쉬면서 가슴 앞에 모은 두 손을 머리 위로 들어 올립니다.
② 숨을 천천히 내쉬면서 상체를 숙여 손바닥을 양발 옆에 둡니다.
③ 숨을 들이쉬면서 무릎을 펴고 고개를 들어 올립니다.
④ 숨을 내쉬면서 손은 바닥을 단단히 짚고, 양발을 뒤로 보냅니다. 엎드려뻗쳐 자세를 취합니다. 계속해서 숨을 내쉬면서 무릎은 바닥에 대고 발끝은 세운 채로 상체를 내립니다.

⑤ 숨을 들이쉬면서 상체의 배와 무릎, 하체를 바닥에 모두 닿도록 밀착시킵니다. 상체와 머리를 들어 올리며 허리를 젖힙니다. 이 때 발가락을 뻗고 발등이 바닥을 누르게 합니다.

⑥ 숨을 내쉬면서 손을 바닥에 단단히 고정하고 엉덩이를 들어 올립니다. 발바닥 전체와 발꿈치가 바닥을 단단히 누르게 합니다. 자세를 유지하면서 들이쉬고 내쉬는 호흡을 다섯 번 반복합니다.

⑦ 숨을 들이쉬면서 양발을 바닥을 짚고 있는 양손 안쪽으로 가져옴과 동시에, 양손을 바닥에 둔 채 등을 곧게 펴면서 머리를 들어 정면을 향하게 합니다.

⑧ 숨을 내쉬면서 상체와 머리를 숙입니다.

⑨ 숨을 들이쉬면서 상체와 양팔을 들어 하늘을 향하게 하고, 시선도 손을 향합니다.

3단계[마무리]

① 숨을 내쉬면서 양손을 가슴 앞으로 모으고 호흡과 맥박이 안정되는 것을 알아차립니다.

② 준비가 되었다고 느껴지면, 다시 해맞이 요가를 시작합니다.

③ 다섯 번 정도 반복한 후, 등을 대고 바닥에 누워 충분히 휴식합니다.

준비

하나(one)

둘(two)

셋(three)

넷(four)

다섯(five)

여섯(six), 5회 호흡

일곱(seven)

여덟(eight)

아홉(nine)

제자리

[그림 3] 해맞이 요가 순서도

- 손이 바닥에 닿지 않는 경우에는 무릎을 구부려도 좋습니다. 점점 무릎을 펴도록 합니다.
- 5번: 귀와 어깨를 멀어지게 하고, 엉덩이와 항문을 조여 허리에 무리가 가지 않도록 합니다.
- 6번: 손과 발의 거리를 자신에게 맞게 조정합니다. 발꿈치가 바닥에 닿도록 무릎을 구부려도 좋습니다. 팔힘으로 지탱하기보다는 엉덩이를 천장으로 밀어 올리는 힘으로 팔의 하중을 줄여 줍니다.
- 동작이 어느 정도 익숙해지면, 호흡과 동작, 응시점을 일치시키며 수련을 진전시킵니다.

Q&A

1. 자세를 정확하게 취하기가 어렵습니다.

정확한 자세를 취하면 좋지만, 그러려고 너무 노력할 필요는 없습니다. 꾸준히 하다 보면 자세가 정확해집니다. 처음 수련하는 동안에는 자세의 정확도보다는 자세가 만들어 내는 몸의 감각이나 자신이 정확한 자세를 취하려고 애쓰고 있다는 것 등에 주의를 기울이는 것으로 충분합니다. 이때 통증은 자세의 한계를 알려 주는 고마운 신호입니다. 특히 6번의 정지자세에서 통증이 있을 때, 날숨을 길게 하면서 통증을 알아차리면 좋습니다.

02

스트레스와 명상

02
스트레스와 명상

🍃 스트레스

스트레스에 관해 과거의 학자들은 스트레스 반응을 일으키는 사건 자체를 스트레스로 간주하기도 했고, 지금도 그런 전통은 일부 남아 있습니다. 하지만 최근의 학자들은 사건 자체는 스트레서(stressor)로, 이에 대한 개인의 반응은 스트레스(stress)로 구분하며, 스트레스를 주로 신체의 생리적 반응이나 심리적 경험을 뜻하는 것으로 다루고 있습니다. 스트레스 사건, 즉 스트레서에 대한 반응으로 나타나는 생리적 변화는 생리적 스트레스이고①, 마음의 불편감과 긴장, 통증, 괴로움, 부정적 감정 등은 심리적 스트레스라 할 수 있습니다②. 생리적 스트레스는 심리적 스트레스의 원인이 될 수 있고, 그 반대도 마찬가지입니다③.

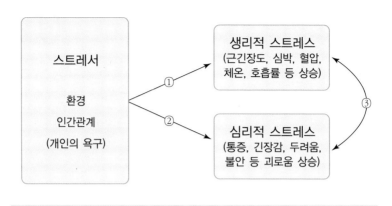

[그림 4] 스트레서와 스트레스

대표적인 생리적 스트레스는 유명한 생리학자 월터 캐논(Walter Cannon)이 말하는 투쟁-도피반응이라 할 수 있습니다. 이는 생존이 달린 시급한 위협 사건을 맞았을 때 교감신경계 흥분에 따른 호흡과 심박, 혈압의 증가 등 여러 가지 신체반응을 말합니다. 즉, 위협에 대처하기 위한 신체의 자동적인 대응반응이라 할 수 있습니다. 심리적 스트레스란 우리가 흔히 일상적으로 스트레스라 부르는 것으로, 한마디로 '긴장과 괴로움'이라 할 수 있습니다. 즉, 우리가 반기지 않는 심리적인 긴장과 불안, 통증, 불편감 등을 말합니다. 말하자면, 생리적 스트레스는 몸의 반응을, 심리적 스트레스는 마음의 반응을 말합니다.

이 책에서는 '스트레스'를 주로 심리적 스트레스를 뜻하는 것으로 사용할 것입니다. 생리적 스트레스는 그것이 인식이 될 수도 있고 그렇지 않을 수도 있지만, 일단 인식이 되면 그것이 심리적 사건이라는 점에서 결국 스트레스는 심리적인 것이라 볼 수 있기 때문입니다. 예를 들어, 신체조직의 손상과 같은 생리적 스트레스는 통증을 야기할 수 있지만, 우리는 매우 위급한 상황에서는 통증을 느끼지 못할 수 있습니다.

우리는 심리적인 고통이나 불편한 생각, 부정적 감정 등을 원하지 않습니다. 그래서 스트레스는 괴로운 것입니다. 하지만 우리는 거의 매일 이런 불편함과 괴로움을 경험합니다. 우리가 살아간다는 것은 세상과 자신의 끊임없는 변화와 마주하는 것이며, 모든 변화는 본질적으로 스트레스의 원인인 것입니다. 우리가 매일 겪는 수많은 사건은 모두 스트레스를 일으키는 원인, 즉 스트레서입니다. 너무 춥거나 더운 날씨, 오랫동안 먹지 못하거나 자지 못하는 것, 법률이나 규칙 위반, 갑자기 끼어드는 새치기, 거절당하는 것, 싫어하는 사람의 등장 등 우리가 원치 않는 사건뿐 아니라 좋은 성적을 받는 것, 취직, 예상치 못한 보너스, 데이트, 결혼 등 누구나 원하는 생활사건들도 원치 않는 내적 경험, 즉 긴장과 고통, 불편감을 야기하게 됩니다.

스트레서는 크게 세 가지로 나누어 볼 수 있습니다. 첫 번째 원인은 환경적 스트레서로서, 우리가 살고 있는 자연환경과 사회적 조건들입니다. 자연재해, 기후 변화, 환경 오염, 각종 법률과 제도, 사회적 규범, 정치적 상황 등은 대표적인 환경적 스트레스 요인들입니다. 두 번째 원인은 사회적 스트레서로서, 인간관계에서 발생하는 사건들입니다. 우리는 부모, 친지, 친구, 이웃, 배우자, 동료, 상사, 고객 등 많은 사람과 인간관계를 맺고 삽니다. 이런 사람들은 한편으로 우리의 삶에 행복과 보람을 주는 가장 중요한 사람들이면서 동시에 끊임없이 스트레스를 겪게 하는 존재들이기도 합니다. 마지막 원인은 보통 스트레스 연구에서는 스트레서로 간주하지 않지만 넓은 의미에서 스트레서로 볼 수 있는 것인데, 바로 우리의 욕구입니다. 배부르게 먹고, 따뜻하게 자고, 위협 없이 안전하게 살고자 하는 생물학적 욕구에서부터 친한 관계를 맺고, 사랑하고, 인정받고, 성취하고, 의미 있는 삶을 살고자 하는 심리사회적 욕구에 이르기까지 우리는 다양한 욕구를 가지고 있습니다. 이런 욕구를 완전히 없애거나 완전히 충족시키는 것은 거의 불가능하며, 필연적으로 좌절과 분노, 두려움과 불안, 긴장 등을 경험하게 만듭니다.

문제는 우리가 이런 스트레스의 원천들을 원하는 대로 통제하는 것이 매우 어렵다는 것입니다. 첫 번째 원인인 자연환경과 사회적 조건에 대한 대응력은 요즈음은 상당히 높아진 상태입니다. 과거와 달리 자연재해나 열악한 환경 또는 다른 생명체의 활동 때문에 사망하는 사람의 수는 빠르게 줄었습니다. 그래도 계절의 변화, 미세먼지를 비롯한 환경 오염과 질병을 일으키는 새로운 바이러스 등은 여전히 스트레스를 야기하는 중요한 원인이며 이를 원하는 대로 통제하기는 매우 어렵습니다.

두 번째 원인인 인간관계는 사실상 현대인의 스트레스의 가장 큰 원인일 정도로 영향력이 큰 스트레서입니다. 다른 사람을 원하는 대로 통제하는 것은 자신을 통제하는 것보다도 더 어려운 일입니다. 그렇다고 해서 우리가 자연환경이나 사회를 떠나서 살 수는 없습니다. 인간관계 자체를 안 할 수도 없습니다. 인간은 자연 속에서 살고 있으며 사회적 관계를 떠나 살 수 없습니다. 그래서 인간관계의 스트레스를 다루는 것은 큰 도전입니다.

마지막 원인인 인간의 욕구는 죽지 않는 한 없애는 것이 불가능합니다. 인간의 욕구 자체를 부정적인 것으로 보아 억압하려 하고 심지어 욕구 자체를 없애려 노력하는 경우도 있지만, 이를 달성하기는 매우 어려운 것이며, 그것이 잘못된 노력인 경우가 많습니다.

사실 욕구가 있다는 것은 살아 있다는 느낌에 필수적인 것이기도 합니다. 욕구를 잘 다루는 것은 개인적 스트레스를 잘 다루는 데에 핵심적인 것입니다.

이렇듯, 환경적 사건과 인간관계의 사건, 개인의 욕구라는 스트레스의 원인은 그 자체를 없애는 것이 불가능하기 때문에 살아가는 과정에서 겪는 고통과 괴로움, 즉 스트레스는 피할 수 없는 삶의 중요한 부분입니다(제1장에서 설명한 '고통과 괴로움의 보편성'을 상기해 보세요). 이렇게 통제하기 어려운 것들을 통제할 수 있다고 믿고 통제하려고 노력하는 것이 또 다른 스트레스를 일으키는 원인이 되기도 합니다. 무엇인가를 통제하고자 하는 것 자체가 커다란 욕구이기 때문입니다.

한편, 달리 생각해 보면 자연과 사회라는 환경적 조건, 인간관계, 개인의 욕구 등 스트레스의 원천은 사실상 우리 인간이라는 존재에 주어진 기본적인 조건들이며, 이런 조건들의 변화와 함께하는 것이 우리의 삶이라고 할 수 있습니다. 우리는 이런 조건들을 완전히 통제할 수도 없거니와 또 그럴 필요도 없습니다. 나아가 완벽하게 통제해서도 안 되는 것입니다.

하지만 우리는 이에 대응하는 방법을 배울 수 있습니다. 마치 태풍을 막을 수는 없지만 그 피해는 줄일 수 있는 것과 같습니다. 다시 말하면, 우리가 스트레서의 발생을 통제하거나 아예 없애 버리는 것은 불가능한 경우가 많지만, 그에 따라 발생하는 스트레스는 조절할 수 있습니다. 나의 화를 돋우는 미운 짓을 하는 부모나 자녀를 내가 바라는 식으로 생각하고 행동하도록 하기는 거의 불가능합니다. 내 마음을 알아주지 않는 직장 동료나 상사를 강제로 바꿀 수도 없습니다. 그래도 이런 상황을 피하지 않고 나의 스트레스, 즉 나 자신의 고통과 괴로움을 줄일 수 있는(완전히 없애 버리는 것이 아니라) 방법을 배울 수 있고, 자신이 원하는 삶에 유용하도록 조절하고 다루는 방법을 배울 수 있습니다.

파도가 치는 것을 막을 수는 없지만, 파도 타는 법을 배울 수는 있습니다.

이 책에서 배우고 익히고자 하는 것은 스트레스의 원천을 통제하는 방법이 아닙니다. 그보다는 스트레스의 원천에 의해 발생하는 나 자신의 고통과 괴로움, 즉 스트레스를 잘 다루고 유용하게 활용하는 능력을 높이려는 것입니다. 그러려면 우리의 스트레스가 어떤 과정으로 발생하는지, 어떤 요인이 영향을 미치는지 그리고 그런 내적 경험을 효과적으로 다루는 방식이 무엇인지를 열린 마음으로 진지하게 탐구해 볼 필요가 있습니다. 명상수련은 바로 이런 탐구의 핵심이자 매우 효과적인 스트레스 관리법임이 수많은 조상의 경험과 최근의 과학적 연구 결과를 통해 입증되었습니다.

스트레스와 노화, 명상

만성 스트레스는 세포의 노화를 촉진합니다. 텔로머라제(telomerase, 텔로미어의 손실을 막고 재생을 촉진하는 효소, 텔로미어는 염색체 말단에 있으며 노화에 따라 그 길이가 짧아집니다)의 기능을 통해 세포의 노화기제를 규명해 2009년 노벨 생리의학상을 받은 엘리자베스 블랙번(Elizabeth Blackburn)이 참여한 여러 연구는 만성 스트레스가 텔로미어의 손실을 촉진한다는 것을 밝혀냈습니다. 또한 '스트레스를 어떻게 지각하는가'에 따라 텔로미어가 퇴화하는 속도와 정도가 달라진다는 것을 알아냈습니다. 즉, 스트레스를 부정적으로 보는 사람은 그렇지 않은 사람에 비해 세포의 노화가 더 컸습니다. 이런 결과는 우리가 스트레서와 스트레스를 어떻게 보고 그에 관계하는가에 따라 스트레스의 부정적 영향이 다르게 나타난다는 것을 의미합니다.

최근에는 블랙번을 포함한 16명의 연구자가 일반인들의 명상 수련이 면역계 세포의 노화를 지연하며, 이런 효과가 스트레스 지각에 의해 조절된다는 것을 보여 주는 대규모 연구 결과를 발표했습니다(Jacobs et al., 2011). 이들은 일반인 60명을 명상 집단과 대기 집단으로 나누어서, 명상 집단에는 하루 6시간씩 3개월 간 집중적인 명상훈련을 실시하고 자신의 스트레스에 대한 통제감, 삶의 목적, 신경증과 같은 심리적 측면과 면역세포의 텔로머라제 밀도를 측정했습니다. 그 결과, 명상 집단이 대기 집단에 비해 텔로머라제가 유의하게 많아졌고, 이런 효과가 심리적 문제의 개선에 의해 매개되어 나타난 것임을 확인했습니다. 즉, 텔로머라제는 해당 세포의 노화를 억제하는 효소라는 점에서 이 연구 결과는 일반인들이 비교적 길지 않은 기간의 명상수련으로 면역계 세포의 노화를 억제할 수 있으며, 이런 노화방지 효과가 명상수련을 통한 스트레스에 대한 통제감과 삶의 목적 향상, 신경증적 증상의 감소와 같은 심리적 효과를 통해 나타난다는 것입니다.

이런 연구 결과들은 스트레서 자체를 제거하거나 억제하는 것은 거의 어려운 일이지만, 스트레서나 상황, 사건에 대해 지금까지 관계했던 방식을 더 기능적인 방식으로 바꿈으로써 심신의 건강과 웰빙을 증진할 수 있음을 보여 줍니다. 그리고 그것이 명상수련을 통해 가능하다는 것을 입증하는 것입니다.

🌿 실존적 스트레스와 개념적 스트레스

앞에서 쾌락원리는 인간과 동물 모두에게 내재한 기본적인 삶의 양식임을 설명했습니다. 쾌락원리에 따른 삶은 쾌락적인 생각이나 느낌은 좋은 것이고 옳은 것이고 정상적인 것이며, 불쾌한 생각이나 느낌은 나쁜 것이고 문제가 있는 비정상적인 것이므로 가능한한 없애고 피해야 한다는 잘못된 관계방식을 강화했습니다. 이는 스트레스를 가능한 한 '피해야 할 무엇' '안 받는 게 좋은 것'이라는 부정적 관점을 강화했습니다.

사실 유쾌한 느낌이나 불쾌한 느낌은 그 자체로 좋거나 나쁜 것은 아닙니다. 예를 들어, 통증은 신체를 다쳤을 때 경험하는 자연스러운 감각반응이고, 슬픔은 아끼고 사랑하던 사람을 잃었을 때 경험하는 자연스러운 감정반응입니다. 하지만 통증이나 슬픔 같은 건강한 반응과 이를 야기한 사건(손상이나 상실)의 혐오적 특징을 혼동해서 통증이나 슬픔 자체를 원치 않는 혐오적인 것이고 잘못되거나 나쁜 것으로 오인하게 됩니다. 정확하게 말하자면, **우리가 원치 않는 것은 신체적 손상이나 심리사회적 상실이라는 사건의 발생이지, 이런 사건의 결과로 발생하는 통증이나 슬픔이 아닙니다.** 이렇게 뭔가 잘못되거나 문제가 생겨서 발생하는 원치 않는 사건 때문에 생기는 반응인 통증이나 슬픔은 비록 괴로운 경험이기는 해도 잘못되거나 문제가 있는 것이 아니라 오히려 당연하고 건강한 경험인 것입니다. 다리가 부러졌는데 통증을 전혀 느끼지 못한다거나, 사랑하는 사람이 갑자기 사망했는데 슬픔을 느끼지 못한다거나, 곤경을 겪는 사람을 보고 안타까움이나 측은함을 느끼지 못한다면, 이는 매우 부적응적이고 병리적인 것입니다. 이런 무반응은 모두 치명적인 문제라 할 수 있습니다.

실존적 스트레스란 실제 사건이 원인이 되어 겪는 괴로움과 고통을 말합니다. 앞의 예에서, 몸을 다쳐서 아프거나 사랑하는 사람이 갑자기 사망해서 슬프거나 한 것은 실존적 스트레스라 할 수 있습니다. 이에 반해 **개념적 스트레스란 스트레스 사건이나 실존적 스트레스에 대한 부정적 평가나 판단, 추론 같은 즉각적인 자동반응에 의해 생기는 괴로움과 고통을 말합니다.** 앞의 예에서, 몸을 다쳐 통증을 경험하는 것은 실존적 스트레스지만, '바보같이 또 다쳤네. 이제 학교를 어떻게 다니지?' 하는 등의 생각으로 자책하거나 불안해하는 것은 개념적 괴로움이라 할 수 있습니다. 마찬가지로 사고로 사랑하는 사람을 잃은 가족이 상실의 슬픔을 넘어 '내가 못 가게 말렸으면, 안 죽었을 텐데…….' '살아 있을 때 더 잘해 줄 것을…….' 하는 뒤늦은 자책이나 후회를 반복하거나, '하늘도 무심하시지, 아무 잘못도 없는 사람을 왜 이렇게 일찍 데려가나.' 하는 원망, '이제 무슨 희망으로 사나.' 하는 무기력감 등에 빠지거나 하는 것은 개념적 스트레스라 할 수 있습니다.

개념적 스트레스는 심하면 병리적인 현상이 될 수 있습니다. 이미 지나가 버려서 실제로 존재하는 것이 아닌 과거의 경험이나 또는 아직 오지 않은 것이어서 실제로 나타난 것이 아닌 미래의 사건에 대한 생각들이 만들어 내는 후회와 번민, 불안과 두려움은 우리가 가장 흔히 경험하는 추가적인 스트레스로서 모두 개념적 스트레스라 할 수 있습니다.

그래서 실존적 스트레스는 1차적이고 순수하며 건강한 것이라 할 수 있고, 개념적 스트레스는 2차적이고 오염된 것이며 건강하지 못한 것이라 할 수 있습니다. 이 관계를 다음과 같이 나타낼 수 있습니다.

지금 경험하는 스트레스의 총량 = 실존적 스트레스 + 개념적 스트레스

우리가 실존적 스트레스를 있는 그대로 알아차리면 자동반응을 중단함으로써 개념적 괴로움을 없앨 수 있습니다. 힘들고 어렵고 불쾌하며 아픈 실존적인 경험을 받아들이지 않고 멀리서 원인을 찾으려는 반응은 분노나 원망(남 탓), 자책과 후회(내 탓)를 낳으며, 과거의 사건이나 미래의 사건에 대한 추론과 해석은 후회와 번민, 불안과 두려움, 낙담, 좌절감 같은 개념적 괴로움을 낳을 수 있습니다.

마음챙김은 현재 이 순간에 머물면서 내적 경험을 있는 그대로 알아차림으로써 개념적 괴로움을 없앨 수 있는 스트레스 대처방법입니다. 그래서 **마음챙김수련은 스트레스를 완전히 없애는 것이 아니라 건강한 스트레스를 삶의 일부로 받아들일 수 있게 하고 불필요한 스트레스를 없애는 훈련**이라 할 수 있습니다.

생각이 어떻게 스트레스를 일으킬까

우리는 놀라운 인지능력 덕에 구체적인 실체가 없는 단순한 생각만으로도 실제 사건 때문에 겪는 것과 비슷한 괴로움을 겪을 수 있습니다. 가상의 사건 때문에 실제로 괴로움을 겪는 것이지요.

생각은 본래 실체가 없는 것입니다. 따라서 좋은 생각이 있고 나쁜 생각이 있다고 볼 수 없습니다. 하지만 인간은 직간접적인 경험을 통해 생각과 느낌을 연합시킵니다. 예를 들어, '엄마'를 생

각하면, 금방 엄마의 얼굴이나 이미지, 기억 등과 함께 편하고 따뜻하거나 짠하거나 먹먹하거나 한 감정과 생리반응이 나타나는 것을 알 수 있습니다. 반대로, '토막살인'을 생각하면 불편하고 끔찍하고 얼굴이 찌푸려지는 반응이 나타날 수 있습니다. '엄마'나 '토막살인'은 언어적 상징에 불과한 것이며 본래 감정이나 생리반응과는 관계가 없는 것입니다(그래서 그 말의 뜻을 모르는 사람은 그런 반응을 하지 않습니다). 하지만 오랜 직간접 경험을 통해 단어와 그 당시 경험한 감정이나 생리반응이 연합되어 기억에 저장되어 있기 때문에 말만으로도 감정과 신체반응을 일으킬 수 있는 것입니다. 결국, '좋은' 생각, '나쁜' 생각, '즐거운' 생각, '불편한' 생각이란 그 생각과 연합된 감정을 이르는 말임을 알 수 있습니다.

그래서 우리는 실제 사건을 겪지 않고도 생각만으로도 편안하고 즐겁거나 또는 긴장되고 불편한 신체감각과 감정을 경험할 수 있습니다. 이는 거의 자동적이고 반사적으로 나타나는 반응입니다. 인간의 생각하는 능력과 경향은 매우 강력합니다. 어떤 사건을 겪으면, 즉각적으로 그 현상의 원인과 특징, 결과 등에 대한 해석과 추론(즉, 생각)과정이 뒤따릅니다. 그래서 통증이나 불편감, 괴로움 같은 스트레스를 느끼면, '이런 스트레스를 일으킨 사건은 왜 일어났을까?' '이 스트레스 경험은 무엇이며 어떤 의미가 있는가?' '그것이 장래 어떤 결과를 가져올까?' 하는 등의 여러 가지 해석과 추론을 하게 됩니다. 이런 모든 생각은 다시 또 다른 감정과 신체감각을 일으킵니다. 그래서 어떻게 해석하고 추론을 하느냐에 따라 스트레스가 줄기도 하고 거꾸로 늘기도 합니다. 예를 들어, 스트레스의 원인을 자신의 잘못으로 해석하거나 향후 그 결과를 부정적으로 추론하는 것은 스트레스를 배가시킵니다. 마찬가지로 불편한 감정이나 긴장 같은 내적인 사건도 그것을 문제가 있거나 해로운 것으로 해석하면 그것이 불편함을 배가시킵니다. 바로 이런 스트레스를 개념적 스트레스라고 할 수 있습니다. 반대로, 스트레스의 원인이 된 사건을 불가피한 것으로 간주하고 그에 따르는 통증이나 괴로움을 당연한 것으로 받아들이거나 오히려 긍정적인 것으로 해석하고 결과를 과도하게 부정적으로 예측하지 않는다면, 이러한 개념적 스트레스는 발생하지 않거나 훨씬 덜할 것입니다.

◢ 스트레스 대처

사람들은 다양한 방식으로 스트레스에 대처합니다. 심리학자인 라자러스와 포크만(Lazarus & Folkman, 1984)은 위협적인 사건에 어떻게 대처하는가는 그 사건에 대한 인지적인 평가와 해석에 따라 달라진다고 설명하면서 스트레스에 대한 대처방식을 크게 문제중심 대처와 정서중심 대처의 두 가지로 구분했습니다. 문제중심 대처란 사건 자체(즉, 스트레서)를 해결하기 위한 행동을 하는 것이고, 감정중심 대처란 사건 자체보다는 그 사건에 따른 부정적 감정(즉, 스트레스)을 해결하기 위한 행동을 하는 것입니다.

중요한 시험을 예로 생각해 보면, 문제중심 대처는 그 시험에 대해 더 많은 정보를 얻고 필요한 공부에 전념함으로써 시험에 실패할 가능성을 줄이려는 방식이고, 감정중심 대처는 음악을 듣는다거나 맛있는 음식을 먹는다거나 아니면 아예 그 시험의 중요성을 평가 절하함으로써 위협적 평가에 따른 긴장감과 불편감을 해소하는 방식이라 할 수 있습니다.

문제중심 대처는 사실상 이미 사건이 발생한 후에 그 문제에 관한 정보를 더 얻는다거나 사건이 향후에 부정적으로 전개되지 않도록 통제하고자 한다는 점에서 에너지와 시간이 많이 드는 방법이지만, 그 과정에서 향후 비슷한 사건의 예방과 대처에 대한 지식과 지혜를 습득할 수 있다는 점에서 장기적으로 볼 때 바람직합니다. 그래서 일반적으로 바람직한 대처방식으로 알려져 있습니다.

정서중심 대처는 불편한 감정을 줄이기 위한 방법으로, 초기에는 에너지가 덜 들어가고 단기적으로는 스트레스를 줄일 수 있다는 장점이 있지만, 장기적으로는 더 큰 대가를 치르게 됩니다. 이 대처법은 스트레스를 야기할 가능성이 있는 사건 자체를 회피하려는 행동양식을 발달시킬 수 있어서 역기능적인 심리행동적 발달로 이어질 수 있습니다.

하지만 두 가지 접근법은 어느 것이 항상 더 바람직한 접근법이라 할 수는 없습니다. 스트레스를 일으키는 사건의 종류나 강도 그리고 우리가 가지고 있는 심리사회적 자원이 얼마나 되는가, 또 어떤 시점의 문제인가 등에 따라 두 가지 접근법을 모두 적절히 활용할 수 있을 것입니다. 예를 들어, 앞의 예에서 문제중심 대처가 더 바람직한 것이기는 하지만, 그렇다고 감정중심 대처가 꼭 부적절한 것은 아닙니다. 왜냐하면 문제중심 대처를 하려면 그런 대처과정에 수반되는 과도한 긴장이나 불편감을 줄일 수 있어야 합니다. 시험에 대한 불안과 긴장을 줄이지 않고는 효과적인 공부법을 깨닫거나 필요한 공부에 전념하는 것이 어렵기 때문입니다. 이때 감정중심 대처는 그것이 시험을 아예 포기하는 행동으로 나타나는 것이 아니라면, 문제중심 대처를 위한 효과적인 준비과정으로 작용할 수도 있습니다. 다만, 그것이 그저 불편하고 괴로운 경험을 외면하거나 회피하려는 방식으로 이루어지는 것은 길게 볼 때 해로운 것이라 할 수 있습니다.

명상은 스트레서, 즉 스트레스를 일으키는 원인을 겨냥하는 수련이라기보다는 스트레스 자체를 다루는 수련일 수 있습니다. 말하자면, 명상은 시험 자체를 없애 버린다거나 기타 괴롭고 불편한 경험을 야기하는 사건이나 환경을 통제하려는 것은 아닙니다. 그런 점에서 문제중심 대처보다는 정서중심 대처에 가깝습니다. 하지만 명상에서 정서를 다루는 방식은 라자러스와 포크만이 말하는 정서중심 대처와는 전혀 다릅니다. 정서중심 대처가 주로 불편한 정서에 대한 회피나 도피행동인 것에 비해 명상수련에서는 오히려 정서를 정반대로 다루도록 훈련합니다. 즉, 불편한 감정들을 외면하고 피하기보다는 있는 그대로 직면하고 받아들이도록 합니다. 그렇게 함으로써 자신의 감정반응에 대해 배울 수 있을 뿐 아니라 그런 감정반응에 휘둘려서 자동적인 반응을 하지 않도록 함으로써 건강한 방식으로 감정을 다룰 수 있게 합니다.

◢ 명상과 스트레스 조절

명상은 최소한 세 가지 방식으로 삶의 고통과 괴로움을 완화시키고 긍정적으로 다루는 데에 도움이 됩니다. 첫째는 이완효과로서, 명상을 하면 몸과 마음이 이완되어서 긴장과 불편감을 줄일 수 있습니다. 긴장과 불편감은 몸과 마음에 위협이 되는 사건에 의해 발생하며, 이때는 위협에 대처하느라 심신이 피로와 에너지 소진으로부터 회복할 수 있는 여지가 없게 됩니다. 이런 상태는 교감신경계의 활성화와 관계가 있습니다. 이완 상태는 부교감신경계의 활성화와 관계가 있으며, 이런 상태일 때 몸과 마음이 피로와 에너지 고갈 상태에서 회복하는 자기치유력이 발휘됩니다. 또한 이완은 기존의 관념과 방식을 벗어나 새로운 것을 너그럽게 받아들일 수 있는 친화력과 수용성을 높여 줍니다.

　시험이나 중요한 발표 등을 앞두고 있을 때의 긴장과 불편감, 가슴의 두근거림, 혈압 상승 같은 급성 스트레스도 짧은 명상을 통해 심신을 이완시킴으로써 편안하고 안정된 상태로 쉽게 되돌릴 수 있습니다. 호흡관찰이나 수식관 같은 명상은 2~3분 정도의 연습만으로도 이완효과를 충분히 기대할 수 있습니다. 또한 만성적인 스트레스 반응도 꾸준한 명상을 통해 효과적으로 줄일 수 있음은 당연합니다.

이완과 명상

　이완반응이란 위협적인 상황에서 발생하는 급성 스트레스 반응인 투쟁–도피반응과 정반대의 생리적 반응을 말합니다. 명상이 강력한 이완반응을 일으킬 수 있다는 것을 처음 연구한 허버트 벤슨(Benson, 1975)에 따르면, 이완반응의 특징은 신진대사의 감소와 심장박동, 혈압, 호흡 수의 감소, 두뇌활동 감소 또는 진정과 같은 생리반응입니다. 벤슨은 수십 년 이상 명상을 수련한 티베트 승려들에 대한 연구를 통해 이들이 명상을 통해 마치 겨울잠을 자는 동물들에서 발견할 수 있는 것 같은 이완반응을 유도할 수 있음을 보여 주었습니다. 다만, 명상가들은 이런 이완반응을 나타내면서도 잠에 빠지지 않고 오히려 또렷한 의식을 유지한다는 것이 동물의 동면과 다른 점입니다.

　이완반응은 크게 보면 온전한 휴식을 할 때 나타나는 반응이라고 볼 수 있습니다. 그리고 최고의 휴식은 잠입니다. 흥미롭게도 명상을 하면 매우 쉽게 졸음이 옵니다. 명상하는 사람들은 잠을 달가워하지 않고, 오히려 마귀와 같다고 하여 수마(睡魔)라 부르기도 하는데, 그만큼 명상을 하면 졸리고 잠에 잘 빠져들기 때문입니다.

명상을 하면 졸린 이유는 여러 가지입니다. 첫째, 명상이 생각을 줄여 주기 때문입니다. 명상은 의도적으로 주의를 조절하는 것인데, 집중명상처럼 한 대상에 주의를 기울인다는 것은 대뇌에 입력되는 정보가 하나로 줄어드는 것과 같은 셈입니다. 또한 명상은 비판단적으로 알아차리는 것인데, 이는 주의의 대상에 대해 이것저것 골똘히 생각하지 않고 그냥 관찰한다는 것이지요. 결과적으로 인지활동이 줄게 되며, 인지활동이 줄면 생각이 만들어 내는 정서경험도 줄어듭니다. 둘째, 마음이 이완되고 그 결과로 몸도 이완되기 때문입니다. 즉, 명상을 함에 따라 인지체계와 정서체계의 활동성이 줄어들어 마음이 안정됩니다. 이에 따라 부교감신경계가 활성화되어 근육 긴장과 심장박동, 폐활량 등이 줄면서 몸도 휴식 상태로 전환되는 것이라 할 수 있습니다.

일반적으로 심신 이완의 결과는 의식이 흐려지고 졸음을 거쳐 결국 잠들게 되는 것입니다. 하지만 명상은 언뜻 공존하기 힘든 것 같은 '이완 상태이면서도 잠들지 않고 깨어 있는 상태'를 추구하며, 그래서 명상에 어느 정도 숙달되면 심신이 이완 상태에 들어가면서도 정신은 말짱할 수 있습니다. 즉, 호흡과 심장박동이 느려지고 근육긴장도가 낮아지며, 산소 소비량과 이산화탄소 배출량이 적어지고, 몸과 마음이 편안한 이완 상태에 있으면서도 잠에 빠지지 않고 의식이 또렷한 상태를 만들고 유지할 수 있게 됩니다.

이런 이완 상태야말로 진정한 휴식 상태라 할 수 있고, 우리의 몸과 마음이 본래 가지고 있는 건강과 균형 유지라는 자연치유력이 작동하는 상태가 됩니다. 일상적인 긴장과 생존을 위한 활동으로 인한 소모 상태와 깨어진 균형을 바로잡아 건강을 회복하는 메커니즘이 작동할 수 있는 조건이 바로 이완과 휴식 상태입니다. 명상수련이 신체질환의 관리에 효과를 발휘하는 이유 중 하나는 그것이 심신을 쉽게 이완시키고 잘 쉴 수 있게 해 주기 때문이라고 할 수 있습니다.

둘째는 자각효과로서, 자신의 현재 상태에 대한 자각은 모든 자기조절의 핵심임을 이미 설명했습니다. 내적 경험에 대해 마음챙겨 알아차리는 것은 그 자체로 내적 경험의 강도를 줄여 줍니다. 즉, 화가 나고 흥분했음을 자각하는 것만으로도 화나 흥분이 줄어들게 됩니다. 이는 자각이 연쇄적인 자동반응을 중지할 수 있게 하기 때문인데, 자신의 화와 흥분에 주의를 기울여 알아차리면 더 이상 화와 흥분을 부추기는 생각들을 멈출 수 있기 때문입니다. 신체적인 긴장의 경우도 특정 부위가 긴장하고 있음을 자각하면, 단순히 이완하려는 의도만으로도 근육의 긴장이 상당히 풀어집니다.

또한 자각효과는 장기적으로 현상과 실재를 왜곡 없이 그대로 정확하게 알아차리게 함으로써 세상과 자신을 보는 기존의 관점이나 사고방식을 전환시킬 수 있습니다. 이런 전환은 결국 지금까지의 삶의 방식에 근본적인 변화를 일으킬 수 있습니다. 이런 관점 전환의 한 예로 스트레스라는 불편하고 괴로운 내적 경험에 대한 고정관념의 전환을 들 수 있습니다. 우리는 스트레스를 문제가 있고 해로운 것으로 보는 관점에 익숙해 있습니다. 하지만 스트레스를 삶에서 불가피한 것으로 보고, 적절히 대처함으로써 개인적 행복과 성장의 증진에 효과적으로 활용할 수 있는 긍정적인 것으로 보는 관점은 스트레스를 다루는 방식을 완전히 바꾸어 놓을 수 있습니다(스트레스에 대한 관점에 관해서는 제6장 참조).

셋째는 긍정정서를 활성화하는 효과로서, 명상수련을 통해 평소의 긴장되고 불편하고 불안한 부정적인 마음 상태를 평화롭고 친절하고 사랑스러운 긍정적인 마음 상태로 바꾸어 놓을 수 있습니다. 특히 자신은 물론이고 다른 사람이나 다른 존재를 친절한 사랑으로 대하며 도와주려는 마음을 계발함으로써 자신에 대한 불만과 왜곡된 자기이미지 때문에 겪는 스트레스를 완화시켜 주고, 인간관계에서 겪는 스트레스도 줄여 줍니다. 나아가 긍정적인 마음을 계발하는 것은 심리적 유연성과 낙관성, 긍정성 같은 심리적 자원을 키울 수 있게 하며, 긍정적인 인간관계를 가능하게 합니다.

어떤 명상이든 올바른 방법으로 꾸준히 지속하면 이런 효과를 기대할 수 있지만, 명상법에 따라서 어떤 명상은 특히 특정효과와 관련이 깊을 수 있습니다. 하지만 이런 효과는 꾸준한 수련을 통해서 기대할 수 있는 것이어서, 매번 명상을 할 때마다 어떤 구체적인 효과가 있기를 기대하기보다는 자신이 올바른 방법으로 하는지를 점검하는 것이 더 중요할 것입니다.

먹기명상

　섭식은 수면, 운동과 함께 신체건강에 매우 중요한 활동입니다. 먹기명상은 음식에 대한 생각, 감정, 신체감각, 행동을 대상으로 마음챙김 기술을 수련하여 열린 마음과 수용하는 마음을 키우고 음식과의 관계를 변화시키는 명상입니다. 이를 통해 감정적이고 습관적인 자동반사적 행동이 동반되는 스트레스성 먹기인 섭식장애를 개선할 수 있고, 여러 가지 만성질환의 원인이 되는 비만과 관련된 섭식행동을 건강한 방향으로 바꿀 수 있습니다.

　평소 자신이 음식을 어떻게 생각하고 먹는지 되돌아보십시오. 먹는다는 것은 당신에게 어떤 의미를 가집니까? 혹시 다른 일을 하는 데에 필요한 에너지를 얻기 위해 먹는 것은 아닌가요? 또는 단순한 감각적 즐거움을 위해 맛있는 음식을 찾는 것은 아닌가요?

연료와 음식

　자동차는 휘발유나 경유가 있어야 달립니다. 휴대 전화나 노트북은 배터리가 있어야 합니다. 어떤 기계든 에너지가 있어야 작동합니다.

　인간에게 음식은 무엇일까요? 혹시 우리는 음식을 자동차나 휴대 전화의 에너지원 같은 것으로 간주하는 것은 아닐까요? 인간도 음식을 먹지 않으면 활동을 하기가 어려워집니다. 음식은 분명히 우리 신체와 뇌가 작동하는 데에 필요한 에너지의 원천입니다. 그래서 먹는다는 것은 자동차에 연료를 넣는 것이나 노트북의 배터리를 충전하는 것과 마찬가지로 신체의 작동에 필요한 에너지를 얻는다는 의미가 있습니다. 그래서 먹는다는 것은 그 자체가 생존에 중요한 일입니다. 아마 '배를 채운다'라는 말이 이런 섭식태도를 잘 표현하는 것 같습니다.

하지만 조금만 생각해 보면, 음식은 우리에게 생존에 필요한 에너지원 이상의 의미를 갖는다는 것을 알 수 있습니다. 음식을 먹는 것은 달고, 시고, 짜고, 향기로운 감각이나 즐거움, 행복감이나 거북함 같은 정서를 일으킵니다. 우리는 감각적인 쾌락 때문에 먹기도 합니다. 충분히 배가 불러도 예쁘게 장식된 달콤한 아이스크림이나 디저트를 보면 또 먹습니다. 스트레스를 받아서 불편해지면 먹는 것으로 해소하는 경우도 많습니다.

무엇보다도 음식은 에너지를 제공하는 것 외에도 그것이 바로 우리의 신체를 구성하는 요소가 된다는 점에서 매우 다릅니다. 자동차에 넣은 휘발유는 자동차의 일부가 되지 않습니다. 배터리를 충전하는 것이 휴대 전화 자체의 물리적 변화를 일으키진 않습니다. 하지만 우리가 먹은 음식은 근육과 장기, 혈액과 호르몬, 신경세포 등 신체의 모든 구성요소가 됩니다. 다시 말하면, 우리의 몸은 우리가 먹은 음식입니다.

평소 우리가 먹는 것을 단순히 감각적 쾌락이나 아니면 에너지 충전을 위한 정도로 경시하는 것은 아닌지 모르겠습니다. 카밧진(Kabat-Zinn, 1990은 이런 섭식에 대해 "음식을 먹는 것이 아니라 개념을 먹는다."고 말합니다.

■ 요약: 건포도를 이용하여 음식이 주는 오감을 충분히 자각하고, 이에 따른 후속 신체반응들을 마음챙겨 알아차립니다.

1단계[준비]

① 특정한 자세를 취하려 고집하지 말고 허리가 곧게 펴지면서 의젓하고 편안한 느낌이 드는 자세를 취합니다.
② 천천히 부드럽게 호흡합니다.
③ 몇 차례 심호흡을 합니다.

2단계[본명상]

① 앞에 놓여 있는 건포도 한 알을 선택하여 손바닥 위에 올려놓습니다.
② 손바닥의 건포도가 이미 보았던 익숙한 것으로 여겨진다는 것을 알아차립니다(각각의 건포도는 언제나 전에 본 적이 없는 처음 보는 건포도입니다). 호기심을 가지고 다양한 방식으로 천천히 충분히 관찰해 봅니다.
  • 촉감 활용: [예] 손가락으로 집어 촉감을 느껴 봅니다.
  • 시각 활용: [예] 뒤집어 보기도 하고, 거리를 조정해 보기도 하고, 불빛에 비추어도 봅니다.
  • 청각 활용: [예] 귀에 가까이 가져가 봅니다. 손가락으로 비벼 봅니다.
  • 후각 활용: [예] 어떤 냄새가 나는지, 어떻게 달라지는지 냄새의 변화도 살펴봅니다.
  이렇게 다양한 감각을 관찰하되 아직 입에 넣지는 않습니다.
③ 입 가까이 대고 입속에 어떤 변화가 일어나는지 관찰해 봅니다.
④ 입에 넣고 아직 씹지는 않은 상태에서 침이 나오고 고이며, 혀가 어떻게 반응하는지 등 입 속에서 일어나고 있는 현상들을 관찰합니다.

⑤ 천천히 씹으면서 맛의 변화, 질감의 변화 등을 살펴봅니다.
⑥ 천천히 삼키면서 넘어가는 느낌, 입안에 나타나는 변화, 남아 있는 느낌 등 온전히 현재에 일어나고 있는 것들을 관찰합니다.
⑦ 대상에 집중하지 못하고 잡념이나 다른 감정들이 올라오면 그저 알아차리고 다시 관찰의 대상으로 돌아옵니다.

3단계[마무리]
① 잠시 지금의 느낌을 충분히 음미해 봅니다.
② 먹기명상을 마치겠다는 의도를 세웁니다.
③ 한두 번 심호흡을 하고 마무리합니다.

Tip
• 숙련되었을 때: 먹으면서 떠오르는 생각이나 느낌에 마음챙김해 봅니다.
• 일상생활에서: 밥을 먹거나 커피나 간식을 먹을 때에도 천천히 마음챙김하면서 먹어 봅니다.
• 시간: 10~15분

Q&A

1. 손으로 만진 건포도를 먹는 것이 지저분하다는 생각이 들어 꺼려집니다.
　먹기명상을 하기 전에는 미리 손을 깨끗이 씻는 것이 좋습니다. 어떻든, 그런 생각과 느낌이 드는 것을 알아차렸다는 것은 좋은 일입니다.

2. 저는 평소에 건포도를 싫어하는데 다른 음식으로 하면 안 되나요?

꼭 건포도로 해야 하는 것은 아닙니다. 어떤 음식으로든 먹기명상을 할 수 있습니다. 하지만 건포도를 싫어하는 경우에는 의도적으로 건포도로 해 보는 것이 더욱 도움이 됩니다. 태어나면서부터 건포도를 싫어하는 것은 아니며, 직접적인 또는 간접적인 경험으로 인해 생긴 기억(학습) 때문에 싫어하게 된 것입니다. 이런 고정관념이 있다는 것을 알고, 천천히 건포도의 다양한 감각적 특징을 직접 경험해 보는 것이 좋은 명상법입니다. 고정관념과 달리 건포도의 감각을 새롭게 느끼는 신선한 경험을 하게 될 수도 있습니다.

실제로 평소에 건포도를 싫어하던 많은 분이 건포도 명상 후에 건포도 특유의 맛을 알게 되었고, 부정적인 선입견이 없어지거나 심지어 좋아졌다고 이야기합니다. 반대로, 별 거부감 없이 평소 건포도를 즐겨 먹던 사람이 건포도 명상 후에는 건포도가 싫어졌다고 하는 경우도 있습니다.

만트라 명상

만트라 명상은 소망이나 기원의 문구들을 호흡과 함께 소리 내면서 하는 명상입니다. 그래서 소리명상이라고도 합니다. 만트라란 이 명상을 할 때 소리 낼 단어나 문구를 말합니다. 만트라는 종교적인 것이어도 좋고 아니어도 좋습니다. 자신의 신념이나 소망에 잘 맞는 문구라면 어떤 것이든 활용 가능합니다. 믿는 종교에 따라 '주여!' '마리아님!' '관세음보살!' 같은 단어나 기도문을 써도 좋고, '사랑' '건강' '평화' 같은 좋은 의미의 단어를 써도 좋습니다. '옴'이나 '옴마니밧메훔' 같은 만트라도 좋고, '몸' '마음' 같은 단어도 좋습니다. '옴'이나 '몸' '마음' 같은 단어는 울림이 많을 뿐 아니라 아랫배에서부터 가슴을 거쳐 코와 눈으로 울림이 전개되기 때문에 주의를 모으기가 쉽습니다.

이 명상은 직접 소리를 내며 하는 것이 중요합니다. 소리 자체가 강력한 집중력과 이완효과를 더해 주기 때문입니다. 따라서 가능한 한 소리를 충분히 크게 내는 것이 좋습니다. 편안하고 의젓한 자세로 해 보십시오.

■ 요약: 자신의 신념이나 가치관에 일치하는 단어나 짧은 문장을 선택해서 날숨에 맞추어 소리 내어 낭송하기를 반복합니다.

1단계[준비]
① 바닥이나 의자에 앉아서 허리를 펴고 편안하면서도 의젓한 자세를 취합니다.
② 낭송할 만트라를 마음속으로 정합니다.
③ 한두 차례 심호흡을 하여 마음을 안정시킵니다.

① 깊게 들이쉬고 내쉬는 호흡에 자신이 정한 만트라를 소리 내어 낭송합니다.

② 주의가 만트라 낭송을 벗어나면 이를 알아차립니다.

③ 날숨에 만트라 낭송하기를 반복합니다.

3단계[마무리]

① 잠시 지금의 느낌을 충분히 음미해 봅니다.

② 한두 번 심호흡을 하고 마무리합니다.

Tip

• 바쁠 때는 2분에서 5분 정도 짧게, 여유가 있다면 10분에서 20분 정도 연습해 봅니다.

• 만트라 명상은 정신을 집중하고 불안과 긴장을 낮추는 효과가 있습니다. 중요한 일이 있다면 하루를 시작하기 전에 만트라 명상을 해 봅시다.

1. 만트라 명상을 할 때 소리를 꼭 내야 하나요?

이 명상은 본래 소리 자체의 울림(진동)이 주는 효과가 있을 뿐 아니라 소리를 내는 것이 졸음이나 산만함을 방지하는 효과도 있기 때문에 가능하면 소리를 거리낌 없이 크게 내는 것이 좋습니다. 다른 사람에게 방해가 되는 경우에는 큰소리로 낭송하는 것은 좋지 않지만, 상황에 따라서는 아주 작은 소리를 내거나 속으로 암송을 해도 됩니다. 소리를 내지 않는다고 해서 집중명상의 효과가 사라지는 것은 아닙니다.

2. 만트라 명상은 찬송이나 염불과는 다른가요?

소리를 이용한 집중명상이라는 점에서는 원칙적으로 같습니다. 다만, 찬송이나 염불은 해당 종교에서 의미가 있는 긴 문장들을 낭송하거나 노래한다는 것뿐입니다.

안과 밖의 고요함

나의 마음속에 드넓고 고요한 공간이 있다.
그곳은 허공처럼 걸림 없고 지극히 고요하다.
나의 실체는 바로 고요함

나무를 보라.

꽃과 풀을 보라.

나의 맑은 마음을 그 위에 살며시 올려놓아라.

나무는 얼마나 고요한가.

꽃은 얼마나 생명 속에 깊이 뿌리내리고 있는가.

자연 속에서 고요함을 배우라.

지금 이 순간이 어떤 모습으로 다가오고 있든

있는 그대로 받아들일 때마다

나는 고요해진다.

나는 평화로워진다.

– 에크하르트 톨레(Eckhart Tolle, 1948~), 독일 출신의 선사 –

03

주의조절

🌱 주의: 모든 경험의 시작

현대 심리학에서는 주의(attention)를 특정 대상에 인지적 자원을 집중하는 것으로 파악합니다. 인지적 자원이란 정신적 에너지라고도 할 수 있습니다. 주의는 정신적 에너지를 특정 대상에 모으는 것으로서, 더 깊게 처리할 대상을 선택하는 과정입니다. 즉, 주의는 정신활동의 첫 단계로서, 후속 정보처리를 위한 자극을 선택하는 과정입니다.

주의의 대상에는 외부에 존재하는 대상이나 자극뿐 아니라 유기체 내부의 기억 내용도 포함됩니다. 외부에서 입력된 자극을 해석하기 위해 장기기억에서 특정 지식 덩어리, 즉 스키마나 고정관념을 선택하는 것도 주의의 기능입니다. 또한 의식에 어떤 생각이 떠오른다면, 이는 그 생각에 주의가 갔기 때문이라고 할 수 있습니다.

주의의 대상이 된 자극은 우리의 의식에 그 존재와 특징이 드러나는데, 우리는 이것을 내적 경험이라고 합니다. 예를 들어, 사과에 주의를 기울이면, 사과의 존재와 색, 모양, 냄새 등이 의식에 드러납니다(내적 경험이 생깁니다). 이런 특징이 기존 지식을 바탕으로 자동적으로 해석되어 '사과'라는 것을 알게 됩니다. 이에 반해 주의의 대상이 되지 않은 것은 실제로 존재한다 해도 우리의 의식에 경험되지 않으며 따라서 그것을 인식할 수 없습니다.

비유하자면, 주의를 기울인다는 것은 마치 전등을 켜 들고 어두운 방을 살피는 것과 같습니다. 전등 불빛을 특정한 곳으로 향하면, 그곳에 있던 대상의 모양과 색, 크기 등의 특징이 드러납니다. 하지만 전등의 방향을 다른 곳으로 향하면 이전의 대상은 사라지고, 새로이 불빛을 받은 대상이 드러납니다. 이렇듯, 의도적이든 자동적이든 주의가 대상을 향하면, 그 대상이 우리의 의식에 드러나게 되며 비로소 그 대상을 알아차리는 것이 가능해집니다. 이 비유에서 알 수 있듯이, 이미 존재하고 있는 것이라도 주의의 대상이 되지 않으면 우리는 그것을 인식할 수 없습니다. 마치 어두운 방안에 보석상자가 있어도 그것에 전등불을 비추지 않으면 드러나지 않아서 그 방 안에 보석상자가 있는 것을 알지 못하는 것과 마찬가지입니다.

🌱 주의의 자동성과 의도성

주의의 자극선택활동은 평소에는 자동으로 이루어지지만, 의도적이고 의식적으로 조절할 수도 있는 대표적인 정신활동입니다. 평소 주의는 신체적 또는 심리적 욕구의 충족과 관련이 있는 것들에 자동으로 주어집니다. 배가 고프면 먹을 것에 주의가 가고, 몸에 통증이 생기면 통증 자체나 통증을 줄일 수 있는 것에 주의가 갑니다. 또한 주의는 변화에 민감합니다. 외적 환경이나 내적 환경의 변화는 자동적으로 우리의 주의를 끕니다.

하지만 주의는 호흡과 마찬가지로 의도적인 조절이 가능하기도 합니다. 주의의 대상을 의도적으로 선택하고, 거기에 주의를 유지하거나 주의의 대상을 바꾸는 것이 가능합니다. 어떤 생각이 불쑥 떠오른 것은 자동으로 주의가 그런 생각을 향한 것이고, 통증이 느껴지는 것은 통증에 자동으로 주의가 간 것입니다. 어떤 생각을 떠올린 것은 의도적으로 그런 생각에 주의를 기울인 것이고, 몸에 주의를 기울이면 몸의 느낌을 알아차릴 수 있습니다.

그래서 주의는 우리의 주관적 세상을 구성하는 가장 기본적인 정신활동이라 할 수 있습니다. 빌헬름 분트(Wilhelm Wundt)와 더불어 현대 심리학의 태두라 일컫는 윌리엄 제임스(William James)는 '우리가 주의를 기울인 것, 그것이 그 순간의 실재(For the moment, what we attend to is reality)'라는 유명한 말로 주의의 핵심적 중요성을 강조했습니다. 같은 세상에 살아도 어떤 측면에 주의를 기울이느냐 또는 주의가 가느냐에 따라 주관적 세상이 달라질 수 있습니다. 세상에는 좋은 일도 있고 나쁜 일도 있습니다. 좋은 일들에 주의가 잘 가는(또는 잘 기울이는) 사람은 세상은 행복하고 살 만하다고 느끼지만, 나쁜 일들에 주의가 잘 가는 사람은 세상을 불행하고 위험한 곳이라고 느낍니다. 같은 현상이나 대상에 대해서도 긍정적 측면을 보느냐 또는 부정적 측면을 보느냐에 따라 내적 경험이 달라집니다. 맛있는 음식이 "아직도 반이나 남았네." 하는 것과 "이제 반밖에 안 남았네." 하는 관점의 차이는 주의 경향성의 차이를 반영하는 것입니다. 이렇게 세상과 삶의 긍정적 측면에 주의를 잘 기울이고 미래를 긍정적으로 기대하는 성향을 낙관주의라 하고, 그 반대를 비관주의라 합니다. 따라서 주의를 원하는 대로 조절하는 훈련을 통해서 원하는 주관적 세상을 경험할 수도 있다는 것을 기억해 두기 바랍니다.

우리가 깨어 있을 때는 주의가 매우 활발하게 이런저런 자극을 향해 움직이는 것이 기본적인 상태입니다. 그래서 결국 우리는 이런저런 잡다한 생각과 느낌, 감각들을 경험하게 됩니다. 흔히 불교에서는 마음을 철없는 원숭이에 비유하곤 하는데, 이는 마치 이리저리 날뛰는 원숭이처럼 두서없는 생각들이 나타나고 사라지고 하면서 산란한 느낌이 드는 것을 빗댄 말입니다. 주의가 의식경험을 결정한다는 점을 상기해 보면, 이 말은 평소 우리의 주의가 두서없이 이런저런 생각을 찾아 움직인다는 것을 잘 보여 주는 말입니다.

주의를 의도적으로 조절하는 능력은 커다란 능력입니다. 이것은 큰 성취를 이룬 위대한 사람들이 공통적으로 가진 능력이며, 통찰과 창의성의 원천이기도 합니다. 적절히 주의를 기울이고 유지하며 전환하는 주의조절력의 문제는 다양한 정신병리 문제와도 관계가 있습니다. ADHD(주의력결핍 과잉행동장애), 강박, 정신분열증이라

부르던 조현병 등이 대표적인 예입니다. **주의를 조절하는 능력은 생**
각의 조절, 감정의 조절, 행동의 조절 모두에서 필수적이며 가장 핵심적
인 능력입니다.

🌱 내적 경험에 대한 주의

평소 우리는 지금 내가 어떤 내적 경험을 하고 있는지에 거의 주
의를 기울이지 않고 삽니다. 아프면 그냥 아픈 것이고, 쓰면 그냥
쓴 것이지, 자신이 지금 아프고 쓴 경험을 하고 있다는 것을 잘 알
지 못합니다. 지금 내가 어떤 생각을 하고 있는지, 어떤 느낌인지
를 알려면, 그것에 주의를 기울여야 합니다. 이렇게 자신의 신체감
각이나 생각, 정서, 욕구와 같은 내적 경험에 주의를 기울여 인식
하는 것을 자각 또는 알아차림(awareness)이라 합니다.

지금 당장 주의를 자신의 엉덩이로 모아 보세요. 엉덩이에서 무
엇이 느껴집니까? 가만히 주의를 기울여 보면 엉덩이가 있다는 인
식과 함께 엉덩이의 압박감, 딱딱함이나 푹신함, 간질거림, 불편
함, 축축함이나 뽀송함 등 다양한 느낌을 경험할 수 있습니다. 하
지만 거기에 주의를 기울이기 전까지는 엉덩이의 존재나 어떤 느
낌도 경험하지 못했음을 알 수 있습니다. 이는 생각의 경우도 마
찬가지입니다. 지금, 초등학교 때 다니던 학교나 그와 관련된 것을
기억해 보십시오. 기억이 떠올랐다면, 그것이 주의의 대상이 되었
기 때문인 것입니다. 이렇게 우리의 내적 경험이 있다는 것은 자동
적이든 의도적이든 간에 그 경험을 일으킨 대상에 주의가 갔다는
뜻입니다.

따라서 주의가 간 결과로 나타난 내적 경험에 주의를 기울인다는 것은 자신의 주의가 어디에 있는지에 주의를 기울이는 것과 마찬가지라 할 수 있습니다. 이렇게 자신의 주의에 의도적으로 주의를 기울여 알아차리는 훈련은 매우 특별한 능력을 키우는 연습입니다. 내적 경험에 주의를 기울여 알아차리면, 그 경험을 조절할 수 있게 되기 때문입니다.

메타주의: 주의에 대한 주의

메타주의(meta attention)란 주의에 대한 주의라는 뜻인데, 이 말은 메타인지라는 개념과 관계가 있습니다. 메타인지란 아는 것에 대한 앎으로서, 자신이 무엇을 알고 있고 무엇을 모르고 있는지를 아는 것입니다. 메타인지가 가능하려면 자신의 기억 내용에 대해 주의를 기울여야 하는데, 그래야 기억 속에 무엇이 있고 무엇이 없는지를 알 수 있습니다.

명상에서 하는 주의훈련은 단순히 주의 대상을 의도적으로 선택하고 유지하거나 전환하는 훈련을 넘어섭니다. 오히려 주의 자체를 주의의 대상으로 삼는, 주의에 대한 주의훈련이 포함됩니다. 풀어서 말하자면, 자동적인 주의에 대한 의도적인 주의훈련입니다. 앞서 마음챙김을 '내적 경험에 주의를 기울여 알아차리는 것'이라 했는데, 내적 경험 자체가 이미 그 대상에 주의가 갔기 때문에 나타난 현상이라는 점을 생각해 보면 마음챙김이 '주의에 대한 주의', 즉 나의 주의가 지금 어디에 있나에 주의를 기울여 알아차리는 훈련을 포함한다는 것을 알 수 있습니다. 호흡 마음챙김을 예로 살펴보겠습니다. 호흡의 감각에 주의를 기울여 알아차리는 과정에서 자동적으로 주의가 이탈해서 잡생각이 들거나 하는 것은 흔한 일인데, 이렇게 주의가 다른 곳으로 갔다는 것을 알아차리려면 지금 현재 주의가 어디에 있는지에 주의를 기울였어야 합니다. 대개는 주의가 이탈하는 순간에 알아차리지 못하고 상당한 시간이 지난 후에야 잡생각을 하고 있었다는 것을 알아차리게 되는데, 이는 그동안에는 주의에 대한 주의가 이루어지지 않았다는 뜻입니다.

이렇듯, 모든 명상훈련에는 의도적으로 주의 대상을 선택하고, 그에 집중하며, 주의의 이탈을 자각하고, 다시 주의 대상을 선택하는 작업이 포함되는데, 주의의 이탈에 대한 자각이 가능하려면 주의에 대한 지속적인 주의가 필요한 것입니다. 그런 까닭에 명상훈련의 주의 요소를 주의에 대한 주의라는 뜻에서 메타주의 또는 상위주의라 하기도 합니다.

메타주의가 기능을 멈추면 우리의 몸과 마음은 자동적인 반응을 하게 되고, 이것이 작동하면 지금 내가 어떤 행동을 하고 있고 어떤 생각과 느낌을 경험하고 있는지를 알아차릴 수 있어서 생각이나 느낌, 욕구 등의 조절이 가능해집니다. 이렇게 지금 자신의 상태를 알아차리는 것은 자기조절의 핵심이라 할 수 있습니다. 왜냐하면 알아차리는 것 자체가 생각과 느낌을 일단 중지시키는 효과가 있을 뿐 아니라, 후속 행동이나 반응을 선택할 수 있는 여지를 만들어 주기 때문입니다.

하지만 욕구나 정서가 매우 강하게 일어나면, 메타주의가 작동하기 어려워지고(알아차리기 어려워지고) 반사적인 자동반응의 연쇄에 빠져들게 됩니다. 또 어느 정도 메타주의가 작동해서 알아차린다 해도 이를 지속하기 어려워서 강력한 욕구나 정서를 있는 그대로 관찰하기가 어려워집니다. 이럴 때는 일단 주의를 다른 대상으로 전환하는 것이 강한 감정이나 욕구를 감소시키는 데에 도움이 됩니다.

🍃 명상의 주의조절

명상수련은 기본적으로 의도적으로 주의를 조절하는 훈련입니다. 명상수련에서 주의훈련의 특징은 명상법에 따라 조금씩 다르기는 하지만, 기본적으로 '의도적으로 내적 경험에 주의를 기울여 그 경험을 있는 그대로 알아차리는' 마음챙김을 기반으로 한다는 공통점이 있습니다. 첫째, 매 순간의 내적 경험에 대해 의도적으로 주의를 기울이는 것을 강조합니다. 이렇게 시시각각 발생하는 내적 경험의 자각은 거의 자동적인 연쇄반응으로 이루어지는 우리의 삶을 조절할 수 있는 기초가 됩니다. 둘째, 따뜻하고 수용적인 태도, 즉 내적 경험을 있는 그대로 받아들이는 태도로 주의를 기울이는 것을 강조합니다. 평소 우리는 자동적인 내적 경험에 대해 자동적으로 이런저런 평가나 판단을 합니다. 내적 경험이나 그런 경험의 대상에 대해 내리는 자동적인 평가나 판단을 유보하려는 태도는 주의를 기울인 대상의 실체와 본성에 대한 자각을 가능하게 합니다.

🍃 관찰하는 자기: 떨어져서 보기

우리는 평소 자기 자신보다는 외부 환경이나 자극에 주의를 더 많이 기울이고 삽니다. 명상은 외부 대상을 주의의 대상으로 하는 경우도 있지만, 대부분은 자신의 내면에 주의를 기울여 알아차리는 훈련입니다. 자신의 마음에 주의를 기울이면, 내 마음의 상태가 어떤지, 또 마음이 어떻게 작용하는지와 같은 자기 마음의 특징을 잘 알 수 있게 되며, 그런 이유로 명상을 '자기 찾기' '내면의 나를 찾아서' 등으로 표현하는 것이기도 합니다.

마음을 알려면, 내 마음이 지금 무엇을 경험하고 있고, 또 어떻게 작동하는지 등과 같은 마음의 현상과 작용을 관찰해야 합니다. 이때 자신의 마음을 관찰한다는 것은 자신의 마음을 마치 제3자적 관점에서 관찰 대상과 떨어져서 보려 한다는 것입니다. 이렇게 떨어져서 관찰하지 못하면 당사자가 되는 셈이어서 사실상 객관적인 관찰을 하기가 어려워집니다. 두 사람이 싸우는 것을 객관적으로 관찰한다고 합시다. 이때 관찰하는 내가 두 사람과 떨어져서 제3자로 있어야 관찰이 가능한 것이지 한쪽 편을 들어서 상대편과 싸움을 하게 된다면 객관적 관찰이라 할 수 없는 것과 마찬가지입니다.

심리학에서는 이렇게 떨어져서 관찰하는 것을 '거리 두기(distancing)' 또는 '탈중심화(decentering)'라고도 하며, 의식경험의 주체인 경험자기(experiencing self)와 구분하여 그런 경험을 관찰하는 주체라는 뜻에서 관찰자기(observing self)라고도 합니다. 그러니까 관찰하는 자기란 지금 나 자신이 어떤 생각을 하고 있는지, 어떤 감각이나 감정을 느끼고 있는지, 어떤 자세나 행동을 하고 있는지를 관찰해서 아는 자기라는 뜻입니다.

이렇게 우리는 자신의 내적 경험과는 분리되어 그 경험을 자각할 수 있는 능력을 가지고 있습니다. 하지만 지금 이 순간의 경험을 알아차리는 자각능력은 언제나 발휘되는 것은 아닙니다. 실제로 우리가 깨어서 일상적인 활동을 하는 동안 이런 자각능력이 작동하는 시간은 매우 적어서 대부분의 시간을 자신이 어떤 감정 상태이고 어떤 생각을 하고 있는지, 즉 자신이 현재 내적으로 어떤 경험을 하고 있는지를 알아차리지 못합니다. 예를 들어, 상대가 나를 비난하는 말을 들었다고 합시다. 이런 말을 들으면 대부분 억울함이나 적대감, 분노 등 부정적 감정이 일어나고 상대의 말을 반박하기 위한 증거나 변명거리를 찾거나 상대의 약점을 지적해서 공격할 말을 준비하는 등의 자동적인 반응이 일어나지만, 이런 감정과 생각을 그 순간에 알아차리는 경우는 많지 않습니다.

특히 정서적으로 흥분하면, 이런 관찰자기의 기능인 자각능력이 떨어지기 쉽습니다. 그래서 흥분 상태에서는 자신의 상태에 대해 자각하지 못하며, 시간이 지나 흥분이 가라앉으면 그제서야 자신이 어떤 생각과 감정을 가졌고, 어떤 말과 행동을 했는지를 알아차리게 되는 경우가 대부분입니다.

◗ 수용적 주의: 따뜻하게 보기

수용적 주의는 주의를 기울일 때의 태도 또는 마음가짐으로서 따뜻하게 보기라고도 하며, 떨어져서 보기와 밀접한 관계가 있지만 조금 다릅니다. 수용적 주의는 기본적으로 우리의 주의활동이 만들어 내는 내적 경험을 마치 귀여운 아기의 활동을 보듯이 따뜻한 태도로 관찰하는 것을 말합니다. 카밧진(Kabat-Zinn, 1990)은 이런 식으로 주의를 기울이는 것을 '비판단적'으로 주의를 기울이는 것이라고 표현했는데, 이는 매 순간의 내적 경험들에 대해 옳다-그르다, 좋다-나쁘다 하는 식의 판단을 유보하고 있는 그대로를 알아차린다는 뜻입니다.

특히 우리는 괴롭고 부정적인 감정이나 불편한 생각을 싫어하기 때문에, 이런 감정이나 생각이 나타나면 얼른 없애 버리거나 회피하려는 경향이 있습니다. 이는 부정적 감정에 대해 싫다는 판단이 이루어지고, 이어서 이를 피하려는 욕구가 발생하여 회피하고자 하는 연쇄적 반응이 일상적으로 발생한다는 것을 의미합니다. 신체감각도 마찬가지입니다. 그것이 불편한 감각일지라도 그냥 따뜻하게 받아들이면서 있는 그대로 알아차리려는 태도가 매우 중요합니다. 그렇게 하지 않으면, 부정적인 경험에 휩싸여서 그 순간 그 경험을 자각하는 힘이 없어지기 때문입니다. 내적 경험에 집착하는 순간 내적 경험에 휘둘리게 되어 자동반응의 연쇄에 빠져들게 되기 때문입니다.

이런 연쇄적인 반응과정은 매우 빠르고 자동적으로 일어나기 때문에, 어떤 생각이나 느낌, 감각을 알아차렸을 때 그 경험에 대해 좋다–싫다는 판단을 하지 않기란 매우 어렵습니다. 대개는 어느 정도 시간이 흐르고 난 후에야 그런 판단이 일어났다는 것을 알아차릴 수 있습니다. 마음챙김수련은 이렇게 경험과 그에 대한 평가나 판단의 발생을 알아차리는 것 사이의 시간 간격을 점차 줄여서 궁극적으로 경험에 대한 판단이 없이 그저 경험 자체를 알아차릴 수 있게 하려는 것입니다.

따뜻한 주의는 또한 명상수련을 할 때 자신에 대한 비난이나 자책을 삼가는 것과도 관련이 있습니다. 명상과정에는 ① 대상을 정해 주의를 모으고, ② 주의가 의도한 대상을 벗어났을 때 이를 알아차리고 멈춘 후, ③ 주의를 원하는 대상으로 다시 가지고 오는 과정이 포함됩니다. 이때 주의가 의도한 대상을 벗어났음을 알아차리면 자동적으로 실패했다는 느낌이나 생각이 들 수 있습니다. 이는 결국 자신에 대한 자책과 실망감 등을 낳게 됩니다.

이렇듯 따뜻하게 또는 비판단적으로 주의를 기울이는 것은 생각보다 쉽지 않습니다. 우리는 어린 시절부터 분석과 비판을 강조하는 교육을 받고, 사회규범을 내면화함으로써 자신과 남의 생각과 행동에 대해 자동적으로 좋거나 나쁘다고 판단하는 강력한 경향을 가지고 있습니다. 특히 부정적 생각이나 감정에 주의가 가거나 본래 의도하던 것과 다른 것으로 주의가 이탈하면, 금방 '잘못이다' '나쁘다' 하는 판단을 하고 강제로 주의를 돌려놓거나 억압하려는 태도를 갖기 쉽습니다. 우리가 지금까지 자신의 주의를 조절하는 체계적인 훈련을 거의 하지 않았다는 것을 상기할 필요가 있습니다. 말하자면, 우리의 주의는 전혀 교육을 받지 않은 어린아이처럼 제멋대로 돌아다니는 것이 기본 상태라는 것입니다. 그래서 명상수련으로 주의를 훈련할 때, 주의를 마치 어린아이나 강아지를 다루듯이 허용적이고 다정하게 다루려는 태도가 바람직합니다. 어린아이나 강아지는 한곳에 가만히 있으라고 해도 그러지 못하고 계속 여기저기 돌아다닙니다. 이런 방황을 꾸짖고 나무라는 것은 훈련에 별 도움이 안 됩니다. 인내심과 사랑의 마음으로 그저 원래 있던 곳으로 데려다 놓는 것이 좋습니다. 이렇게 주의이탈을 당연한 것으로 보고, 따뜻하고 인자하지만 단호하게 원래 의도한 곳으로 돌려놓는 것으로 충분한 것입니다.

◑ 명상수련의 태도

명상을 수련할 때는 다음과 같은 태도를 갖기를 권장합니다. 이는 명상이 삶에 올바른 방식으로 도움을 주고, 또 명상의 이득을 제대로 누리기 위해서 가져야 할 마음가짐이라 할 수 있습니다.

● 가치 또는 비전 세우기

가치나 비전은 명상수련을 하는 궁극적 이유 또는 지향점을 말합니다. 예를 들어, 자신에 대한 이해, 인간적 성장, 진정한 행복, 웰빙 등 구체적이며 실체로 성취할 수 있는 것이라기보다는 삶의 방향을 제시하고, 현재의 삶의 방식이 적절한 것인지를 판단할 수 있게 해 주는 기준을 말합니다. 가능하면 이러한 자신의 가치나 비전을 세우는 것이 좋지만, 그렇지 않을 경우에는 다소 막연하면서도 자신이 원하는 상태, 예를 들면 삶의 주인이 되는 것, 행복이나 웰빙의 증진, 의미 있는 삶, 다른 사람에게 가치 있는 사람이 되는 것, 자기 일에 최선을 다하는 삶을 사는 것 등 장기적인 목표를 세워도 됩니다. 이러한 가치나 비전은 매번 명상을 할 때마다 '나는 왜 지금-여기에서 명상을 하는가?'를 자문하는 과정을 통해서 자연스럽게 생겨날 수도 있습니다.

● 판단이나 평가하지 않기

우리는 외부 대상뿐 아니라 우리 자신의 현재나 과거의 경험에 대해서도 좋다-나쁘다, 옳다-그르다 하는 평가와 판단을 자동적으로 내립니다. 명상을 하는 과정에서 느끼는 어떤 경험이든 그것을 평가하거나 판단하지 않으려는 태도로 대하는 것이 좋습니다. 사실 명상을 하는 과정에서 이런 평가나 판단은 매우 빠르게 자동적으로 나타나기 때문에 처음부터 평가나 판단을 하지 않는 것은 거의 불가능합니다. 하지만 그런 평가나 판단이 일어난 것을 알아차리는 것은 가능합니다. 마음챙김수련의 핵심은 세상과 사건에 대한 우리의 끊임없는 판단과 평가를 제거하려는 것이 아니라 우리가 그렇게 하고 있음을 알아차리려는 것입니다. 말하자면, "아,

내가 조금 전에 경험한 감정에 대해 판단을 했구나~." 하고 알아차리는 것이 중요합니다.

● 인내심

명상의 효과가 진통제나 항생제처럼 즉각적으로 나타나는 경우는 드뭅니다. 어떤 이유로 명상을 시작했든지 간에 그 효과를 너무 조급하게 기대하는 것은 오히려 역효과가 나타날 수 있습니다. 길게 보고 다소 막연하게 긍정적인 효과가 있으리라는 편안한 마음을 가지고 꾸준히 수련하는 것이 좋습니다. 너무 조급하게 효과를 기대하면, 명상수련 자체에 대한 흥미와 동기가 떨어지기 쉽습니다.

● 호기심 유지하기

인간은 적응을 위해 개념화하고 자동화하는 경향이 있어서, 비슷한 것에 대해서는 쉽게 익숙해지기 때문에 처음의 호기심을 유지하기가 쉽지 않습니다. '이것은 무엇이다.' 하는 선입견이나 고정관념이 내가 이미 아는 것이라는 판단을 낳고 그 결과 호기심을 약화시킵니다. 사실 매 순간의 경험은 매번 처음 하는 것이며, 모든 존재하는 것은 끊임없이 변화하기에 매 순간 새로운 것입니다. 순간순간이 그 나름의 독특함을 가지고 있고 많은 변화의 가능성을 내포하고 있습니다. 역설적이게도 개념을 벗어나 실재를 면밀하게 관찰하면, 흥미와 호기심이 계속 유지됩니다.

● 자신의 경험을 믿기

우리는 살면서 소위 '객관적 진실'을 '주관적 경험'보다 중시하도록 교육받습니다. 하지만 자신에 대해 가장 잘 아는 전문가는 자기 자신입니다. 겉으로 보이는 자세나 행동은 사회적 관찰과 객관화가 가능하지만, 그런 자세나 행동이 만들어 내는 감각이나 느낌은 자신 말고는 아무도 알 수 없는 것입니다. 또한 행복이나 웰빙은 물질적인 것보다는 심리적인 경험에 의해 결정됩니다. 명상을 하는 동안 갖게 되는 다양한 내적 경험을 의심하거나 잘못된 것이라고 불신할 필요가 없습니다. 예를 들어, 음식이 짜게 느껴지면, 그 음식은 나에게 짠 것입니다. "남들은 안 짜다고 하는데 당신은 왜 짜다고 하지?" 하는 객관성에 기댄 비판 때문에 "내가 짜다고 느끼는 것이 잘못된 것은 아닐까?" 하고 의심할 이유가 전혀 없습니다.

● 너무 애쓰지 않기

우리의 일상은 무엇인가를 성취하는 것에 기울어져 있습니다. 그래서 명상을 할 때에도 뭔가 즉각적인 성취, 예를 들면 통증이나 질병의 증상이 사라진다거나, 불안이나 분노가 덜 일어난다거나, 20분 동안 움직이지 않고 정좌를 할 수 있게 된다거나 하는 것을 기대하게 됩니다. 분명히 명상은 부작용이 거의 없고 심신에 긍정적인 효과가 있지만, 매번 명상을 할 때마다 특별한 성취목표를 갖는 것은 오히려 역효과가 나타날 수 있습니다. 명상의 이득은 명상을 제대로 꾸준히 하는 과정에서 자연스레 나타나는 것이며, 매번 명상에서 어떤 성취목표를 갖는 것은 명상을 제대로 하는 것이 아닙니다. 매번 명상의 목표를 '명상을 수련하는 것'으로 잡는 것이 좋습니다. 또한 성취목표는 우리를 긴장시키고 과도한 노력을 하게 만들기 쉽습니다. 명상은 긴장과는 반대되는 것입니다. 집중명상조차도 긴장보다는 이완 상태에서 하는 것이 좋습니다. 명상을 하면 이완이 잘되며, 반대로 이완을 하면 명상이 잘됩니다.

여기서 말하는 이완은 심신이 완전히 늘어지거나 잠에 빠지는 것과는 다릅니다. 잠에 빠지면 명상을 할 수 없습니다. 오히려 적절한 수준의 긴장을 유지하는 것을 말한다고 할 수 있습니다. 가능하면 피로하지 않을 때 명상을 하는 것이 좋습니다. 심신이 피로하면 적절한 긴장을 유지할 수 없습니다. 주의집중 자체가 어려워지고, 조금만 집중해도 금방 잠에 빠지기 쉽습니다. 또한 너무 열심히 애쓰지 않는 것이 좋습니다. 이는 심신을 긴장시켜서 피로를 누적시킬 뿐 아니라 명상을 힘든 노동으로 변질시킵니다.

이런 적절한 긴장을 현악기의 현에 비유하기도 합니다. 현이 너무 느슨하면 소리가 나지 않고, 너무 팽팽하면 끊어지기 쉬운 것과 마찬가지로 명상도 적절한 수준의 긴장을 유지하는 것이 효과적입니다. 사실 적절한 긴장이란 그것 자체가 균형을 이룬 건강한 상태를 말합니다. 우리가 몸의 자세를 유지할 수 있는 것도 자세 유지를 맡고 있는 근육과 힘줄, 인대의 적절한 긴장 때문입니다. 근육이 과도하게 긴장되면 딱딱하게 굳는 경직 상태가 되고, 과도하게 이완되면 완전히 풀어지는 마비 상태가 되는 것입니다. 경직이나 마비 상태에서는 아무것도 할 수가 없습니다.

● 받아들이기

우리는 즐거운 것에는 다가가서 취하고자 하고, 괴로운 것은 피하고 없애려 하는 강력한 쾌락주의 성향을 가지고 있습니다. 명상을 하는 동안 다양한 쾌락적 경험과 불쾌한 경험이 나타날 수 있습니다. 받아들이기란 이런 경험 모두를 있는 그대로 알아차리고 존재하도록 허용하는 것입니다. 즐거운 것을 하려는 욕심이 나타나면 그 욕심을 알아차리고 그냥 내버려 두고, 불쾌한 통증이나 괴로운 것이 나타나면 그 괴로움을 알아차리고 그냥 내버려 두는 것입니다. 여기서 말하는 받아들이기 또는 수용은 자신의 원칙이나 가치를 무시하고 포기하라는 것은 아닙니다. 그냥 명상을 하는 동안 나타나는 모든 생각과 느낌을 있는 그대로 알아차리고 경험할 뿐, 그런 생각과 느낌에 이끌리지 않도록 하는 것을 말합니다. 흔히 명상을 안내하는 분들은 '내려놓는다'라는 말을 자주 사용합니다. 이 말은 쾌락적 욕구를 포기한다는 뉘앙스가 있지만, 어떤 경험이든 (부정적이든 긍정적이든) 그 경험에 이끌리지 않도록 하라는 의미로 보면 받아들이기와 비슷한 뜻이 됩니다.

3회기 수련

정좌명상의 자세

정좌명상은 바닥에 앉아서 하는 명상이며, 가장 널리 활용되는 명상자세입니다.

■ 다리

양반다리/책상다리/아빠다리. 흔히 앉은뱅이책상 앞에 앉는 자세입니다. 발이 맞은편 종아리나 무릎 아래로 들어가도록 앉는 자세입니다. 두 발이 종아리나 무릎의 무게로 눌러서 통증이 쉽게 오고, 따라서 오래 앉아 있기에는 적합하지 않은 자세입니다.

반가부좌. 다리를 구부려 한쪽 다리가 맞은편 다리 위에 오도록 겹쳐 앉은 자세를 말합니다. 바닥에 앉았을 때는 무릎 아래가 서로 포개지게 되고, 의자에 앉았을 때는 올린 다리의 발목이 맞은편 무릎 위에 얹힌 자세가 됩니다.

결가부좌. 두 발등이 각기 맞은편 다리의 허벅지 위에 오도록 다리를 꼬아 앉은 자세입니다. 앉았을 때의 안정감이 가장 크고, 졸거나 해도 넘어지지 않는 자세로서 동아시아의 선명상 전통에서 가장 권장하는 자세입니다. 하지만 익숙해지는 데에 오랜 훈련이 필요할 뿐 아니라 관절에 부담이 매우 많아 두 무릎이 바깥쪽으로 굽은 오다리나 관절질환의 원인이 되기도 합니다.

평좌. 두 무릎을 구부려 발이 서로 위아래로 겹치지 않도록 앉은 자세입니다. 두 다리를 편 상태에서 한쪽 다리를 굽혀 발바닥이 맞은편 다리의 허벅지에 닿도록 하고, 나머지 다리를 굽히되, 위아래로 겹치지 않도록 합니다. 다소 느슨한 느낌을 주지만, 초기불교전통의 나라들에서 널리 활용되는 자세입니다.

■ 손

양손의 자세는 매우 다양합니다. 그중 몇 가지를 설명하면, 두 손을 바닥이 하늘을 향하도록 하여 두 무릎 위에 자연스레 놓는 방법, 검지를 말아 엄지의 첫마디에 닿도록 하여 원을 만들고, 손바닥이 하늘을 향하도록 하여 자연스레 무릎 위에 놓는 방법이 있습니다. 또한 그 상태로 손을 뒤집어 손등이 하늘을 향하도록 하여 무릎을 살짝 덮듯이 자연스레 놓는 방법이나 엄지를 살짝 맞닿게 하고 손바닥을 겹쳐 손바닥이 하늘을 향하도록 하고 팔을 자연스레 늘어뜨리는 방법도 좋습니다. 그 외에 두 손을 깍지 낀 상태에서 몸통의 가운데로 늘어뜨리는 방법도 있습니다.

■ 허리와 등

척추를 최대한 곧게 편 후 힘을 살짝 뺍니다. 이때 허리는 자연스레 앞으로 살짝 휘고, 가슴이 열립니다. 턱은 들리지 않도록 살짝 당깁니다. 10cm 정도의 두꺼운 방석을 깔고 그 위에 엉덩이를 걸치면 자연스레 골반이 앞쪽으로 기울면서 허리가 앞으로 휘는 것을 느낄 수 있습니다.

■ 눈과 시선

눈은 감습니다. 하지만 눈을 감았을 때 불안하거나 금방 졸리거나 하면 눈을 뜹니다. 눈을 뜰 때는 부드럽게 뜨고, 전면 바닥의 한곳을 정해 부드럽게 시선을 고정시키면 됩니다. 눈을 감은 상태에서는 마치 콧잔등을 보듯이 시선을 아래로 깔면 됩니다.

특별히 어떤 자세를 취하는 것이 좋다고 할 수 없습니다. 각자 자신에게 적합한 자세를 찾아서 하면 됩니다. 다만, 어떤 자세를 선택하든지 간에 전체적으로 이완되어 편안하면서도 자세가 앞뒤나 좌우로 균형을 잃어서 위축되거나 기울어진 느낌이 들지 않도록 하는 것이 좋습니다. 몸의 세세한 부분에 주의를 기울여 자세를 잡기보다는 전체적으로 편안하면서도 의젓한 느낌이 들면 큰 무리가 없는 자세라 할 수 있습니다.

수식관명상

이 명상은 호흡에 대해 숫자를 체계적으로 붙여 나가는 활동에 주의를 유지하는 집중명상입니다. 수식관명상은 앉아서도, 누워서도, 심지어 걸어가면서도 할 수 있습니다. 이 명상의 핵심 목적은 집중력을 높이는 것 외에 심리적 불안과 긴장을 이완시키는 것입니다. 이 명상은 긴장되어 초조하거나 불안한 마음을 가라앉히고 평정심을 회복하는 데에 매우 효과적입니다.

■ 요약: 호흡에 맞추어 일정한 숫자를 붙이는 일에 전념합니다.

1단계[준비]: 심호흡으로 마음을 몸으로 가지고 옵니다.
① 등을 바로 세우고 몸 전체의 느낌이 편안한지 살펴본 후, 몇 차례 심호흡을 합니다.

2단계[본명상]: 숫자를 세면서 숨을 천천히 내쉽니다.
① 평소보다 조금 깊게 들이쉰 후에 마음속으로 열…… 하고 세면서 숨을 천천히 내쉽니다.
② 이어서 다시 부드럽게 들숨을 하고, 이번에는 아홉…… 하고 세면서 숨을 천천히 내쉽니다.
③ 계속해서 숨을 들이마시고 이번에는 여덟…… 하고 세면서 숨을 천천히 내쉽니다.
④ 이런 식으로 숨을 내쉴 때마다, 거꾸로 숫자를 헤아려서 하나까지 세어 나갑니다.
⑤ 잡생각 등으로 숫자를 잊으면 다시 열부터 시작합니다.
⑥ 하나……까지 다 갔다면 열부터 다시 시작합니다.

⑦ 이렇게 열에서 시작하여 하나까지 내쉬는 호흡을 거꾸로 세어 열 번 정도 반복합니다.

3단계[마무리]: 음미하며 마무리하기
① 잠시 지금의 느낌을 충분히 음미해 봅니다.
② 아랫배에 주의를 두고 심호흡을 몇 번 하여 의식을 몸으로 가지고 옵니다.
③ 몸 전체의 느낌을 살피며 명상을 마무리합니다.

Tip
- 숫자를 헤아리는 동안에 잡념이 생겨서 숫자를 잊어버렸을 때 자신을 책망할 수가 있는데, 그럴 필요가 없습니다. 오히려 "그래도 괜찮아~."라는 식으로 자신을 따뜻하게 대합니다.
- 그저 "내가 숫자를 잊어버렸구나." 하고 알아차립니다.
- 아랫배로 다시 돌아와 심호흡을 몇 차례 합니다.
- 다시 처음으로 돌아가 열……부터 숫자 헤아리기를 시작합니다.

열에서 시작하는 수식관 호흡이 어느 정도 연습해 익숙해지면
- 처음 시작할 때의 숫자를 더 높여서 서른, 마흔 또는 백에서 시작하는 식으로 명상시간을 늘려 나갑니다.

1. 수식관을 할 때, 숨을 얼마나 깊고 길게 해야 하나요?

평소 호흡에 비해 1.5배 정도 길게 들이쉬고 내쉬는 정도로 충분합니다. 명상은 호흡역량을 자연스레 키워 주기는 하지만, 명상 자체가 호흡의 양이나 길이를 늘이거나 숨을 오래 참는 능력을 키우려는 호흡훈련은 아닙니다.

2. 호흡이 불편합니다.

처음 명상을 할 때 꽤 많은 사람이 숨이 답답하다거나 어지럽다는 호소를 합니다. 이렇게 호흡이 불편해지는 이유가 몇 가지 있습니다. 많은 경우 너무 깊은 심호흡을 하려 하기 때문입니다. 너무 깊은 심호흡은 과호흡과 과소호흡 상태, 즉 산소섭취량이 너무 많거나 너무 적은 상태를 만들어서 답답하거나 어지러움을 유발할 수 있습니다. 또 다른 이유는 호흡을 의식적으로 조절하려는 시도가 자신만의 방식으로 평소 자연스레 이루어지던 호흡의 리듬을 깰 수 있기 때문입니다. 우리의 몸은 우리가 의식하지 않는 동안의 호흡리듬에 적응해 있는데, 호흡에 의도적으로 주의를 기울이는 것만으로도 이런 자연스러운 호흡리듬이 달라집니다. 너무 잘해야겠다는 긴장을 푸는 것이 도움이 됩니다.

3. 숫자를 거꾸로 세는 이유는 무엇인가요?

거꾸로 세는 것이 주의를 집중하는 데에 더 효과적이기 때문입니다. 숫자를 바로 세면 금방 습관적인 행위가 됩니다. 그러면 주의가 다른 것으로 쉽게 분산됩니다.

정좌명상: 주의확장

이 명상은 자신의 신체에서 끊임없이 일어나는 감각을 알아차리기 위한 명상입니다. 이 명상은 자신의 몸을 자연스럽게 살펴보는 과정에서 모든 감각현상이 자연스럽게 변해 가는 현상이라는 것을 경험해 보고, 또 주의를 확장하는 연습을 해 보기 위한 것입니다. 여기서는 바닥에 앉아서 하는 명상을 소개하지만, 편안하게 의자에 앉아서도 할 수 있고 누워서 할 수도 있습니다.

■ 요약: 코와 배의 호흡감각에서 시작하여 점차 관찰 범위를 넓혀 신체감각의 알아차림을 확장해 나갑니다.

1단계[준비]
① 바닥에 바르게 앉습니다.
② 주변을 둘러보아 어떤 것들이 있는지 살펴봅니다.
③ 부드럽게 눈을 감고, 몇 차례 심호흡을 하여 심신을 안정시킵니다.

2단계[본명상]
① 자연스럽게 호흡이 이루어지도록 하고, 가능하면 부드럽게 들이쉬고 내쉽니다.
② 주변에서 들리는 소리나 냄새, 전체적인 공간의 느낌을 느껴 봅니다.
③ 먼저 콧구멍 주변에 주의를 고정시켜서 들숨과 날숨이 만들어 내는 접촉감을 알아차립니다.
④ 이번에는 주의를 아랫배로 옮겨서 들숨과 함께 부풀고 날숨과 함께 꺼지는 것을 알아차립니다.

⑤ 콧구멍의 접촉감과 아랫배의 부풀고 꺼짐을 동시에 살펴보면서 호흡의 리듬감을 느껴 봅니다.
⑥ 주의를 바닥과 맞닿은 부위로 돌려서 엉덩이와 허벅지, 종아리, 발등이 바닥과 닿아 있는 느낌을 살펴봅니다.
⑦ 허리 아래쪽 신체의 느낌을 살펴봅니다.
⑧ 배와 허리, 가슴과 등, 어깨와 팔, 목과 얼굴의 순으로 주의를 옮기면서 신체감각을 느껴 봅니다.
⑨ 주의를 몸 전체의 호흡감각으로 넓혀서 호흡에 따른 몸 전체의 느낌을 통째로 살펴봅니다.

3단계[마무리]
① 그만두고 싶으면 그대로 잠시 이 순간의 느낌을 충분히 음미해 봅니다.
② 부드럽게 눈을 뜨고 돌아옵니다.

Tip
• 상황에 따라 5분에서 10분 정도 연습합니다.
• 앉아 있는 것이 조금 익숙해지면 시간을 늘리고, 신체감각의 변화에 더 주의를 기울여 보세요.

1. 몸을 고정시키고 하는 정적 명상을 할 때 몸을 움직여도 되나요?

정적인 명상을 할 때 몸을 움직이고자 하는 생각이 드는 것은 대개 신체적인 고통이 느껴지기 때문입니다. 우리가 깨어 있을 때 몸을 움직이지 않는 경우는 매우 드물고, 심지어 자는 동안에도 우리의 몸은 끊임없이 움직입니다. 그래서 몸을 움직이지 않고 오래 있는 것은 통증을 일으키고 답답하게 만듭니다.

일단, 이런 불편함이 매우 건강한 반응이라는 것을 아는 것이 도움이 됩니다. 가능하면 잠시 주의를 통증 부위로 돌려서 통증 자체를 관찰할 수 있는 기회로 삼을 수 있습니다. 대개는 주의를 기울이는 것만으로도 통증이 변하면서 약해지거나 사라집니다(물론 나중에 다시 나타날 수 있습니다). 하지만 몸을 움직이는 것이 낫겠다는 생각이 들면, 천천히 알아차리면서 자세를 바꾸면 됩니다. 자세를 바꾸는 동안 통증의 감소과정을 알아차리면 더 좋습니다. 핵심은 자세를 자동적으로 바꾸지 않고 알아차림을 유지한다는 것입니다.

조용히 앉으라

조용히 앉으라.

그리고 그 안에서 누가

너의 생각을 관찰하고 있는지 찾아보라.

주의 깊게 바라보면

네 안에서 또 하나의 너를 발견하게 되리라.

그를 주의 깊게 관찰하고 이해하려 노력하면

너 자신을 분명히 알게 되리라.

그렇게 안을 들여다보라.

네 안의 또 하나의 너를 찾으라.

그러면 완성이 가까우리라.

– 스와미 묵타난다(Swami Muktananda, 1908~1982), 인도의 수도승 –

04

몸과 마음챙김

04
몸과 마음챙김

　몸과 마음은 어떤 관계일까요? 우리는 마음대로 되지 않는 나의 마음 때문에 불편해하기도 하지만, 마음대로 되지 않는 나의 몸에 대해서도 불평을 하는 경우가 있습니다. 몸이 피곤해서 해야 할 일 또는 하고 싶은 일을 하지 못하면 몸에 대해 불평하고 짜증을 내기도 합니다. 휴대 전화의 배터리가 떨어지거나 컴퓨터가 고장이 났을 때, 왜 하필 이럴 때 배터리가 없고 고장이 나느냐고 짜증을 내듯이 말입니다. 하지만 내 몸은 휴대 전화나 컴퓨터 같은 기계나 도구가 아닙니다.

심신일원론과 심신이원론

"마음에 문제가 생기면 몸에도 문제가 생길까요?" "몸이 아픈 것
과 마음의 문제는 서로 관계가 있을까요?" 이런 질문에 대해 동양
의 전통의학인 아유르베다나 한의학에서는 "그렇다."고 답할 텐데,
이런 견해를 심신일원론이라 합니다. 이에 반해 서양에서 발달한
현대의학(관습의학, conventional medicine)에서는 "아니다."라 답할 텐데,
이런 견해를 심신이원론이라 합니다.

심신일원론이란 말 그대로 몸과 마음이 동일한 하나라는 뜻은
아닙니다. 몸과 마음은 특성이 매우 다르지만, 서로 밀접한 영향을
미치기 때문에 따로 떼어서 다루기 힘든 통합적 단위라는 뜻입니
다. 독자적인 의료체계로 인정받는 인도의 아유르베다(Ayurveda)와
중의학(Chinese Medicine)을 비롯한 동양의 전통의학은 몸과 마음을 상
호 연관된 하나의 체계로 파악했을 뿐 아니라, 몸에 대해서도 단순
한 기능을 가진 조직들의 결합이 아니라 신체의 모든 조직과 기관
이 유기적인 관계를 가지면서 통합적으로 기능한다고 보는 심신일
원론을 바탕으로 하고 있습니다.

심신이원론이란 몸과 마음을 서로 다른 실체로 구분하고 서로
아무런 관계가 없는 것으로 보는 관점입니다. 이런 관점은 16세기
이후 서구의 자연주의적 과학관이 인간에게 그대로 적용된 것이라
할 수 있습니다. 그래서 자연이 나름의 작용규칙을 가지고 있듯이
신체도 마치 자동기계처럼 과학적으로 설명하고 조작할 수 있다는
기계론적 관점을 포함합니다. 서양에서 발달한 관습의학은 심신이
원론을 토대로 하고 있습니다.

하지만 20세기 들어, 몸과 마음의 상호연관성에 대한 과학적 증거들이 나타나게 되면서 현대의 관습의학은 심신의학이라는 방향으로 발전하게 되었습니다. 심신의학은 심신일원론을 토대로 하며 주로 마음이 몸에 미치는 영향을 중심으로 몸의 문제, 즉 신체질병에 접근합니다. 심신의학은 단순히 심신일원론이라는 철학적 토대에서 시작된 것이 아니라, 마음의 문제가 몸의 문제에 영향을 미친다는 것을 과학적으로 입증한 다양한 심리신경면역학(Psychoneuroimmunology: PNI)의 연구에 힘입었습니다. 어떻든 간에, 결국 몸과 마음의 관계에 대한 의학적 관점은 다시 전통적인 동양의학의 심신일원론으로 돌아오게 된 셈입니다.

사실, 몸과 마음이 기본적으로 아무런 관계가 없다는 관점이 부적절하다는 것은 우리의 일상경험으로도 쉽게 알 수 있습니다. 몸 상태가 좋으면 기분도 좋고 자신감도 높아지지만, 몸이 아프거나 피곤하면 기분도 안 좋고 비관적인 생각을 많이 하게 됩니다. 반대로, 마음이 긴장되거나 불안하면 몸도 따라서 긴장되고 소화도 잘 안 되는 반면, 마음이 편하고 기분이 좋으면 몸도 이완되고 편해집니다.

앞에서 스트레스란 결국 '괴로움과 불편감'이라고 했습니다. 이런 스트레스는 만성화되면 신체건강에 나쁜 영향을 미칩니다. 최근 만성질환이라 부르는 질병들은 모두 스트레스성 질병이라 할 수 있습니다. 이렇게 신체질병의 원인을 스트레스로 보게 된 것도 심신의학적 관점이 보편화된 것을 보여 줍니다. 스트레스는 그 자체로 즉각 신체적 증상을 일으키기도 합니다. 소화불량이나 피부질환 등은 대표적인 스트레스성 증상입니다. 또한 스트레스는 심장병이나 암, 뇌혈관질환 같은 만성질환이나 기타 만성적인 행동의학적 질병의 직접적 원인이라는 주장도 있고, 스트레스가 건강한 생활습관을 파괴함으로써 질병을 일으키는 간접적 원인이라는 주장도 있습니다. 어떻든 간에 스트레스가 신체의 생리적 반응에 영향을 미친다는 점은 확실합니다.

몸은 기계인가

심신일원론은 신체를 몸과 무관하게 단순한 부품들이 조합되어 작용하는 자동기계처럼 보는 기계론적 관점에서 파악하는 것이 아니라 마음과 밀접히 상호작용하여 하나의 전체로 통합적으로 작용하는 유기적인 존재로 봅니다.

나의 신체는 나에게 어떤 존재인가요? 혹시 우리는 우리의 신체를 단순히 마음의 욕구실현을 위해 존재하는 기계나 도구 같은 것으로 취급하고 있는 것은 아닐까요? 우리는 기계나 도구가 내 마음대로 잘 작동하기를 기대하고, 혹시 고장이 나거나 하면 기계 탓을 하며 금방 짜증을 내곤 합니다. 잘 사용하던 휴대 전화가 갑자기 고장이 나서 작동을 안 하면 "평소에 좀 더 잘 살피지 못했구나~." 하고 반성하기보다는 "이게 왜 하필 지금 고장이 났어~." 하며 짜증을 낼 것입니다. 오늘은 중요한 일이 있는 날인데 아침에 일어났을 때 몸이 아프다면 우리는 금방 어떤 생각을 하게 될까요? 몸이 아픈 것에 대해 평소 보살펴 주지 못한 미안함을 느낄까요 아니면 짜증을 낼까요?

몸을 단순히 마음이 원하는 것을 실현하는 기계와 같은 도구로만 간주하면 몸 자체의 경험과 기능보다는 욕구를 충족시키는 기능에만 관심을 갖게 됩니다. 그래서 몸의 감각에 대해 둔감하게 되고, 평소 몸의 기능을 잘 유지하도록 하는 것에는 관심이 없게 됩니다. 몸에 관한 우리의 관심은 대개 두 가지 측면에 국한됩니다. 하나는 소화, 면역, 운동과 같은 생리적인 측면으로서, 마음이 원하는 대로 동작과 행위를 해내는 실행기능에 관한 것입니다. 이런 실행기능에 문제가 생기기 전까지는 몸에 대해 별 관심을 갖지 않습니다. 예를 들어, 평소에는 몸에 아무런 관심이 없던 사람도 다치거나 병에 걸려 아프고 불편하며 원하는 행동이나 활동을 할 수 없게 되면 비로소 몸에 관심을 가지게 됩니다. 이는 마치 아무 문제없이 잘 돌아가던 컴퓨터나 휴대 전화에 문제가 생기기 전까지는 컴퓨터나 휴대 전화의 기능을 유지하기 위한 정비에 관심을 거의 기울이지 않는 것과 마찬가지입니다. 다른 하나는 외모 또는 신체이미지 같은 심리사회적 측면으로서, 자신과 다른 사람들에게 매력적으로 보이려는 욕구와 관련 있는 기능에 관한 것입니다. 아이들은 청소년기가 되기 전까지는 외모에 별 관심이 없습니다. 하지만 점차 외모에 대한 관심이 커져서 자신의 외모에 대해 평가하게 되고 외모를 더 매력적으로 가꾸고 싶어 합니다. 외모를 가꾸기 위해 건강을 해치면서까지 과도한 다이어트나 근육운동을 하는 사례는 매우 흔합니다.

신체이미지

우리는 평소 외모에 상당한 관심을 가지고 있습니다. 내 몸이 타인에게 어떻게 보일까를 자주 의식하는 것은 자신의 몸을 자신의 관점이 아닌 타인의 관점에서 보는 경향이 강하게 형성되어 있기 때문입니다. 이렇게 몸을 주체가 아닌 객체로 여기게 되는 데에는 대중매체의 드라마와 광고의 영향이 큽니다. 즉, 이런 드라마나 광고에 등장하는 매력적인 주인공들을 자신과 동일시하면서 자기도 모르게 특정 이미지의 몸을 이상적인 것으로 여겨 기준으로 삼게 되고, 자신의 신체를 이 기준과 비교하게 되는 것입니다. 이런 비교는 항상 지는 비교이며 자신의 몸에 대한 불만족과 불안, 자신감 저하를 일으킵니다.

청소년기는 이렇게 자신의 몸, 특히 외모를 객체화하는 경향이 크게 나타납니다. 그래서 자신의 외모에 대해 불만과 불평이 많아지며, 기준에 적합한 외모를 만들기 위해 다이어트나 운동에 과도하게 몰두할 수도 있습니다. 이런 불만과 불안은 성인이 되어서도 여전히 뿌리 깊게 자리 잡고 있어서 노화와 그에 따른 자연스러운 신체의 변화에 대해서도 깊은 불만과 열등감을 느낄 수 있습니다.

이러한 몸에 대한 깊은 불만과 불안은 신체를 경험하고 바라보는 방식, 즉 신체에 대한 고정관념이 바뀌지 않는 한 잘 변하지 않습니다. 즉, 몸을 기능적 도구로 간주하는 '생각'이 실제 몸이 만들어 내는 경험을 있는 그대로 느끼지 못하게 하는 것입니다. 우리의 신체는 놀라운 존재입니다. 음식물을 소화시켜 에너지를 주고, 병원균의 침입을 막아 내고, 사물을 보고 만지고 냄새를 맡고, 움직이고 말하는 등 생명을 유지하면서 살아가는 것 자체가 몸이 잘 기능하기 때문입니다. 하지만 평소 우리는 이런 능력을 당연한 것으로 여기고(이는 타인과 비교하는 강력한 경향 탓입니다. 이런 능력은 나만이 아니라 누구나 가지고 있는 것이어서 별로 귀하게 여기지 않는다는 점에서) 특별한 주의를 기울이거나 감탄하지 않습니다. 하지만 병에 걸리거나 신체의 일부라도 손상되면 그 특별함을 뼈저리게 느낄 수 있습니다.

몸에 주의를 기울여 몸의 느낌을 있는 그대로 알아차리는 마음챙김명상은 몸의 경험을 '생각이나 관념'이 아닌 그 자체로 느낄 수 있게 하며, 삶을 더욱 생생하게 느낄 수 있게 합니다. 또한 분리되어 있던 마음과 몸의 연결을 회복하는 소중한 경험을 체화할 수 있게 합니다.

몸은 기계와 같은 측면이 있기는 하지만 기계와는 다릅니다. 둘 모두 물질이며 둘 모두 어떤 기능을 합니다. 하지만 기계는 생명이 없고 몸은 생명이 있습니다. 기계의 기능은 물질과 구조의 한계를 벗어나지 못하지만, 몸의 기능은 그 한계를 다양하게 넘어섭니다. 무엇보다 몸은 '나 또는 자기'를 구성하는 핵심 요소입니다. 또한 몸은 마음과 불가분의 관계에 있습니다. 생명이란 몸과 마음이 함께 존재하는 것을 이릅니다. 몸이 마음과 분리되면 생명이라 할 수 없습니다. 몸 없는 마음을 상상할 수 없고, 마음 없는 몸은 죽은 것과 마찬가지입니다. 몸을 기계 다루듯이 하는 것은 몸과 마음의 관계를 일방적인 것으로 만드는 것이며 몸과 마음의 통합을 해치는 것으로서 건강한 관계라 할 수 없습니다.

몸과 마음의 분리

마음의 방황은 몸과 마음의 분리를 낳습니다. 애리조나 대학교의 심리학 교수인 개리 슈왈츠(Schwartz, 1990)의 질병모형에 따르면, 이런 분리는 모든 질병의 가장 근본적인 원인이 됩니다. 그에 따르면, 질병은 심신의 질서가 무너진 것(장애)에서, 장애는 조절이 이루어지지 않는 것(실조)에서, 실조는 심신의 단절에서, 단절은 주의를 기울이지 않는 것에서 비롯됩니다. 따라서 질병을 예방하거나 치료하려면 거꾸로 자신에 대한 주의를 통해 몸과 마음의 연결성을 회복해야 하는데(연결), 이는 조절력을 향상시켜서 심신의 질서를 회복시키며 그 결과 건강의 회복이 가능해지는 것입니다.

질병 모형	disattention 부주의	→	disconnection 단절	→	disregulation 실조	→	disorder 장애	→	disease 질병
치유 모형	self-attention 자기주의	→	connection 연결	→	regulation 조절향상	→	order 질서회복	→	ease 건강

슈왈츠는 신체감각에 대한 부주의의 원인으로 억압과 같은 방어기제를 들고, 실제로 억압을 많이 하는 사람들이 생리적 및 심리적 장애가 많다는 증거를 제시하기도 했습니다. 슈왈츠의 설명은 아직은 더 많은 과학적 검증이 필요한 것이지만, 상당히 타당한 것으로 보입니다. 자신의 신체감각과 감정에 대한 자각력이 낮은 감정표현 불능증(alexithymia)이 심리장애는 물론이고 만성질환과도 관계가 있다는 연구들은 그런 예로 볼 수 있습니다.

몸과 마음의 연결을 회복하는 가장 쉬운 방법은 몸에 주의를 기울이는 것입니다. 주의를 몸으로 돌려서 몸의 상태, 감각을 관찰하고 알아차리는 것은 마음이 몸과 함께 있도록 하는 것이며, 이렇게 함께 지내고 관심을 유지하는 것은 몸과 마음의 관계를 연결시키고 상호 적절한 조절력을 회복하는 데에 꼭 필요한 것입니다. 그래서 거의 모든 수련전통에서 신체감각을 알아차리는 훈련은 가장 기본적이고 필수적인 훈련법입니다. 평소 마음은 대개 몸을 떠나 있기 때문에 의도적으로 몸에 주의를 기울이는 연습을 할 필요가 있습니다.

몸과 마음: 부모와 자녀의 비유

몸과 마음의 관계는 부모와 자녀의 관계로 비유할 수 있습니다. 부모와 자녀는 서로 다른 개체이고 각기 특성이 다르지만, 둘의 관계가 좋아야 둘 모두 건강할 수 있는 것처럼, 마음과 몸도 좋은 관계에 있어야 전체적으로 건강할 수 있습니다. 부모가 자녀에게 따뜻한 관심과 주의를 기울여 돌보는 것이 좋은 관계를 형성하고 유지하는 데에 핵심인 것처럼, 마음이 몸에 대해 따뜻하고 수용적인 관심을 기울이는 것은 심신의 단절을 막고 좋은 관계를 유지하는 데에 필수적입니다.

그런데 여러 가지 이유로 자녀에게 관심을 보이지 않는다면, 자녀는 사고를 치거나 부모를 무시하는 등의 역기능적 애착행동을 보일 수 있습니다. 자잘한 사고라도 치면 부모의 관심을 받을 수 있기 때문입니다. 부모에게 무관심한 척하는 것은 분노의 또 다른 표현일 수 있습니다. 이 같은 자녀의 신호를 지속적으로 무시하면 결국 자녀가 큰 사고를 칠 수 있고, 부모는 자녀의 신호에 대해 무감각하게 됩니다. 설사 자녀의 신호를 안다 해도 그것이 무엇을 의미하는지 이해하기 어려워집니다.

몸과 마음의 관계도 이와 비슷합니다. 몸이 아프거나 병이 나는 것은 마음의 주의를 끌려는 것입니다. 피곤하거나 소화가 안 되거나 자잘한 신체 증상이 나타나는 것은 몸이 마음의 주의를 끌어 보살핌을 받으려는 것과 같습니다. 그런데도 마음이 몸에 주의를 기울이고 보살피지 않으면 결국 마음은 몸의 신호에 둔감하게 되고 병이 납니다. 평소에 몸에 주의를 기울이면 몸의 신호인 신체감각을 잘 감지하고 그 의미도 잘 알 수 있습니다. 그렇지 못하면 몸의 신호에 둔감하거나 이를 무시하게 됩니다. 큰 병에 걸리면 그제서야 몸의 소중함을 깨닫고 하던 일을 줄이거나 심지어 직장을 그만두고 몸을 돌보는 사람들은 흔히 있습니다.

명상수련에서 여러 가지 방식으로 몸에 주의를 기울여 감각을 알아차리는 연습을 하는 것은 몸과 마음의 연결성을 강화하는 것입니다. 이는 부모가 자녀에게 관심을 기울이는 것과 마찬가지입니다. 이때 부모는 사랑스럽고 따뜻한 눈길로 자녀에게 반응하고 관심을 기울이는 것이 건강한 관계입니다. 자녀가 마음에 들지 않는 말이나 행동을 한다고 해서 구박하거나 하는 것이 아니라 자녀의 관점에서 이해하고 수용하려는 마음으로 눈길을 주는 것입니다. 이와 마찬가지로 몸을 관찰할 때도 따뜻하고 수용적인 방식으로 주의를 기울여야 합니다. 어떤 감각이든, 특히 불편한 감각들을 없애거나 무시하지 않고 받아들이려는 태도로 주의를 기울이는 것이 명상입니다. 명상은 감시하는 것이 아니라 따뜻하고 포용적인 자세로 어떤 경험이든 수용하는 것입니다. 마치 자녀의 모든 것을 감싸 안을 수 있는 무한한 사랑의 마음으로 부모가 자녀에게 주의를 기울이고 살피는 것처럼 말입니다.

신체감각 자각의 중요성

몸에 주의를 기울이면, 몸이 있다는 것을 자각할 수 있습니다. 또한 몸에서 발생하는 여러 가지 느낌을 알아차릴 수 있습니다. 여기에는 시각과 청각, 후각, 미각뿐 아니라 촉각과 신체 내부의 감각도 포함됩니다. 근골격계에서 느껴지는 통증, 뻣뻣함, 저릿저릿함, 압박감, 무게감, 심장이 뛰는 느낌, 위나 장의 통증이나 더부룩함 등은 신체 내부의 감각이라고 할 수 있습니다.

신체감각의 자각은 자기보호기능을 합니다. 후각과 미각, 촉각 등은 해로운 것과 이로운 것을 구별하는 정보를 제공하며, 통증은 유기체가 바깥세상에 대한 주의와 관심을 신체로 돌려서 보호와 회복을 위한 행동을 하도록 만듭니다. 우리가 몹시 흥분하거나 긴장을 하면 통증을 잘 못 느낄 뿐 아니라 다른 신체감각들도 다르게 느껴지거나 아예 느껴지지 않기도 합니다.

신체감각의 자각은 자기이해의 첫걸음입니다. 자신의 몸과 외계의 경계를 자각하는 것은 자기정체감 형성의 기초이며, 몸의 능력과 한계를 알아 가는 것은 자신에 대한 이해의 단서가 됩니다. 피부의 접촉감은 유아기의 애착형성에 매우 중요한 역할을 하며, 이는 성인이 되었을 때의 인간관계 양상에도 일정 부분 영향을 미칩니다.

또한 신체감각의 자각은 정서의 인식과 조절력을 높일 수 있습니다. 왜냐하면 신체감각은 감정경험의 토대가 되기 때문입니다. 우리가 어렸을 때 경험하는 감정은 거의 신체감각에 의해 결정됩니다. 특히 유아의 정서 상태는 거의 전적으로 신체 상태에 달려 있습니다. 배가 적당히 부르며 따뜻하고 안락한 접촉 상태는 즐겁고 편안한 감정을 야기합니다. 반대로, 춥고 배고프거나 욕구가 충족되지 않은 신체 상태는 불편하고 괴로운 감정을 야기합니다. 우리가 우울하거나 긴장했을 때, 그런 정서가 신체에 어떤 영향을 미치는지를 자각하는 것, 즉 정서에 따른 신체감각을 알아차리는 것은 정서조절에 매우 효과적인 방법입니다. 해당 신체 부위의 긴장을 풀어 주는 것만으로도 불편한 정서가 완화되기 때문입니다.

이처럼 신체감각은 감정경험의 토대가 될 뿐 아니라 새로운 생각을 자극합니다. 감각경험은 그에 기반을 둔 생각, 즉 인지활동을 촉진합니다. 감각경험을 오랜 시간 동안 박탈하면, 기억력과 집중력, 언어구사력 같은 중요한 인지능력이 심하게 손상되고 환각이 발생할 수도 있습니다. 또한 존재 자체에 대한 경험, 즉 '살아 있다는 느낌'도 사라집니다. 이는 신체감각이 이성과 사유, 존재감의 필수적인 조건이라는 것을 시사합니다.

몸과 생각: 체화인지

체화인지(embodied cognition)란 환경과 몸, 마음의 관계를 서로 상호작용하는 과정으로 파악해야 한다는 새로운 흐름입니다. 즉, 인간의 정신활동이 환경이나 몸과는 구분되어 따로 발생하는 것이 아니라 몸을 통해 환경과 상호작용하는 과정에서 발생한다고 파악하는 것이 마음에 대한 정확한 이해에 도움이 된다는 것입니다.

이런 흐름의 저변에는 마음을 몸과 분리된 것으로 파악한 데카르트적 이원론, 마음을 뇌의 활동과 동일시하는 물질주의적 환원론, 마음을 컴퓨터와 같은 계산과정으로 보는 정보처리론 등의 전통을 넘어서, 인간의 마음을 뇌와 몸, 환경의 상호작용으로 통합하려는 시도가 깔려 있습니다.

몸을 움직이지 못하게 하면 인지적 수행능력이 어려워지는 현상은 체화된 인지의 좋은 사례입니다. 예를 들어, 배우들에게 좁은 공간에서 손을 쓰지 못하도록 하면, 자유롭게 움직일 수 있도록 하는 경우에 비해 대본을 외우는 능력이 현저하게 떨어집니다.

인지심리학자인 마크 터너(Turner, 1996)는 '마음의 기본원리는 이야기'라고 주장하는데, 이는 마음이 끊임없이 이야기를 만들어내는 존재라는 의미입니다. 그런데 이런 이야기의 재료가 무엇인가에 관해, 여러 학자는 마음이 만드는 이야기가 자기개념을 중심으로 구성된 추상적 표상(즉, 기억 내용)이 아니라 몸이 환경과 상호작용하면서 만들어 내는 지각과 행위, 즉 몸의 경험을 토대로 만들어진다고 봅니다.

우리는 배워서 아는 것과 행동이 일치하지 않는 경우를 흔히 경험합니다. 이는 머리로 아는 것과 가슴으로 아는 것이 다르다는 말과도 유사합니다. 머리로만 아는 것이 아니라 몸과 함께 아는 것을 체화된 인지라 볼 수도 있는데, 이렇게 아는 것은 그저 원리나 간접경험으로 아는 것과 달리 실제 행동과 현실적 변화로 나타날 가능성이 높습니다. 예를 들어, 어려운 사람을 돕는 기부 같은 행동을 촉진하는 것은 어려움에 처한 현실에 대해 설명하거나 설득하는 것보다는 직접 현장에 나가서 보고 듣고 접촉하게 하는 것이 훨씬 더 효과적입니다. 우리가 어떤 설득을 하려 할 때, 전화나 화상통화로 하는 것보다는 대면해서 하는 것이 더 효과적인 것과 마찬가지입니다.

명상은 몸을 동원하는 훈련입니다. 명상을 머리로만 이해하는 것은 삶에 실질적인 영향을 거의 미치지 않습니다.

4회기 수련

보디스캔: 몸 마음챙김

몸은 명상수련에서 매우 기본적인 주의의 대상입니다. 몸에 주의를 기울여 관찰하는 것은 자신에 대한 이해의 첫걸음이기도 합니다. 우리는 평소 몸에 대해 별로 주의를 기울이지 않습니다. 사실 우리는 몸 자체에 대해서보다는 몸의 외양에 더 많은 관심을 가지고 있습니다. 예쁘고 멋지게 보이기 위해 끊임없이 외부적인 기준을 찾고 외부적인 시각에서 자신의 외모에 주의를 기울입니다. 혹시라도 외모가 아닌 몸 자체에 주의를 기울이게 된다면, 이는 거의 대부분 몸이 아플 때입니다. 하지만 이 경우에도 몸의 상태에 대한 세밀한 관심은 거의 없고, 어떻게 하면 몸의 불편함을 없앨 수 있을까에 관심을 기울입니다. 정말 큰 병이나 생겨야 비로소 몸이 하는 다양한 이야기에 주의를 기울이게 됩니다.

몸은 우리에게 여러 가지 이야기를 합니다. 몸은 신체적 건강 상태나 욕구에 대해 이야기하며, 우리가 잘 의식하지 못하는 마음의 상태도 알려 줍니다. 이미 설명한 것처럼 정서나 감정 상태는 신체의 생리반응과 함께 나타납니다. 그래서 몸의 상태는 정서나 감정 상태를 반영하는 것이기도 합니다. 불안하거나 초조하면 손에 땀이 납니다. 위협을 느껴 두렵거나 하면, 얼굴색이 변하고 가슴이 뛰고 숨이 막힐듯이 답답해집니다. 실망스러울 때는 어깨가 처지고 힘이 빠집니다.

보디스캔은 몸을 체계적으로 훑어 나가면서 매 순간 각 신체 부위에서 나타나는 순수한 느낌을 있는 그대로 알아차리고 소중하게 받아들이는 훈련입니다. 신체 구석구석에서 나타나는 느낌을 호기심을 가지고 관찰하여 알아차림으로써 신체를 통해 잊어버린 나를 찾아갈 수 있습니다. 안내에 따른 신체 부위에만 주의를 집중하고 그 부위의 감각을 충실하게 느끼는 것이 목표일 뿐 다른 어떤 성취목표도 가지지 않습니다. 다시 말해, 어떤 특별하게 편안한 이완상태를 맛보겠다는 등의 기대를 하기보다는 오직 각 부위의 감각을 명료하게 느끼는 것 자체가 목적이라 할 수 있습니다.

■ 요약: 비교적 긴 시간 동안 몸 전체를 발가락에서 정수리까지 또는 그 반대의 순서로 체계적이고 순차적으로 주의를 기울여 해당 부위의 신체감각의 존재와 변화, 특징을 알아차립니다.

1단계[준비]
① 방해받지 않는 조용하고 아늑한 곳에 편안하게 눕거나 의자에 편하게 기대어 앉습니다.
② 온몸의 긴장을 풀고 손바닥을 자연스럽게 펴서 천장 쪽으로 향하게 하고 두 팔을 자연스럽게 벌려 몸통 옆에 가지런히 둡니다.
③ 눈을 감고 아랫배에 주의를 두어 호흡을 잠시 관찰합니다. 어느 정도 호흡이 진정될 때까지 관찰합니다.
④ 내 몸 구석구석에 주의를 두겠다는 의도를 세웁니다.

2단계[본명상]
① 바닥에 닿아 있는 신체감각으로 주의를 기울여 봅니다.
② 주의를 신체 부위에 따라 이동하면서 감각을 있는 그대로 느껴 봅니다.

- 순서: 왼쪽 발가락, 발바닥, 발등 → 종아리, 허벅지 → 오른쪽 발가락, 발바닥, 발등 → 종아리, 허벅지 → 엉덩이 → 배 → 가슴 → 허리 → 척추 → 등 → 어깨 → 양팔 → 양손 → 양어깨 → 목 → 얼굴 → 두피 → 정수리

③ 보디스캔을 하다가 잡념이나 공상으로 주의를 빼앗기거나 다른 부위의 통증에 주의를 빼앗기는 경우에는, 일단 아랫배의 호흡감각 관찰로 돌아와서 마음을 진정시킨 후 하던 곳으로 되돌아갑니다. 통증이 너무 심할 경우에는 통증 부위에서 호흡이 들어오고 나간다고 상상하면서 심호흡을 하여 어느 정도 진정이 되면 하던 곳으로 되돌아갑니다.

3단계[마무리]
① 잠시 지금의 느낌을 충분히 음미해 봅니다.
② 몸의 각 부위를 가볍게 움직이고 흔들면서 몸을 깨웁니다.
③ 보디스캔을 마치겠다는 마음을 세웁니다.
④ 한두 번 심호흡을 하고 일어나 앉으며 마무리합니다.

Tip
- 숙련되었을 때: 들숨에는 바깥의 신선한 에너지와 공기가 몸 안으로 들어온다고 상상하고, 날숨에는 몸 안의 노폐물과 괴로움, 통증, 긴장감이 몸 밖으로 함께 빠져나간다고 상상합니다. 혹은 통증이 느껴지는 부위로 호흡이 들어오고 나간다고 상상해 봅니다.
- 일상생활에서: 과제를 하거나 휴대 전화를 보다가 어깨나 목의 통증이 느껴진다면 하던 것을 잠시 멈추고 앉거나 누워서 통증이 느껴지는 부위를 있는 그대로 관찰해 봅니다.
- 시간: 20~25분

Q&A

1. 아무런 느낌이 없는 곳이 있어요.

주의를 기울여도 아무런 느낌이 느껴지지 않는 신체 부위가 있을 수 있습니다. 일반적으로 내장기관들은 근골격계에 비해 감각을 느끼기 어렵습니다. 내장기관 중에서도 위나 심장의 느낌에 비하면 신장이나 방광, 간 같은 신체 부위의 느낌은 더욱 느끼기 어렵습니다. 또한 내장기관의 느낌은 발생 부위를 꼭 짚어내기가 어렵습니다. 그 외에 특정 부위의 느낌이 없는 것은 그 부위의 만성긴장으로 인한 경직이 원인일 수도 있고 또 다른 이유가 있을 수도 있습니다. 하지만 꾸준히 수련하면, 점차 느낌이 선명해지게 됩니다. 수련하는 동안 이런 부위가 있으면, 아무런 느낌이 없다는 것도 느낌이라는 점을 상기하고 다음 부위로 나아가면 됩니다.

2. 너무나 졸음이 잘 옵니다.

보디스캔을 누워서 하면, 특히 졸음이 잘 옵니다. 그래서 가끔은 보디스캔을 수면제 대신으로 처방하기도 할 정도입니다. 역설적이게도 그만큼 몸과 마음이 쉽게 이완된다는 증거이기도 합니다. 하지만 보디스캔 중에 잠에 빠지면 보디스캔 수련을 하지 못하게 됩니다. 보디스캔을 하는 동안에 눈을 뜨거나 또는 의자에 앉아서 하거나 서서 하는 것도 졸음을 방지하면서 보디스캔을 경험할 수 있는 방법입니다.

3. 머리 쪽으로 열이 나는 것 같아요.

신체 여러 부위의 열감은 보디스캔을 하는 동안에 많은 사람이 경험하는 일반적인 현상입니다. 하지만 머리 쪽으로 열이 몰리는 느낌이 나는 것은 대개 단전호흡이나 기타 수련 경험이 있는 분들이 가끔 호소하는 현상입니다. 이것은 일종의 '상기'현상이라 할 수 있는데, 이런 경우에는 정수리에서부터 시작해서 점차 아래쪽으로 내려가 발가락에서 마치는 방식으로 순서를 달리 해도 좋습니다.

걷기 집중명상

걷기 집중명상은 걸음걸이를 통하여 지금 이 순간에 마음을 모으는 데 큰 도움을 주는 명상입니다. 발바닥에 집중하여 움직이는 신체에 주의를 집중하는 일종의 '동적'인 명상입니다. 이 명상은 야외보다는 실내에서 하기에 적합합니다. 언제든 힘든 일이 있거나 불안하고 두려울 때, 정신없이 허둥대거나 서두를 때, 잠시 멈춰서 발바닥에 집중하여 걷기를 시작하면 산란한 마음으로부터 안정된 마음을 만들어 낼 수 있을 것입니다.

■ 요약: 주의의 대상을 발바닥으로 한정하여 천천히 걸으면서 발바닥의 다양한 감각을 알아차립니다.

1단계[준비]
① 시선을 부드럽게 정면을 향하고 서서 발바닥의 감각에 주의를 모읍니다.
② 몸을 좌우로 또 앞뒤로 천천히 기울이면서 몸의 무게중심을 찾아봅니다.
③ 의식의 초점을 온전히 지면에 닿는 발바닥의 느낌에 집중하고, 천천히 걷기 시작합니다.

2단계[본명상]
① [감각초점] 많은 감각 중에서 발바닥의 감각만을 선택해서 닻을 삼아 주의를 집중시킵니다.
② [들음] 발바닥이 바닥에서 떨어질 때의 느낌에 주의를 집중합니다.
③ [나감] 발이 허공에서 앞으로 나아갈 때의 느낌을 알아차립니다.

④ [내려놓음] 발을 바닥에 내려놓았을 때 발바닥의 느낌을 알아차립니다.

3단계[마무리]

① [멈춤] 그만하고 싶으면 잠시 멈추어 몸 전체의 느낌을 음미한 후 몇 차례 심호흡을 하고 마무리합니다.

TIP

잡념이 생겨서 주의가 걸음걸이의 감각에서 벗어났을 때

- 알아차리는 즉시 부드럽고 단호하게 발바닥이 지면에 닿는 느낌으로 돌아옵니다.
- 또는 잠시 걸음을 멈추고 아랫배의 호흡감각을 관찰하는 쪽으로 돌아왔다가 다시 걷기를 시작합니다.

기분에 따른 걷기 속도와 집중

- 기분이 상해 있거나 초조할 때는 좀 더 빠른 속도로 걷습니다.
- 집중이 잘되고 마음이 느긋해지면 속도를 늦추어 봅니다.
- 빨리 걸을 때는 오른발이 앞으로 차고 나가는 느낌 또는 왼발이 땅에 닿았을 때의 느낌과 같은 어떤 특정 동작의 감각에만 초점을 맞추어 봅니다.

발바닥에 집중하며 숫자 붙이기

- 빨리 걸을 때는 오른발 또는 왼발에 숫자를 붙이며 걷기를 할 수 있습니다.
- 마음이 산란할 때 발걸음에 숫자를 붙이며 걷기 집중명상을 하면 산란한 마음이 가라앉게 됩니다.

1. 천천히 걷는 것이 힘듭니다.

불편함을 느낄 때가 우리의 마음을 관찰하기 좋을 때입니다. 평소처럼 습관적으로 걸을 때와 천천히 의도적으로 걸을 때의 차이를 알아차려 보세요. 힘들다는 것을 알아차리고, 힘들어지면 또 어떤 생각이 자동으로 일어나는지도 호기심을 가지고 관찰해 보세요. 천천히 걷기가 익숙해지면, 보통 걸음이나 그보다 더 빠르게도 해 보세요.

05

현재에 살기

05
현재에 살기

🌢 몸의 현재성과 마음의 초월성

몸은 물질적 실재로서 시공간을 초월하지 못합니다. 몸은 '여기, 이곳'이라는 공간을 벗어나지 못하며 항상 '지금, 현재'라는 시간에만 존재합니다. 그래서 몸은 과거로 돌아갈 수도 없고 미래로 미리 갈 수도 없으며, 동시에 두 곳에 존재하지 않습니다. 이렇게 몸은 항상 현재의 순간에 이곳에만 존재하지만, 그렇다고 해서 몸이 고정된 실체는 아닙니다. 몸은 다른 모든 물질과 마찬가지로 시간의 흐름에 따라 끊임없이 변화합니다. 지금 나의 몸은 엄밀히 말하면, 바로 조금 전의 몸과 다릅니다. 그 차이를 자각하지 못한다 해도 다르다는 것은 사실입니다. 몸을 구성하는 성분이 계속 달라지기 때문이지요. 이렇듯, 몸은 끊임없이 변하면서 매 순간 한곳에만 존재하는 것이 그 본질입니다. 이런 몸의 변화에 따라 몸의 상태에 대한 느낌인 감각도 끊임없이 달라집니다.

이와 달리 우리의 마음은 시공간을 초월합니다. 특히 생각은 이곳에서 저곳으로 순식간에 이동할 수 있으며, 과거로 미래로 자유롭게 넘나들 수 있습니다. 생각이 감각이나 감정을 일으킨다는 것을 고려하면, 우리의 모든 내적 경험은 순식간에 달라질 수 있습니다.

아침에 눈을 떴을 때, 가장 먼저 하는 일은 무엇인가요? 우리의 마음이 어떤 일을 할까요? 몸 컨디션을 살펴보나요? 몇 시인가 시계를 보나요? 오늘 할 일을 떠올려 보나요? 사람마다 다르겠지만, 아침에 눈을 뜨면 몸은 침대에 있지만 마음은 이미 미래로 향하는 것이 일반적입니다. 세수나 양치질을 하는 동안에 마음은 이미 식탁에 가 있고, 식탁에서 밥을 먹으면서도 마음은 이미 학교나 직장에 가 있습니다. 친구를 만나러 가는 버스 안에서도 마음은 이미 약속장소에 가 있고, 친구와 만나서 할 일을 생각하고 있습니다. 저녁이 되면 마음은 과거로 가서 오늘 했던 활동을 점검하고, 후회하거나 만족해합니다. 애인과 만나 차나 식사, 대화를 하는 동안에도 마음은 불쑥불쑥 현재를 떠납니다. '이 일이 끝나면 그다음엔 무엇을 할까?' '내가 혹시 마음에 안 드는 말을 하지는 않았나?' 등을 생각하며 말입니다.

과거를 되돌아보며 기억을 점검하고, 미래를 추론하며 예상하는 능력은 매우 고등한 지적 능력입니다. 그러나 이런 지적 능력은 단점으로도 작용합니다. 과거의 일을 회상하거나 미래의 일을 생각하는 것이 병리적인 결과를 낳는 것은 그 예입니다. 되돌릴 수 없는 과거의 부정적 경험을 기억에서 되살려 끊임없이 반추하면서 후회나 번민에 휩싸이는 것은 이미 지나가 버려 실체가 없는 과거의 괴롭고 불편한 경험을 현재의 경험으로 만드는 일이지요. 걱정과 근심은 현재의 사건이 아닌 아직 오지도 않은 미래의 부정적 결과와 괴로움을 미리 현재로 가져와서 괴로움을 겪는 일입니다.

마음의 방황 다루기

우리의 마음은 현재에 머무는 경우가 별로 없습니다. 이는 우리의 주의가 끊임없이 변화하는 환경에 적응하기 위해 환경의 변화를 탐지해 내며, 탐지한 정보의 해석을 위해 과거와 미래의 기억이나 이미지들을 끊임없이 의식에 나타나게 하기 때문입니다. 그래서 인간은 깨어 있는 동안 끊임없이 생각을 하거나 생각이 떠오릅니다.

우리는 휴식시간처럼 특별한 목적이나 당면과제가 없는 조건에서는 의도와 무관하게 이런저런 생각들이 자동적으로 나타나는 것을 경험할 수 있으며, 심지어 어떤 과제와 관련된 생각을 하는 동안에도 갑자기 그와 무관한 생각들이 잠깐의 빈틈을 비집고 나타나기도 합니다. 심리학에서는 이런 현상을 '마음의 방황(mind wandering)'이라 합니다. 연구에 따르면, 이런 마음의 방황 또는 생각의 끊임없는 출현은 우리가 깨어 있는 시간의 25~50% 정도에 이를 정도로 보편적인 현상이며, 이렇게 마음이 방황하는 동안에는 대개 행복감보다는 불편감을 더 많이 느낍니다(Killingsworth & Gilbert, 2010). 이 연구가 밝혀낸 더욱 중요한 결과는 마음의 방황이 불행해서 나타나는 결과가 아니라 오히려 불행감을 야기하는 하나의 원인이라는 것입니다. 명상전통에서는 오래전부터 이 같은 마음의 방황을 당연하고 보편적인 것이기는 하지만 바람직하지는 않은 상태로 여겼는데, 그 타당함이 입증된 셈이지요.

하지만 이런 마음의 방황을 꼭 나쁘게만 볼 것은 아닙니다. 보통 우리는 마음의 방황을 가능한 한 줄여야 할 실수나 무능력을 의미하는 것으로 여기기 쉽습니다. 이런 생각 때문에 명상을 할 때, 주의가 산만해지거나 잡생각이 나거나 하면 금방 뭔가 잘못하고 있다고 생각하거나 또는 자신을 자책하는 경우가 생기는 것이지요. 전혀 그럴 필요가 없습니다. 마음은 특별히 해결해야 할 문제가 없을 때는 물론이고 당면 문제가 있을 때조차 방황하는 것이 본성이기 때문입니다.

또한 명상을 한다는 것은 특별한 과제를 해결하려는 수련이 아니기 때문에 평소보다 더 많은 잡다한 생각과 느낌이 일어나게 마련입니다. 그러니까 사실은 이런 경우에 마음의 방황을 문제로 여기는 것이 오히려 문제가 됩니다. 그것을 문제로 여기면, 불편한 감정이 일어나고 또 문제를 해결해야 한다는 생각 때문에 오히려 그 생각에 더 사로잡히기 쉽습니다. 명상의 방법에 따라 그저 그런 생각과 느낌의 존재를 하나의 사건으로 간주하고 그냥 알아차리거나 아니면 본래 주의를 기울이고자 했던 것으로 부드럽게 돌아오면 되는 것입니다.

◢ 과거로 가는 마음: 반추, 후회와 번민

일반적으로 반추는 과거의 사건과 관련한 자기성찰을 뜻합니다. 즉, 과거에 발생한 사건이 주의의 초점이 되며, 이와 관련해서 과거 사건의 원인과 결과, 해결책 등을 따져 보는 것이 반추입니다.

하지만 심리장애와 관련해서 반추란 "자신의 괴로움과 관련해서 해결책에 초점을 맞추기보다는 괴로운 증상과 그 원인 및 결과에 대해 강박적으로 주의를 기울이는 것"(Nolen-Hoeksema, 1998)으로서 주로 부정적 성찰을 말합니다. 즉, 병리적 반추의 특징은 ① 과거 사건에 관한 강박적인 생각으로서, ② 사건의 부정적 측면에 초점이 있으며, ③ 해결책보다는 괴로움 자체와 그 원인 및 결과에 대한 생각이 주가 되는 인지활동이라는 점입니다. 심리장애를 가진 사람들에게 이런 부정적 반추는 상당히 일반적인 현상이며, 그 자체가 부정적 경험일 뿐 아니라 우울증의 주요한 위험 요인으로 간주됩니다. 후회와 번민, 억울함, 분노, 복수심 등은 이런 부정적인 반추과정에서 경험하게 되는 가장 흔한 부정적 감정입니다. 그래서 반추는 불안이나 외상 후 스트레스 장애, 폭식, 자해와 같은 여러 가지 심리장애와도 관련이 있습니다.

되돌릴 수 없는 과거 사건의 부정적 측면에 주의의 초점이 있으며, 이것이 자동적으로(즉, 강박적으로) 지속되는 병리적 반추는 문제가 됩니다. 왜냐하면 이런 내적 활동은 앞에서 말한 부정적 감정을 증폭시키는 것 말고도 아무런 긍정적 기능이 없기 때문입니다. 과거의 사건은 되돌릴 수 없으며, 그런 경험에서 지금과 장래의 삶에 도움이 되는 교훈을 학습하지 못한다면, 과거의 부정적 사건을 되돌아보며 곱씹는 것은 '이미 지나간 괴로움을 다시 현재로 불러내어 가상의 괴로움을 실제의 것으로 경험하는 것'일 뿐 자신의 치유와 성장에 아무런 도움이 되지 않는 것입니다.

과거의 경험에 따른 부정적 감정은 여러 가지 방식으로 완화시킬 수 있는데, 감사와 용서가 가장 효과적인 방법입니다. 둘 모두 적절한 연습을 통해 해낼 수 있는 것들입니다.

감사연습

평소에 소소한 것들에 대해 감사하는 성향이 있는 사람들은 마음의 평화와 안정을 더 많이 느끼며, 삶의 만족도가 더 높습니다. 특히 자신의 성공이나 성취가 여러 다른 사람이나 다른 존재 덕분이라고 감사를 느끼는 것은 자신이 긍정적이고 존중받으며 가치 있다는 느낌과 함께 다른 사람을 받아들이고 그들에게 희생하며 봉사하려는 겸손한 마음을 일으킵니다. 실제로 감사하는 마음은 행복감과 안녕감을 높이며, 자존감과 효능감, 낙관성, 활기, 친사회적 행동, 좋은 인간관계 등과도 관계가 있다는 것이 많은 심리학적 연구에서 밝혀져 있습니다.

사실 감사할 만한 것은 누구에게나 너무나 많이 있습니다. 감사의 대상은 사람일 수도 있고, 사건일 수도 있으며, 행동이나 사물일 수도 있습니다. 하지만 우리는 평소 감사할 만한 것이 없다고 느끼며 사는 경우가 많은 것 같습니다. 다음과 같은 것들에 감사할 수 있는지 생각해 봅시다.

- 오늘 하늘이 푸르고 바람이 시원하다는 것
- 내가 먹을 것을 준비해 주는 사람이 있다는 것
- 화날 일인데도 내가 화를 내지 않았다는 것
- 재미있는 드라마를 본다는 것
- 편안하게 잠잘 수 있다는 것
- 오늘도 내가 눈을 뜨고 새로운 날을 맞이하게 되었다는 것

이런 것들은 어쩌면 우리가 별로 감사를 느끼지 않고 일상적으로 지나치는 소소한 것일지도 모릅니다. 생명은 그 자체가 기적이라는 말이 있습니다. 우주에 바닷가의 모래알보다도 많은 별이

있지만 지구 외에 아직 생명이 존재하는 별을 발견하지 못했다는 천문학적 사실은 지구라는 존재 자체가 기적이며 나아가 그 안에 하나하나의 생명이 존재한다는 것 자체가 기적과도 같은 것이라 할 수 있습니다. 생명이 존재하는 순간순간이 모두 감사할 만한 것이라 할 수 있지요. 여러 가지 괴로움과 불편함이 있어도 살아 있다는 것, 먹고, 마시고, 이야기하고, 움직이는 것을 가능하게 하는 모든 것이 다 감사할 만한 것이라 해도 과언이 아닙니다.

그런데도 우리가 우리의 삶을 가능하게 하는 모든 것에 고마움을 느끼지 못하는 이유는 그것을 흔하거나 당연한 것으로 여기기 때문입니다.

우리는 흔한 것은 귀하지 않다고 여기는 경향이 있습니다만, 사실 가장 흔한 것이 가장 귀한 것이기도 합니다. 우리의 생명에 필수적인 공기와 물은 아무런 노력이 없이도 섭취할 수 있기 때문에 흔하다고 여기고 그 고마움을 생각해 보지도 않습니다. 자연을 고맙게 여기지 않고, 함께 사는 다른 사람들에게 감사함을 느끼지 않습니다.

또한 다른 사람들의 수고와 기여, 희생과 양보에 대해 감사를 느끼지 못하는 것은 그들의 존재와 행위를 당연한 것으로 여기기 때문입니다. 부모님이 나를 돌보는 것을 당연한 것으로 여기면 감사할 일이 없습니다. 농부가 농사를 짓는 것, 근로자가 일을 하는 것, 선생이 가르치는 것 등을 모두 당연한 것으로 여기면 그들에게 고마워할 일이 없게 됩니다. '~니까 당연한 것 아닌가?' 하는 생각은 고마움을 느낄 수 없게 합니다. 부모니까, 친구니까, 애인이니까 당연히 어때야 한다는 생각은 세상에 고마워할 것이 없게 만듭니다. 특히 요즈음처럼 기능적인 시장주의 사회에 팽배한 '돈 받고 자기 살자고 하는 일인데, 당연히 그렇게 해야 하는 것 아닌가?' 하는 생각은 사람들끼리 서로 진심으로 고마워하고 감사함을 느끼며 표현하는 것을 방해하는 것이 아닌가 합니다.

이런 식의 당연하다 또는 마땅히 그렇게 하거나 되어야 한다는 생각은 아무런 근거가 없을 뿐 아니라 현실과도 맞지 않습니다. 이런 생각을 당위적 사고라 하는데, 이는 심리적인 유연성이 낮은 사람의 특징이며, 부적응적일 뿐 아니라 심하면 정신병리의 원인이 되기도 합니다.

매일 아침에 눈을 떴을 때, 감사할 만한 것들을 의식적으로 찾아보거나 잠자리에 들기 전에 감사일기를 써 보면 어떨까요? 아니면 지금 감사를 느끼는 대상에게 감사편지를 써 보는 건 어떨까요? 맨체스터 대학교의 심리학자 알렉스 우드(Wood, 2010)는 사람들은 행복하기 때문에 감사하는 것이 아니라 감사하기 때문에 행복하다는 것을 과학적으로 밝혀냈습니다(용서에 대해서는 제9장의 나지사명상, 용서명상 참조).

◢ 미래로 가는 마음: 걱정, 우울과 불안

걱정이란 장래에 부정적인 사건이 발생할 것이라 예상하고 미리 괴로움을 겪는 것이라 할 수 있습니다. 부정적인 결과를 예상하는 것은 불안과 우울감을 낳게 됩니다.

심리장애에서 걱정은 반추와 마찬가지로 일종의 침투적 사고(즉, 원하지 않는데 나타나는 생각)로서 많은 심리장애에서 볼 수 있는 흔한 현상입니다. 사람들은 대부분 일시적으로 걱정을 하지만, 이런 걱정이 일상적으로 나타나는 안정적인 현상이라면 이는 병리적인 수준의 걱정입니다. 심리장애를 가진 사람들에게 병리적인 걱정이 흔히 나타나는 것은 대개는 걱정을 하는 것이 부정적 사건의 발생을 방지한다고 잘못 믿기 때문입니다. 즉, 걱정했던 일이 발생하지 않는 것이 걱정하는 경향을 강화시키고, 그 결과 걱정이 조건화된 것이라 할 수 있습니다.

반추가 이미 지나가 버려서 더 이상 존재하지 않는 사건에 관한 생각인 것처럼 걱정 역시 실제로 존재하지 않는 미래의 사건을 미리 현재로 가져와서 괴로움을 겪는 것이라 할 수 있습니다. 이런 걱정은 실제로 발생할 수 있는 미래의 사건에 대해 아무런 도움이 되지 않습니다. 즉, 걱정을 하는 것은 구체적인 대비를 위한 계획이 아니라 그저 부정적 결과의 가능성에 대한 부정적인 생각과 이에 따르는 두려움 및 불편감을 야기할 뿐입니다.

반추와 걱정은 과거와 미래의 사건에 관해 긍정적인 측면보다는 부정적인 측면에 주의의 초점이 모아지며, 우리의 의지와 관계없이 자동적으로 또는 강박적으로 일어날 때 문제가 됩니다. 이는 지금 이 순간의 경험에 주의를 기울여 알아차리려는 명상훈련이 매우 효과적일 수 있음을 시사하는 것입니다.

🍃 행위양식과 존재양식

우리는 지금 현재의 순간을 살고 있는 것일까요? 과거를 살거나 미래를 살고 있는 것은 아닐까요? 현재를 산다는 것은 마음이 지금 이 순간에 머무르고 있다는 것을 말합니다. 우리는 지금-여기에서 일어나는 일들에 대해 충분히 알아차리지 못하고, 지금 현재 자신이 하는 일이나 체험에 대해서도 잘 알아차리지 못하고 사는 경우가 허다합니다. 실제로 우리는 우리가 무엇을 하고 무엇을 경험하는지 잘 모르는 채로 마치 어떤 조종사에 의해 조종되는 것처럼 자동적으로 생각하고 행동하는 경우가 많습니다. 이렇게 우리의 마음은 자신의 의도와 관계없이 끊임없이 과거와 미래로 방황하면서 옛 생각에 빠져들어 이미 지나 버린 일들에 시간과 에너지를 사용하고 있거나 아니면 미래에 대한 온갖 계획과 기대, 걱정과 환상에 빠져 있습니다. 이렇게 온종일 계속되는 마음의 방황은 삶의 참된 맛을 느끼지 못하게 하고 삶의 가치와 의미를 평가 절하하게 만듭니다. 명상은 현재의 순간을 사는 존재양식의 삶을 경험하려는 것입니다.

존재양식(being mode)의 삶이란 지금 이 순간의 경험을 온전히 자각하고 포용하는 삶을 말합니다. 존재 자체에 가치를 두고 존재의 경험을 음미하며 사는 것을 말합니다. 이는 끊임없이 무엇인가를 만들어 내고 성취하기 위해 행동하는 행위양식(doing mode)의 삶과 대비되는 것이며, 에리히 프롬(Fromm, 1976)이 말한 소유양식(having mode)의 삶과도 대비되는 삶입니다. 행위양식의 삶이란 목표 지향적인 삶을 말합니다. 이런 삶에서는 목표성취와 관련된 과거의 경험이나 사건을 회상하고 처리하는 일이 필요할 뿐 아니라, 목표 관련 행위의 결과에 대한 예상과 같은 미래의 일에도 주의를 기울이게 됩니다. 그래서 행위양식의 삶에서는 마음이 흔히 과거와 미래를 오가게 되며, 현재의 경험은 등한시하게 됩니다. 또한 목표와 현재 상태를 비교해서 불일치 정도를 평가하고, 그 이유를 추론하며, 이를 줄이는 데 필요한 조치들의 적절성을 검토하는 등 끊임없는 비교와 평가, 판단을 할 수밖에 없는 삶입니다. 이런 평가의 결과는 대체로 긍정적인 것보다는 부정적 정서경험이 더 많을 수밖에 없습니다.

이에 반해 존재양식의 삶이란 특정 목표를 위한 삶이 아니라 현재의 존재적 상태를 그냥 살아가는 방식의 삶을 말합니다. 따라서 자신의 상태를 목표에 비추어 평가할 필요가 없으며, 과거의 경험에 대한 분석 평가나 미래의 사건에 대한 추론 예측도 모두 필요가 없는 삶입니다. 경험에 대해 좋거나 나쁘다는 평가를 할 필요도 없고, 따라서 그것을 없애거나 지속시켜야 할 필요도 없습니다. 그래서 존재양식의 삶에서는 불편한 감정을 제거하고 즐거운 감정을 지속하기 위한 자동적인 연쇄반응을 할 필요가 없으며, 그냥 어떤 경험이든 그 경험의 나타남과 사라짐을 자각하고 허용하며 존재하는 것으로 충분합니다.

행위양식의 삶은 인간의 다양한 욕구에 의해 발생하는 것이어서 특별한 연습이 없이도 자연히 하게 되는 삶의 방식이지만, 존재양식의 삶은 그렇지 않은 것 같습니다. 사실 존재양식의 삶은 온전하게 쉬는 것과 밀접한 관련이 있는데, 많은 사람이 잘 쉬지 못할 뿐 아니라 쉬는 것도 일로 만들어서 행위양식으로 바뀌어 버린다는 것을 고려하면 존재양식으로 사는 것은 쉬운 일이 아닌 것 같습니다. 사실 존재양식으로 사는 방법은 매우 단순하지만, 실제로 해보면 그리 쉽지 않습니다. 항상 무엇인가를 얻기 위해 끊임없이 행동하도록 훈련된 사람들에게 아무것도 안 하고 가만히 있는 것은 그 자체로 매우 어려운 일입니다.

존재양식으로 사는 가장 쉽고 효과적인 방법은 지금 이 순간 몸의 한곳에 주의를 모아 집중하거나 아니면 몸이 하는 일과 몸의 느낌에 주의를 꾸준히 기울이는 것입니다. 하지만 잡생각이나 기타 다른 외부의 자극 때문에 주의가 이탈하거나 하면 금방 짜증이나 좌절감, 자기비난 같은 느낌이나 생각이 나타납니다. 이런 현상은 특히 명상수련을 하면서 어떤 목표나 기대를 가졌을 때 더 뚜렷하게 나타납니다. 예를 들어, 5분 동안 움직이지 않겠다거나, 깊은 이완 상태에 들어가겠다거나, 신체적인 불편감이나 심리적인 불편감이 줄어들 것이라고 기대하거나 하면 이런 목표를 방해하는 것들에 대해 나쁘다거나 잘못되었다거나 하는 평가를 하게 되기 때문이지요. 이런 경우는 명상수련이 존재양식의 삶이 아니라 행위양식의 삶이 된 셈입니다. 그래서 역설적이게도 매번 명상을 할 때마다 어떤 목표나 기대를 갖는 것은 좋지 않습니다. 그래도 목적이 있어야 한다면 명상을 '하는 것' 그 자체, 즉 행위 자체를 목적으로 삼는 것이 바람직합니다.

그렇다면 우리는 존재양식의 삶만을 살 수 있을까요? 과거나 미래에 대한 생각을 전혀 하지 말아야 하는 것일까요? 우리는 과거를 돌아보면서 교훈을 얻고 미래를 예상하면서 계획도 해야 합니다. 하지만 사람들은 과거에서 교훈을 얻기보다는 후회와 번민을 지금-여기로 가져와 괴로워하고, 미래를 위한 준비를 하기보다는 닥치지 않은 사건에 대한 걱정과 불안을 미리 지금-여기로 가져와 괴로워하는 경우가 많습니다. 그리고 이런 일들은 우리의 의도와 관계없이 무의식적으로 이루어집니다. 그 결과, 우리는 현재의 삶을 살지 못하고 각종 괴로움에 시달리게 되는 것입니다. 이렇듯 우리는 대부분의 시간을 지금-여기에 대한 자각 없이 행위양식으로 살고 있기 때문에 의도적으로 지금-여기를 사는 시간, 즉 존재의 순간을 마련하는 것이 매우 중요한 일입니다.

존재양식의 삶으로서 명상을 수련하는 이유는 건강한 삶에 꼭 필요한 온전한 휴식과 현재의 삶의 다채로움 및 생생함의 경험, 자동적인 판단이나 선택에 대한 자각과 조절력 배양 등을 통해 자동적인 행위중심의 삶에 과도하게 치우쳐서 겪지 않아도 될 근거 없는 괴로움과 긴장 속에 살고 있는 우리 삶의 균형을 회복하기 위함입니다.

스승과 제자가

나무 그늘에 앉아 있습니다.

"스승님은 어떻게 그렇게 늘 기쁘게 살 수 있습니까?

그것을 가르쳐 주실 수 있겠습니까?"

"그래, 나는 밥 먹을 때 밥만 먹고, 일할 때 일만 하고, 잠잘 때 잠만 잔다."

"저희도 그러는데요."

"너희는 아니다. 너희는 밥 먹을 때 일을 생각하고,

일할 때 쉴 생각을 하고, 잠잘 때 꿈을 꾸지 않느냐?"

"……!!!!"

5회기 수련

정좌명상: 감정과 생각 마음챙김

이 명상은 가만히 앉아서 나의 의식에 떠오르는 느낌이나 생각을 있는 그대로 알아차리는 수련입니다. 이 명상의 핵심은 끊임없이 떠오르고 변하고 사라지는 느낌이나 생각이 모두 어떤 고정된 실체가 아니라 계속 변화해 가는 일시적인 현상이라는 것을 직접 체험하는 것입니다. 이 명상은 비교적 수준이 높은 명상입니다. 먼저 앞서 했던 명상들을 충분히 수련한 후에 하는 것이 좋습니다.

■ 요약: 시시각각 의식에 나타나는 경험 중에서 특히 감정과 생각에 주의를 기울여 알아차립니다. 자연스레 떠오르는 생각이나 이미지, 감정에 사로잡히지 않고 있는 그대로 관찰하여 알아차립니다.

1단계[준비]
① 허리를 폅니다.
② 심호흡을 합니다.

2단계[본명상]
① 먼저 주변에서 들려오는 소리를 마음챙김해 봅니다. 구체적인 소리를 일부러 찾지 않습니다.
② 들려오는 소리의 의미를 따지지 말고 소리의 크기와 강약, 높낮이, 소리의 변화를 알아차립니다.

③ 의식의 장에 무엇이 나타나든 내버려 두겠다고 다짐하면서 의식의 초점을 안으로 돌립니다.

④ 생각이나 느낌이 떠오르면 그런 생각과 느낌이 떠올랐음을 알아차립니다. 생각이나 느낌이 왜 일어나는지, 무슨 의미인지 등을 분석하지 않습니다. 그보다는 "생각이 나타났군~." "느낌이 느껴지는군~." 하고 속으로 말하거나 아니면 그 생각이나 감정이 과거나 미래에 관한 것인지, 무엇에 대한 것인지, 계획인지 또는 추측인지 등 생각의 특징에 주의를 기울입니다.

⑤ 그 생각이나 느낌이 매우 불편하여 견디기 어려우면, 잠시 아랫배의 호흡감각으로 돌아가 마음을 안정시킨 후 돌아옵니다.

■ 3단계[마무리]

① 그만하고 싶으면 주의를 몸으로 돌려서 잠시 지금의 느낌을 충분히 음미해 봅니다.

② 한두 번 심호흡을 하고 마무리합니다.

Tip

• 이 명상을 할 때는 마음이 방황하기 쉽습니다. 그러나 이는 흔한 현상이므로 자신을 자책할 필요가 없습니다. 마음이 방황할 때 알아차림하고 부드럽게 호흡으로 주의를 돌리기만 하십시오.

• 일상에서 자꾸만 나를 힘들게 하는 생각이나 감정들이 올라올 때 이 명상을 해 보세요. 그런 경험들이 그저 변해 가는 생각이나 감정이라는 것을 경험해 볼 수 있습니다.

• 호흡에 의지하여 10분에서 15분 정도 연습해 봅니다. 나쁜 생각이 올라올 때마다 잠시 해 보는 것도 좋습니다.

산명상

산명상은 계절의 변화와 관계없이 대지에 든든히 뿌리를 내리고 있는 산을 심상화하여 자신과 일치시키는 명상입니다. 우리 자신의 뿌리인 흔들리지 않는 평정심과 함께 자연과 나라는 존재의 연결성을 강하게 경험할 수 있는 명상입니다.

■ 요약: 자신이 좋아하는 산의 이미지를 구체적으로 상상한 후, 산의 이미지를 자신의 이미지와 일치시키고, 산에 관한 다양한 은유적 사유를 통해 대지에 뿌리 내린 산 자체의 견고함과 안정성의 느낌을 자신의 느낌으로 동화시킵니다.

1단계[준비]
① 특정한 자세를 취하려 고집하지 말고 허리를 곧게 펴면서 의젓하고 편안한 느낌이 드는 자세를 취합니다.
② 서너 차례 심호흡하여 마음을 안정시킵니다.

2단계[본명상]
① 호흡관찰: 눈을 부드럽게 감고 호흡을 관찰합니다.
② 마음의 눈으로 자신이 가 본 적이 있거나, 알고 있거나, 가고 싶은 산 등 가능하면 가장 아름다운 산을 생생하게 떠올립니다.
③ 그 산의 이미지에 주의를 집중합니다. 산의 전체적인 형상(산봉우리, 지면에 닿은 바닥, 산의 경사면 등)을 구체적으로 떠올리고, 가까이 혹은 멀리서 그 산의 거대함, 굳건함, 견고함, 아름다움을 느껴 봅니다.
④ 그 산이 점차 다가와서 나와 하나가 되는 장면을 상상합니다. 그리고 산이 외부 환경의 변화(낮과 밤, 날씨, 계절, 산의 생명체, 방

문객 등)와 무관하게 그 자리에서 모든 변화를 받아들이며 당당하고 굳건하게 존재함을 숙고합니다.

⑤ 자신을 끊임없는 생활사건과 주변의 변화에도 불구하고 언제나 그 자리에서 대지에 굳건히 뿌리내린 산과 동일한 것으로 느껴 봅니다. 자신의 본성인 마음챙김은 온갖 생각과 욕구, 감각, 감정 그리고 환경의 변화와 관계없이 항상 깨어서 관찰하고 있음을 느껴 봅니다.

3단계[마무리]

① 그만하고 싶으면 산명상 후에 남아 있는 느낌을 충분히 음미해 봅니다.

② 한두 번 심호흡을 하고 부드럽게 눈을 뜨고 돌아옵니다.

인연설

함께 영원히 있을 수 없음을

슬퍼 말고

잠시라도 같이 있을 수 없음을

노여워 말고

이만큼 좋아해 주는 것에 만족하고

나만 애태운다고 원망 말고

애처롭기까지 한

사랑할 수 없음을 감사하고

주기만 하는 사랑이라 지치지 말고

더 많이 줄 수 없음을 아파하고

남과 함께 즐거워한다고 질투하지 말고

이룰 수 없는 사랑이라

일찍 포기하지 말고

깨끗한 사랑으로 오래 간직할 수 있는

나는 당신을 그렇게 사랑하렵니다.

– 한용운(1879~1944), 시인, 승려, 독립운동가 –

06

생각과 마음챙김

06
생각과 마음챙김

　생각은 실재(reality)가 아니라 어떤 대상이나 사건, 현상의 표상입니다. 즉, 생각이란 마치 스크린에 비추어지는 영화나 글로 쓰인 소설 같은 것입니다. 영화나 소설은 실제 사건을 표현한 것일 수도 있고(논픽션), 완전히 허구적인 이야기를 표현한 것일 수도 있습니다(픽션). 하지만 논픽션이라 해도 영화나 소설이 실제 이야기를 완벽하게 재현하는 것도 아니며, 완벽한 논픽션이라 해도 영화나 소설 자체가 실재는 아닙니다. 마찬가지로 생각은 사실과 달리 왜곡된 것일 수도 있고, 왜곡되지 않은 생각이라 해도 그 자체가 실재는 아니지요. 찌그러진 거울은 나의 모습을 왜곡하며, 제대로 된 거울이라 해도 거울에 나타난 이미지가 바로 실제로 구체적인 대상인 내 몸이 아닌 것과 마찬가지입니다.

🍃 인지적 융합

'생각을 그 생각이 표상하는 실재와 동일한 것으로 간주하는 경향'을 인지적 융합(cognitive fusion)이라 하는데(Hayes et al., 2011), 이것은 인간에게 너무나 흔한 현상입니다. 이런 인지적 융합은 그 생각이 실재를 정확하게 반영하는 것일 때는 인간의 뛰어난 사고능력과 결합되어 매우 강력한 기능을 발휘합니다. 인간은 언어와 수라는 상징을 조작함으로써 실제 현상을 조작하지 않고도 엄청난 문제해결능력을 발휘합니다. 예를 들어, 우리가 지금 있는 곳에서 다른 곳으로 빨리 이동해야 하는 상황을 가정해 봅시다. 자신이 알고 있는 지역이라면 기억을 더듬어 머릿속으로 여러 경로를 생각해 볼 수 있을 것입니다. 아니면 잘 모르는 곳이어서 지도를 보면서 가장 빠른 경로를 찾아냈다고 합시다. 이런 해결과정은 실제로 각 경로를 가 본 것이 아니라 생각해 본 것입니다. 다시 말하면, 각 경로에 대한 생각을 그 생각이 가리키는 실제 경로와 같은 것으로 간주한 셈이지요. 이때 기억이나 지도가 정확하다면, 각 경로에 대한 생각 자체를 그 생각이 가리키는 실제 경로와 같은 것으로 간주하는 것은 여러 가지 문제해결에 도움이 됩니다.

하지만 생각이 실재를 정확하게 표상하지 않고 왜곡하는 경우라면, 인지적 융합은 매우 해로울 수 있습니다. 특히 인간의 괴로움과 관련된 생각들은 실제 사건을 왜곡하는 경우가 많아서 역기능적이기 쉽습니다. 말하자면, 자신의 괴로움이나 불편감과 관련된 생각들은 실재를 잘 반영하지 못하는 경우가 대부분이며, 결과적으로 괴로움을 야기하는 실제 사건 때문이 아니라 괴로움에 관한 생각 때문에 괴로움을 겪는 것은 어처구니없지만 너무나 흔한 현상입니다.

'나는 강아지를 좋아한다.'는 생각은 실재인가

생각은 실재(reality)가 아니라는 것을 이해하기 위해 '나는 강아지를 좋아한다.'는 생각이 왜 실재와 다른지를 분석해 봅시다.

- 생각은 언어로 이루어지는데, 언어는 개념과 개념 간의 관계에 대한 진술입니다. '나' '강아지'는 모두 개념이며, '좋아한다'는 이 두 개념 간의 관계를 나타냅니다.
- 개념은 실재가 아니라 실재를 집합적으로 드러내는 표상(또는 상징)입니다. 그래서 개념은 개별적인 대상이나 사건을 반영하는 것이 아닙니다. 예를 들어, 교실에 있는 많은 '책상'은 비슷하기는 하지만 실제로는 다 다른 것이지요. 그런 점에서 그것들이 동일하게 '책상'이라 불린다 해서 실제로 똑같은 것은 아닙니다.
- '나'나 '강아지'는 시간과 공간을 초월한 추상적 개념입니다. 하지만 구체적인 '나'는 시간과 공간에 따라 달라지는 실체이며 (특정 강아지도 마찬가지입니다), 이 세상에 '강아지'는 너무나 다양하고 많습니다. '좋아한다'는 관계도 고정되어 있지 않아서 같은 대상이라도 맥락에 따라 싫어지기도 하고 좋아하는 정도가 달라지기도 합니다.
- 그러므로 '나는 강아지를 좋아한다.'는 생각은 구체적인 현상 자체가 아니라 시간과 공간을 초월해 상징화한 추상적인 진술에 불과한 것입니다. 이 생각은 지금 여기서 내가 경험하는 사건을 반영할 때에만 실재를 제대로 반영하는 것이 됩니다.

따라서 실재는 '지금 내가 접촉하고 있는 이 강아지에게 좋은 느낌과 생각을 경험하고 있다.'는 것 또는 '지금 나는 강아지를 좋아한다는 생각을 하고 있다.'입니다.

그런 예로 과거의 불편하고 괴로웠던 사건에 대해 강박적으로 생각하는 반추(후회, 자책, 억울함, 불편감 등을 낳습니다)나 미래의 사건에 대한 부정적 생각(긴장, 두려움, 불안, 불편감 등을 낳습니다)을 들 수 있습니다. 이런 과거나 미래의 일에 대한 생각들은 모두 현재 발생하는 실제 사건에 관한 것이 아니라는 점에서 그 생각에 해당하는 실체가 없는 허구적인 것이라 할 수 있지요. 즉, 이미 지나가 버린 사건이나 아직 발생하지 않은 사건이어서 지금 당장은 실제로 벌어진 사건이나 현상이 아님에도, 마치 그것이 지금 발생한 사건인 것처럼 오인하고 사건과 관련된 부정적 경험을 현재화하는 것입니다.

또한 생각이 실재를 잘 반영하는 것이라 해도, 생각을 실제 사건이나 대상과 동일시하는 것은 매우 해로울 수 있습니다. 이는 생각은 개념들의 조작이며, 개념들은 시공간을 초월하는 추상적인 상징인 반면, 실제 우리의 삶과 사건들은 구체적인 것이며, 시공간에 따라 끊임없이 달라지는 것이기 때문입니다. 예를 들어, '나는 우울한 사람이다.' '나는 이성에게 인기가 없다.' '나는 쓸모없는 존재다.'와 같은 우리를 불편하게 만드는 생각을 따져 봅시다. 이런 생각에 포함된 '나' '우울감' '인기 없음' '쓸모없음'이라는 개념들은 실제로는 모두 상황과 맥락에 따라 끊임없이 변화하는 일시적인 상태를 시간과 공간을 초월한 개념적 존재로 규정한 것입니다. 물리적 실체로서 '나'는 끊임없이 변화하는 존재입니다. 구체적 경험으로서 '우울감'이나 '인기' '쓸모' 역시 상황과 맥락, 시간에 따라 끊임없이 변화하는 것입니다. 따라서 '나는 우울한 사람'이라는 생각은 '나'라는 실재를 '우울한 사람'이라는 생각과 동일시하는 것이며, 또한 '나'와 '우울감'의 관계를 고정된 것으로 간주하는 것으로서 어떤 현상도 제대로 반영하지 못하는 왜곡된 생각입니다. 오히려 '나는 쓸모없는 존재다.' '나는 우울하다.'가 아니라 '나는 지금 내가 쓸모없는 존재라는 생각을 하고 있다.' '나는 지금 우울한 기분을 경험하고 있다.'는 생각이 실제 현상을 제대로 반영한 바른 생각인 것입니다.

🍃 고정관념과 관점

하나의 덩어리로 구성된 서로 관련된 지식이나 신념들의 체계를 스키마(schema), 스크립트(scripts), 고정관념(stereotype), 관점(perspective), 마인드셋(mindset) 등 다양한 용어로 설명하는데, 모두 과거의 직접적 또는 간접적 경험을 통해 대체로 비의식적으로(자기도 모르게) 형성된 덩어리 지식입니다(이 말들은 그 뜻이 서로 조금씩 다르지만, 거의 유사하며 여기서는 고정관념과 관점이란 용어를 주로 사용합니다).

일반적으로 가장 널리 쓰이는 '고정관념'이란 사람이나 사물, 사건, 현상들에 대해 좋다거나 나쁘다거나 하는 평가적 신념들의 집합을 말합니다. 예를 들어, '한국인/일본인에 대한 고정관념' '미국에 대한 고정관념' '정치인에 대한 고정관념' '여자/남자, 동성애자/이성애자에 대한 고정관념' 등이 있을 수 있습니다.

이에 반해 '관점'이나 '마인드셋'은 평가적이라기보다는 방향성의 차이가 있는 신념들을 가리키는 말이라 할 수 있습니다. 예를 들어, '사람의 근본적 특성은 잘 변하지 않는다.'는 신념과 '근본적인 것 같은 특성들도 변할 수 있다.'는 신념은 서로 다른 관점이라 할 수 있습니다.

고정관념이나 관점은 우리가 새로 경험하는 사건이나 자극을 선별하는 것은 물론이고, 그 의미를 평가하고 판단하며 추론하는 등의 인지과정과 행동에 '자동적으로' 영향을 미칩니다. 예를 들어, 흑인에 대한 부정적인 고정관념은 처음 보는 흑인에 대해서도 좋지 않게 평가하고 피하게 만듭니다. 소위 말하는 상품들의 브랜드 이미지도 일종의 고정관념으로서, 내용상으로 같은 상품에 서로 다른 상표를 붙여 놓으면 해당 상표에 따라 상품에 대한 평가나 선호, 판단이 달라집니다. 실패에 대해 '실패는 앞으로의 성공에 해롭게 작용할 것'이라는 관점을 가진 사람은 자책과 두려움에 떨겠지만, 반대로 '실패 없는 성공은 없다.'는 관점을 가진 사람은 크게 실망하거나 두려워하지 않고 또다시 시도할 것입니다.

🍃 자기개념: 자신에 대한 고정관념

나는 나를 어떤 존재로 생각하는가? 나는 나를 어떤 사람으로 알고, 믿고 있는가? 이런 질문에 대한 답을 자기개념이라 합니다. 즉, 자기개념이란 '나'를 구성하는 모든 측면, 즉 신체적인 외모와 신체기능, 심리적인 능력과 성격, 행동 특성에 관한 것뿐 아니라 가족과 친구, 인종과 국적 같은 내가 처한 환경 특성 등에 대한 지식과 신념의 총합을 말합니다. 이런 자기개념도 일종의 고정관념이라 할 수 있습니다.

우리는 다른 사람에게 '불안정한 사람' '진짜 남자' '노인' '배신자' 등의 꼬리표를 달듯이 자신에 대해서도 같은 방식으로 꼬리표를 답니다. 이런 꼬리표는 일종의 신념인데, 우리는 이런 신념과 일치하도록 행동하고 경험하는 경향이 있습니다. 그래서 스스로를 '무기력한 사람'이라고 믿으면 무기력한 사람처럼 생각하고 느끼고 행동하게 됩니다(이를 심리학에서는 자기충족적 예언이라고 합니다).

하버드 대학교의 심리학자 엘렌 랭어(Langer, 1989)는 자신을 편협하게 규정하는 것(즉, 한 가지 꼬리표를 고집하는 것)은 많은 대가를 치르게 된다고 말합니다. 예를 들어, 자신을 '주부'일 뿐이라고 정의하는 사람은 남편이 없어져 버린 상황에 처할 때 많은 어려움을 겪을 수 있습니다. 모든 결혼한 여성은 실제로는 '엄마' '딸' '언니' '친구'일 뿐 아니라 '아마추어 예술가'나 '노동자' 등 여러 가지 역할을 하는데, 이런 다양한 역할로 자신을 규정하면 훨씬 더 나은 삶을 살아갈 수 있을 것입니다. 비슷하게, 랭어는 비교적 독립적이고 자신감이 있는 사람들조차 자신에게 주어진 '책임자'나 '감독자' 또는 '조수'나 '하수인'이라는 꼬리표를 마음속으로 받아들이는 순간, 전에 했던 것과 비슷한 과제에 대한 성과가 달라진다는 것을 보여 주었습니다. 특히 '조수'라는 꼬리표를 받고 이를 받아들인 사람들은 전에 비해 성과가 훨씬 낮아졌는데, 꼬리표에 맞추어 자신의 능력에 대한 믿음이 줄었기 때문이라 할 수 있습니다. 흥미로운 것은 자신과 세상을 세밀하게 알아차리고 주도적인 선택을 추구하는 마음챙김 수준이 높은 사람들에게는 이런 꼬리표 달기나 자기충족적 예언이 덜 발생한다는 것입니다.

마음챙김수련은 건강과 행복을 저해하는 역기능적인 고정관념을 알아차리고 그에 이끌리지 않는 능력을 키워 줍니다. 또한 마음챙김은 시시각각 발생하는 생각과 판단, 감정을 있는 그대로 알아차림으로써 자동적으로 작동하는 기존의 신념체계의 부정적 영향을 줄이려는 훈련인데, 이 과정에서 고정관념의 영향을 벗어나 실제에 기반을 둔 신념체계를 새롭게 바로잡을 수 있는 중요한 통찰의 기회를 제공합니다.

메타인지란

메타인지란 '자신의 인지에 대한 분석과 평가 및 감시와 통제를 포함하는 모든 지식 또는 과정'을 말합니다. 예를 들어, '내가 가지고 있는 생각이 타당한지 아닌지를 분석하는 것(인지에 대한 분석과 평가)'이나 '내가 지금 어떤 생각을 하고 있는지 관찰하고, 그런 생각을 그만두거나 더 하게 하는 것(감시와 통제)'은 메타인지의 기능입니다. 메타인지에는 메타인지적 지식과 메타인지적 조절이 모두 포함됩니다.

메타인지적 지식은 과거의 직접적인 또는 간접적인 경험의 결과로 형성된 다양한 생각과 믿음, 관점, 지식을 망라하며, 서로 관련성이 높은 지식들로 구성된 메타인지적 지식체계는 스키마, 스크립트, 고정관념, 신념체계, 관점 등으로 불립니다. 메타인지적 지식체계는 새롭게 경험하는 사건의 의미를 분석하고 평가하는 기준이 되며, 거의 '자동적으로' 인지과정에 영향을 미칩니다. 예를 들어, '스트레스는 해롭다.'는 신념을 가진 사람은 자신이 스트레스를 받았다고 느끼는 순간 금방 위험에 처해 있다고 지각하게 되며, 이를 피하거나 줄이려는 활동계획을 세우고 실행 가능성을 탐색할 것입니다. 하지만 '스트레스는 해롭지 않다.'고 믿는 사람은 스트레스를 야기하는 상황을 피하지 않을 것이며, 긴장이나 불편감 같은 스트레스 반응을 부정적인 것으로 지각하지 않을 것입니다. 그래서 스트레스를 피하거나 줄이려 하기보다는 받아들이거나 오히려 그것을 잘 이용하려는 후속과정을 선택할 것입니다.

메타인지적 조절이란 주의할당과 모니터링, 계획수립, 목표에 비춘 격차 점검과 같은 내적 작업으로서, 우리의 생각과 판단, 평가과정을 살펴보면서 목표에 비추어 평가하고 전환하는 등 인지체계의 내용과 활동을 조절하는 반응이나 전략을 말합니다. 불편한 경험을 야기하는 대상에서 주의를 회피하거나 불편한 생각을 억제하거나 회피하는 것은 많은 사람에게서 전형적으로 나타나는 메타인지적 조절의 사례입니다.

메타인지적 신념인 스키마나 고정관념이 인지과정에 미치는 영향이나 메타인지적 조절은 평소에 거의 '자동적'으로 이루어집니다. 여기서 '자동적'이라는 것은 우리가 평소 자신의 메타인지적 신념을 거의 의식하지 않을 뿐 아니라 그것이 인지과정에 미치는 영향에 대해서도 거의 자각하지 못한다는 것을 말합니다. 우리는 우리의 메타인지적 신념을 당연히 옳은 것으로 여길 뿐, 그 타당성에 대해서는 거의 의심을 하지 않습니다. 또한 메타인지적 조절과정도 특별한 경우가 아니라면 거의 의식적 개입 없이 자동적으로 이루어지며, 이 과정에 대해서도 자각하지 않습니다.

명상은 메타인지적 신념에 대한 통찰력을 높이고, 메타인지적 조절력을 향상시키기 위한 훈련이라고 할 수 있습니다. 마음챙김은 지금 자신이 경험하는 생각과 느낌, 감각을 알아차리는 것뿐 아니라, 이런 경험들이 고정관념이나 스키마에 의해 자동적으로 일어나고 또 변화하는 자동적인 메타인지적 조절과정을 알아차릴 수 있게 합니다. 이런 알아차림을 통해 내적 경험에 대한 자동적인 평가나 판단, 회피나 접근을 중지할 수 있게 되는 것이며, 이것이 마음챙김이 자기조절력을 높이는 효과의 가장 기본적인 토대가 됩니다.

🍃 관점의 중요성: 세상을 보는 틀

의사가 불면증을 가진 사람에게 "이 약은 잠을 잘 오게 하는 약입니다. 자기 전에 드시면 쉽게 주무실 수 있을 겁니다." 하면서 실제로는 밀가루로 된 약을 주어도 마치 진짜 수면을 돕는 약인 것처럼 잠을 잘 자게 하는 효과가 있을 수 있습니다. 이런 현상을 의학에서는 위약효과 또는 플라시보(placebo)효과라 합니다. 그 이름에서 알 수 있듯이, 전통적인 의학계에서는 이 현상을 진짜 효과가 아닌 '가짜' 효과로 보았고, 치료법의 개발을 어렵게 하는 골치 아픈 현상으로 간주했습니다.

하지만 심신의학의 선구자 허버트 벤슨(Benson, 2011)은 이 효과가 가짜 효과가 아니라 믿음의 효과로 나타나는 진짜 효과이며, 심신의학적 접근의 타당성을 보여 주는 증거라고 간주했습니다. 플라시보효과의 핵심 요소는 결국 의사와 치료 결과에 대한 환자의 믿음이기 때문이지요. 이렇게 치료 결과에 대한 긍정적 신념의 효과를 활용하는 것은 그가 만성질환의 치료를 위해 개발한 심신의학적 치료법인 이완반응(Relaxation Response) 프로그램의 핵심 요소 중 하나로 포함되어 있습니다.

이런 신념은 앞서 설명한 메타인지로서, 관점이라고 하기도 합니다. 관점이란 사물이나 현상을 보는 태도나 방향을 뜻합니다. 앞의 예는 플라시보효과를 어떤 관점에서 보느냐(또는 플라시보효과에 대해 어떤 신념을 가지고 있느냐)에 따라 동일한 사물이나 현상의 의미가 달라진다는 것을 보여 줍니다. 그뿐만 아니라 우리의 신체반응이 이런 관점에 따라 달라진다는 것도 보여 줍니다. 우리는 자신과 세상,

우리가 경험하는 사물이나 현상 등 다양한 대상에 대해 각자의 관점을 가지고 있는데, 이런 관점이 달라지면 우리의 모든 경험의 의미가 달라질 수 있고, 따라서 그런 경험을 다루는 방식도 달라지며 행동선택도 달라집니다.

고정관념이든 관점이든 기존의 모든 신념체계가 거의 자동적으로 작동한다는 것을 고려하면, 자신의 기존의 신념체계를 이해하고 더 기능적일 수 있는 신념체계를 의도적으로 가지려고 노력하는 것도 큰 도움이 될 것입니다.

원효대사의 깨달음

당나라로 유학을 떠난 원효대사가 가던 길에 캄캄한 동굴 속에서 잠을 자던 중 목이 말라 물을 찾으려고 주변을 더듬다가 바가지의 물을 발견하고 시원하게 물을 마셨는데, 아침에 깨어 보니 그 바가지가 해골임을 알고는 역겨움에 먹은 물을 다 토하면서 '일체 유심조(모든 것은 마음이 만들어 낸 것)'라는 깨달음을 얻고 당나라 유학을 포기했다는 이야기는 생각의 중요성을 잘 보여 줍니다. 같은 물이지만 그것을 바가지의 물이라고 생각했을 때와 해골에 고인 물이라고 생각했을 때 전혀 다른 심리적·신체적 반응이 일어났던 것입니다.

비슷한 예는 얼마든지 생각해 볼 수 있습니다. 입안의 침은 전혀 더럽게 느껴지지 않고 수시로 잘 삼킵니다. 하지만 침을 손바닥에 뱉어 모은 다음 다시 먹어 보세요. 손바닥이 지저분하다면 깨끗한 유리잔에 뱉어 모은 다음 다시 마셔 보세요. 마찬가지로 엄청나게 역겹게 느껴지고 삼키기 어려워집니다.

🍃 스트레스에 대한 관점

스트레스에 대한 우리의 관점을 점검해 보기로 하지요. 당신은 스트레스에 대한 다음의 두 가지 관점 중 어떤 관점을 가지고 있을까요?

- 관점 1: 스트레스는 해롭고 나쁜 것이다. 건강에 나쁘고, 일을 잘하는 데에 방해가 된다. 학습과 성장을 저해하는 것이므로 피하는 게 상책이다.
- 관점 2: 스트레스는 이롭고 좋은 것이다. 건강에 도움이 되며, 일을 잘하는 데에도 도움이 된다. 학습과 성장의 동력을 제공하는 것이니 피할 필요가 없다.

시험이나 발표, 면접 같은 중요한 일을 앞두면 몸이 긴장되고 심장이 쿵쿵 뛰고 입이 마르고 손에 땀이 나거나 얼굴이 달아오르는 등의 신체반응이 나타납니다. 이런 신체반응을 겪으면 어떤 생각을 할까요? '이러면 안 되는데…….' '이런 반응이 계속되면 일을 망칠 텐데…….' 하면서 당황스럽고 불안하고 초조해지지 않습니까? 그렇다면 당신은 스트레스를 해로운 것으로 보는 관점 1을 가지고 있는 셈입니다. 사실 대부분의 사람이 스트레스에 대해 이런 관점을 가지고 있습니다. 그래서 흔히들 '스트레스를 받았다.'는 것은 부정적인 상태이고, 그래서 '스트레스를 풀어야 한다.'고 생각하는 것이 일반적입니다.

하지만 스트레스가 오히려 이롭다는 새로운 관점을 가지면 어떻게 될까요? 아니면 최소한 스트레스가 이로울 수도 있다고 보면 어떨까요? 오히려 스트레스를 피하지 않고 잘 활용할 수 있지 않을까요? 마치 불안감이라는 부정적 정서가 향후 그런 경험을 피하도록 대비하는 행동의 힘이 되는 것처럼 말입니다. 스트레스를 받았을 때 얼굴이 붉어지거나 심장이 뛰거나 손에 땀이 나거나 하는 생리반응 또는 두렵고 떨리고 긴장되는 심리적 반응은 모두 스트레스 상황에 잘 대처할 수 있도록 신체를 준비시키는 긍정적인 반응입니다.

실제로 최근의 연구 결과들은 스트레스를 부정적 관점으로 보는 사람들은 스트레스에 취약하며, 긍정적 관점으로 보는 사람들은 스트레스를 잘 다루고 성취도도 높다는 것을 밝히고 있습니다(McGonigal, 2015). 스트레스가 이로운 것일 수 있다는 신념은 스트레스는 해롭다는 신념에 비해 스트레스를 더 효과적으로 활용할 수 있는 가능성을 열어 줍니다.

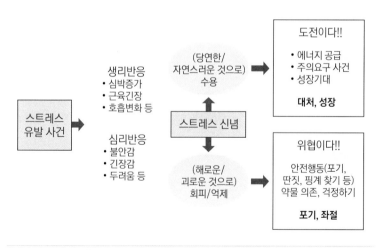

[그림 5] 스트레스에 대한 관점과 그 결과

내적 경험에 대한 관점

우리는 자신의 내적 경험에 대해 어떤 고정관념을 가지고 있을까요? 우리는 감각과 감정, 생각이라는 내적 경험에 대해 어떤 평가적 신념을 가지고 있을까요? '생각은 일관성이 있어야 한다.' '불쾌한 감정은 해롭다.' '통증은 없는 게 좋다.' 등이 있을 것입니다. 이런 신념들은 우리가 내적 경험의 의미를 다루고 그런 경험에 반응하는(또는 그런 경험을 다루는) 방식에 영향을 미칩니다. 예를 들어, '생각은 일관성이 있어야 한다.'고 믿는 사람은 자신의 어떤 생각이 기존의 생각과 일관성이 없으면 뭔가 문제가 있다고 느껴서 그런 생각을 버리거나 바꾸려 할 것입니다. 또는 '불편한 감정은 해롭다.'고 믿는 사람은 불편감과 괴로운 느낌이 들면 그런 느낌을 그냥 받아들이기보다는 해롭다고 판단해서 피하려 할 것이며, '통증은 없는 게 좋다.'고 믿는 사람은 통증이 느껴지면 불안하고 불편해서 이를 없애고 싶어 할 것입니다.

앞에서 설명한 인지적 융합은 '실체와 실체를 표상하는 생각을 동일한 것으로 간주하는' 것으로서, 생각에 대한 하나의 관점이라 할 수 있습니다. 이와 반대로 '생각은 생각일 뿐, 그것이 실체는 아니다.'라는 대안적인 관점이 있을 수 있습니다. 이런 관점을 갖게 되는 것을 탈융합이라고 합니다. 마찬가지로 불편한 감정이나 통증에 대해서도 그것이 비록 불편한 경험이기는 하지만 당연한 것이거나 이로운 것일 수 있다는 관점을 가질 수도 있습니다(이에 관해서는 제7장의 감정의 기능성 참조). 이런 관점을 가진 사람의 경우에는 불편한 감정이나 통증을 무조건 피하거나 없애려는 자동적인 회피행동을 하지 않을 수 있습니다.

또 다른 예로, 인간 특성의 변화 가능성에 대한 관점을 들 수 있습니다. 스탠퍼드 대학교의 심리학자 캐롤 드웩(Dweck, 2012)은 인간의 변화 가능성에 대한 믿음이나 관점을 '사람은 잘 변하지 않으며, 기본적인 특성은 변화시킬 수 없다.'고 믿는 고정형 마인드셋과 이와 반대로 '사람은 변할 수 있으며 기본적인 특성조차도 변화시킬 수 있다.'고 믿는 성장형 마인드셋으로 구분했습니다. 이런 믿음은 어떤 것이 객관적으로 옳고 그르다고 평가하기 어려운 것이며, 다만 각자가 어떤 쪽이 더 그렇다고 느끼는 주관적인 믿음입니다. 하지만 개인이 어떤 관점을 가지고 있는가에 따라 그의 생각과 행동에 상당한 차이가 있다는 것이 밝혀졌습니다. 무조건 어떤 관점을 더 좋다고 단정하기는 어렵지만, 최소한 인간의 특성은 변할 수 있다고 믿는 성장형 관점은 고정적이라고 믿는 고정형 관점에 비해 스스로 성장하고 약점을 개선하며 강점을 강화하려는 자발적인 노력을 하도록 동기화하는 것은 확실합니다. 마찬가지로 다른 사람에 대해서도 그의 가능성을 믿고 성장하도록 도와주려는 동기를 보일 것입니다. 이에 반해 고정형 마인드셋은 새로운 학습의 기회를 포기하게 만들고, 개인의 주도성과 자율성을 약화시킬 가능성이 큽니다.

고정관념이든 관점이든 아니면 마인드셋이든 간에 모든 신념체계는 그 대상이나 범위에서 상당히 다양할 수 있습니다. 크게는 '삶이란 무엇인가?' '나는 누구인가?' '우주와 자연, 신은 어떤 존재인가?'처럼 매우 광범할 수도 있고, 인종이나 직업, 계층, 성별에 관한 신념처럼 비교적 제한적일 수 있으며, '말을 많이 하는 것' '고기를 먹는 것'처럼 매우 구체적인 대상에 관한 것일 수도 있습니다.

게다가 이런 신념체계는 개인차가 있을 수도 있지만, 주로 학습과정을 통해 확립되기 때문에 비슷한 환경에서 유사한 경험을 한 사람들은 비교적 유사한 신념체계를 가지고 있는 경우가 많습니다. 종교적 신념체계는 대표적인 예입니다. 한편, 앞에서 예로 든 생각의 일관성, 불쾌한 감정과 통증의 혐오성 등은 문화에 관계없이 대부분의 사람이 가지고 있는 공통적인 신념일 것입니다.

또한 자신이 그런 신념을 가지고 있음을 아는 경우도 있지만 평소 자신의 평가적 신념에 대해 자각하지 못하고 있다가 그런 신념과 관련된 어떤 상황을 경험할 때 자신의 반응이나 행동을 통해 비로소 자신의 신념이나 고정관념을 알게 될 수도 있습니다. 예를 들어, 자신은 성차별적 고정관념이 없고 성평등을 옹호한다고 믿는 사람들도 막상 자신의 자녀가 결혼 전에 동거를 하겠다고 할 때 자녀가 아들인 경우와 딸인 경우에 전혀 다르게 반응할 수도 있습니다.

그런 점에서 고정관념이나 관점 같은 신념체계는 평소 우리가 거의 자각하지 못하는 암묵적인 경우가 많습니다. 말하자면, 우리가 그런 관점을 가지고 있다는 것을 거의 의식하지 못한다는 것이지요. 이런 암묵적인 신념들의 특징을 자각하는 것은 그런 신념들이 타당한 것인지 검증하고, 실재와 일치하고 기능적인 새로운 신념체계를 확립하는 데에 필수적입니다.

자신의 생각과 느낌에 휩싸이지 않고 그런 생각과 느낌의 변화를 있는 그대로 살펴보고 알아차리는 마음챙김수련은 자신이 의식하지 못하고 있던 고정관념이나 관점이 무엇인지를 자각할 수 있게 하며, 그런 고정관념이나 관점이 반영하는 실재를 있는 그대로 관찰함으로써 변화의 당위성을 발견할 수 있게 합니다.

6회기 수련

정좌명상: 열린 마음챙김

이 명상은 특별히 주의의 대상을 정하지 않고 그저 열린 마음으로 의식에 떠오르는 모든 것을 그냥 알아차리는 수련입니다. 지금까지 실습했던 명상들은 주의의 대상을 미리 정하고 하는 명상이었습니다. 이와 달리 열린 마음챙김은 특별히 주의의 대상을 정하지 않고, 의식 전체를 살펴보는 명상입니다. 이 명상은 마치 높은 곳에서 텅 빈 운동장을 바라보는 것처럼 우리의 의식 공간에 주의를 기울이면서 매 순간 나타나는 생각이나 느낌, 감각, 기억 중에서 두드러진 것을 알아차리는 것입니다.

특별히 주의의 대상을 정하지 않기 때문에 자칫 마음이 매우 방황하는 것처럼 느낄 수 있습니다. 그럴 때면 아랫배나 가슴의 호흡 감각으로 돌아왔다가 마음이 안정되면 다시 열린 자세로 관찰을 시작하면 됩니다.

■ 요약: 특별히 주의의 대상을 정하지 않고 주의가 자동적으로 움직이면서 만들어 내는 내적 경험 중에서 그 순간 가장 두드러진 경험에 주의를 기울여 알아차립니다.

1단계[준비]
① 바닥에 바르게 앉습니다.
② 주변을 둘러보아 어떤 것들이 있는지 살펴봅니다.
③ 부드럽게 눈을 감고, 몇 차례 심호흡을 하여 심신을 안정시킵니다.

2단계[본명상]

① 호흡을 조절하지 않고 자연스럽게 하면서 외부의 소리에 주의를 기울여 알아차립니다.

② 특별히 어떤 것에 의도적으로 주의를 기울이지 않고 무엇이든 받아들이겠다는 열린 마음을 갖습니다.

③ 몸의 느낌이나 감정, 생각, 소리나 냄새가 무엇이든 간에 지금 순간에 자신의 의식에서 가장 두드러진 것에 주의를 기울여 살펴봅니다.

④ 다시 주의가 다른 경험으로 이동하면, 따라가면서 관찰합니다.

⑤ 호흡-주의이동-마음의 방황-호흡의 과정을 계속해서 반복합니다.

3단계[마무리]

① 그만하고 싶으면 의식의 초점을 몸 전체의 감각으로 돌려서 잠시 지금의 느낌을 충분히 음미해 봅니다.

② 한두 번 심호흡을 하고 마무리합니다.

절 동작 익히기

절하기는 신체적으로는 특정한 신체동작을 반복하고, 심리적으로는 생각을 비우고 고요히 하며, 사회적으로는 자신을 낮추고 남을 존경한다는 의미가 있습니다. 절하기는 여러 가지 명상법과 결합하여 매우 효과적으로 활용할 수 있습니다.

■ 요약: 절을 이용한 명상에 필요한 절하는 방법과 순서를 익힙니다.

준비: 바르게 서기
① 허리를 바로 세우고 서서 두 발을 가지런히 모읍니다.
② 서 있는 느낌이 균형 잡히고 편안하면서 의젓하도록 자세를 조정합니다.
③ 이때 발꿈치는 붙이되 발 앞부분은 조금 벌어져도 됩니다.

1단계: 두 손 모으기
① 양 손바닥을 명치 위쪽 가슴 앞에서 똑바로 맞대고 자연스럽게 섭니다.
② 손끝은 코끝을 향하도록 세우고 두 팔은 겨드랑이에서 약간 떨어뜨려 두는 것이 좋습니다.

2단계: 무릎 꿇고 앉기
① 천천히 무릎을 구부려 바닥에 꿇어앉습니다.
② 허리를 구부리지 않은 채로 무릎과 무릎 사이는 주먹 두 개 정도의 넓이가 되도록 합니다.

3단계: 두 손으로 바닥 짚기

① 손을 어깨너비만큼 벌려 바닥을 짚고, 발을 살짝 들어 왼발을 오른발 위로 포갭니다.

② 손과 손 사이의 간격은 머리가 들어갈 수 있을 만큼 벌리고 손가락은 벌리지 않습니다.

4단계: 바닥에 머리 대기

① 두 손 사이로 이마가 바닥에 닿게 하면서 엉덩이를 두 발 뒤꿈치 사이에 내려놓습니다.

② 손바닥을 위로 하여 귀 높이로 들고, 팔꿈치는 바닥에서 뜨지 않도록 합니다.

③ 엉덩이는 발꿈치에서 떨어지지 않게 하고 배와 가슴은 대퇴부에 닿게 하여 몸을 완전히 낮춥니다.

5단계: 머리 들고 두 손 모아 앉기

① 손바닥을 뒤집어 바닥을 짚으면서 머리를 들고 발끝을 세웁니다.

② 이어 몸을 약간 앞으로 내밀면서 발가락을 나란히 세우고 무릎을 꿇은 상태에서 두 손을 모읍니다.

6단계: 두 손 모으고 일어서기

① 일어서는 동작에서는 무릎을 꿇고 두 손을 모은 자세에서 몸의 탄력을 이용해서 천천히 일어납니다.

② 앉을 때처럼, 상체를 세운 채로 아랫배에 힘을 주고 천천히 일어섭니다.

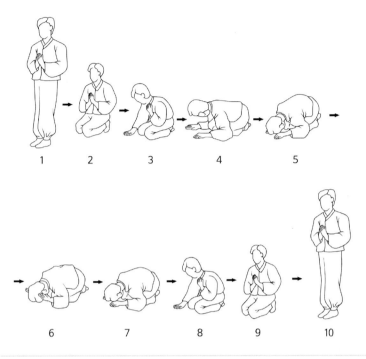

[그림 6] 큰절하는 순서

출처: 청남선생 홈페이지(http://www.andongkwon.pe.kr).

Tip
- 앉고 일어설 때에는 무리하지 않고 천천히 합니다.
- 앉고 일어설 때에는 아랫배에 힘을 모아야 균형감각이 흐트러지지 않습니다.
- 기마자세로 일어서도록 합니다. 손을 바닥에 짚고 엉덩이부터 들면서 일어서지 않습니다.
- 완전히 일어서지 않은 상태에서 다시 절하지 않습니다. 완전히 일어선 상태에서 다시 절하는 자세로 들어갑니다.
- 처음에는 자세를 잡는 것에 치중하고 점차 자기 호흡에 맞춰 자세와 호흡을 일치시키는 것이 좋습니다.

걷기 마음챙김

이 명상은 천천히 걸으면서 느껴지는 모든 감각을 알아차리는 수련입니다. 실내보다는 야외에서 하는 것이 좋습니다. 걷는 동안에 특별히 무엇에 주의를 기울이려는 의도를 갖지 않습니다. 그저 어떤 감각이든 그 순간 가장 두드러지게 느껴지는 것에 주의를 기울여 알아차립니다.

바람이 피부에 닿으면서 느껴지는 얼굴의 감촉, 눈에 보이는 사물, 코에 닿는 많은 향기, 귀에 들려오는 소리를 알아차림하면서 걸어 봅니다. 걸으면서 순간순간 느껴지는 이런 감각들이 의식의 공간에 자연스레 나타났다가 전개되어 사라져 가는 현상들을 살펴봅니다. 걸으면서 눈에 닿는 캠퍼스의 나무에도 주의를 기울여 알아차림해 보고, 풀 향기, 꽃향기, 바람소리에 부딪히는 나뭇잎 소리, 낙엽 밟는 소리들을 알아차리면서 걸어 봅니다. 짬짬이 행하는 걷기 마음챙김명상은 캠퍼스 생활을 더욱 풍요롭게 합니다.

■ 요약: 야외를 걸으면서 시시각각 바뀌는 자연환경이 만들어 내는 다양한 감각을 마음챙겨 알아차립니다.

1단계[준비]
① 시선은 부드럽게 정면을 향하고 서서 잠시 공간의 느낌을 살펴봅니다.

2단계[본명상]
① 천천히 걸으면서 피부에 닿는 바람의 느낌, 눈에 보이는 사물, 색깔, 향기, 소리를 알아차립니다.

② 멈추고자 하는 지점에 도착하면, 갑자기 걸음을 멈추지 말고 알아
차림하면서 섭니다.

① 그만하고 싶으면 잠시 서서 몸 전체의 느낌을 음미한 후 몇 차례
심호흡을 하고 마무리합니다.

Tip
걸을 때 일어나는 잡념 다루기

• 잡념이 생겨서 주의가 다양한 감각경험을 알아차리는 것에서 벗
어나면, 알아차리는 즉시 부드럽고 단호하게 발바닥이 지면에 닿
는 느낌으로 돌아옵니다.

• 또는 잠시 걸음을 멈추고 아랫배의 호흡감각을 관찰하는 쪽으로
돌아왔다가 다시 걷기를 시작해도 됩니다.

07

감정과 행위 마음챙김

07
감정과 행위 마음챙김

🌿 감정과 행동

인간은 감정의 동물이라고 합니다. 흔히 컴퓨터와 인간의 차이를 이야기할 때, 인간은 감정이 있지만 컴퓨터는 감정이 없다고들 합니다. 살아 있는 동안 우리는 끊임없이 감정을 경험합니다. 지금 이 글을 읽고 있는 당신의 감정은 어떻습니까?

좋은 감정이든 싫은 감정이든 매일매일의 삶에서 아무런 감정을 느끼지 못한다면, 우리의 삶은 매우 무미건조하고 생동감이 없어질 것입니다. 긍정적 감정경험은 우리의 행복에 필수적입니다. 만일 끊임없이 부정적 감정을 느낀다면 행복하다고 할 수 없습니다. 이렇듯, 감정경험은 그 자체가 삶의 핵심적인 부분입니다. 또한 감정은 우리가 행동을 선택하고 지속하게 하는 원동력입니다. 우리의 감정은 어떤 것에는 접근하고 싶게 만들며, 또 다른 것은 하기 싫게 만들고 피하고 싶게 합니다. 감정이 가진 이런 특징을 감정의 유인가(valence)라 하는데, 유인가란 당기는 힘이라는 뜻입니다. 정적인(+) 유인가는 당기는 힘을 말하고, 부적인(-) 유인가는 밀어내는 힘을 말합니다.

기쁨, 즐거움, 재미, 안락함, 친근감, 사랑과 같은 감정은 우리가 좋아하는 감정이고, 그래서 그런 감정을 더 자주 더 강하게 느끼고자 합니다. 이런 감정을 긍정감정(positive emotion)이라 합니다. 반대로, 우울, 불안감, 공포, 짜증, 역겨움, 분노, 외로움, 슬픔과 같은 감정은 우리가 경험하기 싫어하는 감정이며, 부정감정(negative emotion)이라 합니다. 또한 인간은 동물과 마찬가지로 학습을 통해 특정 감정과 관련이 있는 모든 대상, 예를 들면 사물, 사람, 동물, 심지어 장소와 시간, 공간에 대해서도 비슷한 감정을 경험하게 됩니다. 만일 우리가 어떤 끔찍한 사건을 겪어서 매우 두렵고 심하게 다치는 경험을 했다면, 그 사건과 관련된 모든 것에 대해서도 그와 비슷한 고통과 두려움을 경험할 것입니다. 반대로, 우리가 놀라울 정도로 기쁘고 설레는 경험을 했다면, 그 사건과 관련된 대부분의 것에 대해서도 비슷한 즐거움과 설렘을 경험할 것입니다.

일반적으로 긍정감정은 접근행동을, 부정감정은 회피행동을 유발합니다. 예를 들어, 긍정감정인 안락함은 유기체로 하여금 안락한 감정을 계속 누리고 싶게 만들 뿐 아니라 안락함과 관련된 것들─예를 들면, 딱딱한 의자보다는 푹신한 소파─에 다가가 누우려는 접근행동을 하도록 끌어당깁니다(+ 유인가). 반대로, 부정감정인 두려움은 유기체로 하여금 두려운 감정에서 빨리 벗어나거나 피하고 싶게 할 뿐 아니라 두려운 대상이나 상황─예를 들면, 무서운 상대나 장소―을 피하거나 그로부터 벗어나도록 밀어내는 회피행동을 야기합니다(- 유인가). 우리는 일상적으로 이런 방식을 통해 감정의 영향을 받아 행동하고 있습니다. 이런 생활방식을 쾌락주의적 삶이라고 이미 설명한 바 있습니다.

감정의 원천

감정은 무엇 때문에 생길까요? 발달적으로 보면, 우리의 감정은 어린 시기에는 몸의 상태, 즉 신체감각에 의해 생겨나고, 나이가 들면서는 생각 때문에 생기는 경우가 많습니다. 몸의 느낌은 원초적인 감정의 원천입니다. 갓난아기의 감정은 대부분 신체상태에 의해 결정됩니다. 따뜻하고 배가 부르고 아픈 곳이 없으면 편안하고 안락하게 느낄 것입니다. 반대로, 배가 고프거나 춥거나 어디가 아프거나 하면 불편하고 괴롭게 느낄 것입니다. 이는 어른의 경우도 마찬가지입니다. 하지만 점차 성장하면서 생각하는 능력, 즉 인지능력이 발달하고 다양한 경험을 통해 학습량과 기억량이 늘어나면서 생각이 감정을 일으키는 주요 원인이 됩니다. 이것은 우리가 어떤 경험을 할 때 그 경험에 관한 지식과 경험 당시에 느꼈던 감정이 연합되기 때문입니다. 예를 들어, 아빠와 즐겁게 노는 경험은 아빠와 언제, 어디서, 어떻게 놀았다는 놀이에 관한 지식과 함께 노는 동안에 경험한 아빠의 다정함, 놀 때의 즐거움, 품에 안긴 느낌 등의 긍정적인 감정이 함께 기억에 저장됩니다. 그래서 아빠와 놀았던 추억을 떠올리는 것만으로도 (심지어 아빠라는 말만 들어도) 마치 그때 느꼈던 것 같은 기분 좋고 따뜻하며 활기찬 감정을 경험할 수 있게 되는 것입니다. 반대로, 두렵고 아프고 힘들었던 사건을 떠올리는 것(즉, 생각하는 것)은 그런 사건을 겪을 때 느꼈던 불편하고 두려운 감정을 일으킵니다. 이처럼 실제 사건을 겪지 않고 생각을 하는 것만으로도 기분이 좋아지거나 나빠지는 것은 쉽게 확인해 볼 수 있습니다.

하지만 생각이 만들어 내는 감정은 그 자체가 실제 사건 때문에 겪는 감정이 아니라 생각이라는 개념에 근거한(그래서 실재가 아닌) 정신활동의 결과에 불과합니다. 이미 설명했듯이 생각 자체는 거울에 비친 상과 같은 일종의 표상일 뿐, 그 자체가 실재는 아니기 때문입니다. 이렇게 생각이 만들어 내는 부정적 감정이 '개념적 스트레스'라고 제2장에서 이미 설명한 바 있습니다.

마음챙김수련은 신체에 대한 관찰과 신체감각의 알아차림을 수련의 첫 단계로 강조합니다. 이는 명백한 실체가 있는 몸의 느낌을 토대로 하는 감정의 알아차림을 촉진하기 때문이며, 그래서 삶과 세상의 실재 또는 진리에 대한 통찰을 가능하게 하기 때문입니다.

감정의 기능성

긍정감정과 부정감정은 우리에게 이롭게 작용하기도 하고 해롭게 작용하기도 하는 순기능과 역기능이 있습니다. 그래서 부정감정도 도움이 되는 기능이 있고, 긍정감정도 해로운 역기능이 있습니다. 부정감정은 위협적인 대상이나 상황을 피하고 부정적 과제를 해결하는 데에 도움이 됩니다. 예를 들어, 두려움은 두려운 결과를 피할 수 있도록 미리 대비하는 행동을 촉진합니다. 하지만 너무 강한 두려움은 아무것도 하지 못하도록 위축시키며, 분노와 같은 강한 감정은 자칫 과도한 공격과 파괴적 행동을 일으킬 수도 있습니다. 긍정감정은 더 나은 상황을 추구하도록 하는 원동력일 뿐 아니라 행복과 웰빙을 증진시킵니다. 하지만 긍정감정은 특히 그것이 쾌락적 감각과 관련된 정서일 경우, 매우 역기능적인 중독행동의 원인이 됩니다. 알코올중독 같은 약물중독이나 게임중독 같은 행동중독 모두 약물 섭취나 행위가 야기하는 감각적인 즐거움을 추구한 결과라고 볼 수 있습니다.

이렇게 우리가 어떤 감정을 즐겁고 유쾌하고 좋은 것으로 느끼는가 아니면, 괴롭고 불쾌하고 싫은 것으로 느끼는가와 관계없이, 그 감정은 나의 삶에 도움이 되기도 하고 해롭기도 합니다. 이러한 감정의 기능성은 유인가와는 관계가 없습니다. 몸을 다쳤을 때, 통증과 그로 인한 고통과 불편감은 견디기 어렵고 불쾌하며 부정적인 감정이지만, 이 경우 통증과 부정감정은 매우 유익한 것이며 또 자연스러운 기능적인 것입니다. 만일 팔이 부러졌는데 통증이나 불쾌감을 전혀 느끼지 못한다면, 그것이 오히려 역기능적인 것이라 할 수 있기 때문입니다. 비슷하게, 갑자기 사랑하는 사람을 잃었을 때 느끼는 허전함과 슬픔, 당혹감 등은 우리가 원하지 않는 부적인(-) 유인가를 가진 감정이지만, 이런 감정을 경험하는 것은 당연할 뿐 아니라 유익한 것입니다. 오히려 이런 상황에서 아무런 슬픔을 느끼지 못하는 것이 더 문제가 있는 것이지요.

제2장에서 우리는 스트레스가 결국 긴장감과 괴로움 및 불편함 같은 감정경험이라고 했습니다. 다시 말하면, 이런 부정감정이 스트레스의 핵심인 것이지요. 그런데 부정감정도 (비록 우리는 그런 감정을 싫어하지만) 긍정적인 기능이 있다는 것은 스트레스도 좋은 기능이 있다는 것과 같습니다. 실제로 스트레스는 좋은 기능이 있습니다 (이에 관해서는 제2장에서 이미 설명한 바 있습니다).

결국 우리가 좋아하는 감정이라고 해서 좋은 감정이고, 싫어하는 감정이라고 해서 나쁜 감정은 아닙니다. 긍정감정이든 부정감정이든 그 감정이 우리의 삶과 성장에 도움이 될지 아니면 해가 될지는 우리가 해당 감정에 어떻게 반응하는가, 그 감정을 어떻게 활용하는가에 달려 있습니다. 긍정감정의 역기능을 줄이는 것도 중요하지만, 특히 부정적 감정을 잘 다루어 그 역기능을 줄이고 기능적이도록 하는 것은 삶에서 매우 중요합니다. 마음챙김은 어떤 감정이든 기능적으로 다룰 수 있게 하는 중요한 능력입니다. 지금 이 순간의 감정을 있는 그대로 알아차리는 것은 그 감정에 대해 자동적인 쾌락주의적 반응을 중지할 수 있게 하며, 상황에 따른 적절한 후속반응을 선택할 수 있게 함으로써 자동반응의 역기능을 줄여주기 때문입니다.

◢ 경험회피

우리는 고통과 괴로움으로 인해 겪게 되는 생각과 감정을 환영하지 않습니다. 환영하지 않는 정도가 아니라 그런 생각과 감정을 싫어하고 미워해서 피하고 쫓아내려 합니다. 즐거움을 주고 쾌락적인 생각이나 감정이라면 어떨까요? 이 경우에는 그런 생각이나 감정에 끌려서 더 강하게, 더 오래 함께 있도록 붙들려 합니다. 이런 방식으로 우리의 내적 경험에 반응하고 다루는 것은 단기적으로는 효과적인 것처럼 보이지만 길게 보면 역효과가 훨씬 더 큽니다.

특히 **불편하고 괴로운 부정적 정서나 생각, 신체감각을 마주하기 싫어서 피하는 것을 경험회피**(experiential avoidance)**라고 합니다.** 이런 불편한 내적 경험이 모두 스트레스라고 할 수 있지요. 자신이 '스트레스를 받았을 때' 주로 어떤 행동을 하는지 회상해 보세요. 우리는 흔히 '스트레스를 풀기' 위해 달거나 포만감을 주는 음식을 먹거나, 술을 마시거나, 그냥 다 잊으려고 잠을 자거나, 기분전환을 하기 위해 친구들을 만나 수다를 떨거나 영화를 보는 등 재미있는 활동을 하기도 합니다. 이런 모든 반응은 부정적 경험을 회피하는 방식으로 다루는 것입니다. 즉, 스트레스라는 부정적 감정을 긍정적 감정을 일으키는 다른 활동을 통해 줄이거나 없애고자 하는 것입니다. 이렇게 원치 않는 생각이나 느낌을 통제하려는(즉, 불편하고 괴로운 생각이나 느낌을 없애거나 줄이려는) 경험회피는 분명히 어느 정도 즉각적인 효과가 있고, 그래서 우리는 종종 이런 방식을 사용하고 있습니다. 하지만 많은 연구 결과는 경험회피가 불편한 경험에 대해 습관적인 대처방식으로 굳어지는 것은 심신건강에 상당히 해롭다는 것을 보여 줍니다.

◢ 경험회피의 예로서 사고억제

우리가 깨어 있는 동안 특별히 어떤 일을 하지 않고 있을 때에도 (심지어는 잠을 자는 동안에도) 우리의 뇌는 자동적으로 생각을 만들어 냅니다. 말하자면, 뇌는 우리가 쉬고 있어도 쉬지 않고 활동하며, 이는 이런저런 생각으로 경험되는 것이지요.

뇌의 후측 대상피질, 내측 전전두피질, 쐐기전소엽 중심부 같은 영역들은 특정 과제를 시작하기 전까지는 활발하게 활성화되었다가 과제가 시작되면 활동이 감소하는데, 이렇게 특별한 일이 없을 때에 오히려 활성화되는 뇌 영역들의 네트워크를 디폴트 모드 (default mode)라 합니다. 디폴트 모드의 존재는 우리의 뇌가 끊임없이 생각과 그에 따른 감정을 생산해 낸다는 것을 보여 줍니다. 디폴트 모드의 양상은 심리장애와도 관계가 있어서, 자폐 환자의 경우는 이 네트워크의 활성도가 과도하게 떨어지며, 조현병 환자의 경우는 이 네트워크가 과도하게 활성화되는 것으로 알려져 있습니다.

물론 우리는 의도적으로 어떤 생각을 할 수가 있습니다. 하지만 많은 경우 생각은 우리의 의도와 관계없이 끊임없이 그리고 자동적으로 발생합니다. 그리고 어떤 경우에는 자동적으로 떠오르는 생각을 멈추기가 힘듭니다. 불면증으로 잠을 못 잘 때, 대개는 이런저런 생각들이 끊임없이 떠오르는데, 이렇게 자동적으로 나타나는 생각을 멈추고 싶어도 멈출 수가 없기 때문에 잠을 자기 힘든 것입니다. 이때 떠오르는 생각들은 걱정되거나 불안하거나 후회스러운 불편한 생각일 수도 있고, 흥분되거나 재미있는 것이 기대되는 계획처럼 즐거운 생각일 수도 있습니다.

우리의 삶에서 더 문제가 되는 것은 괴롭고 불편한 생각들입니다. 두려움과 불안, 우울, 분노, 좌절, 창피함 등을 느끼게 만드는 생각들은 우리의 삶의 질을 저하시키고 불행하게 만들며, 심하면 심리장애를 일으키기도 합니다. 그래서 우리는 이런 생각들을 싫어하고 거기에서 벗어나려고 노력합니다. 불편한 생각(또는 이미지, 통증 같은 감각, 부정적 감정 등)이 떠올랐을 때 사람들이 흔히 취하는 전략은 대략 두 가지인데, 하나는 사고억제이고 다른 하나는 주의회피입니다.

사고억제(thought suppression)란 불편한 생각 자체를 억누르려고 의도적으로 노력하는 것입니다. 하지만 많은 심리학 연구 결과에 따르면, 이 전략은 거의 효과가 없습니다. 자동적으로 떠오르는 생각을 의도적으로 멈추는 것은 거의 불가능합니다. 사고억제에 관한 연구는 생각을 억제하려는 시도가 오히려 그런 생각을 더 촉진한다는 것을 보여 주었습니다. 사람들은 특히 원치 않는 불쾌한 생각이 떠오르면 그것을 회피하기 위해 그런 생각을 억제하려고 노력하는데, 이런 노력은 오히려 그 생각을 더 잘 떠오르게 합니다. 이를 사고억제의 역설이라 합니다.

사고억제의 역설: 북극곰 실험

"북실북실한 흰 털을 가진 북극곰을 상상해 보세요. 가능하면 생생하게 북극곰의 모습을 떠올려 보세요. 그리고 지금부터 북극곰에 대해 아무런 생각도 하지 않도록 해 보세요. 한 1분 정도 해 보십시오."

이런 실험을 당신 스스로도 해 보고, 다른 사람들과도 해 보세요. 북극곰에 대한 생각을 억누르거나 북극곰의 심상이 떠오르지 않게 하는 것이 매우 어렵다는 것을 알게 됩니다.

이 현상에 대한 심리학적 설명은 '북극곰을 떠올리지 말아야지~.' 하는 생각 속에 이미 북극곰이 있기 때문에, 북극곰의 모습과 북극곰 관련 생각이 자동적으로 의식에 떠오른다는 것입니다. 원치 않는 생각을 억제하는 것이 사실상 어려운 일이라는 것을 잘 보여 주는 실험입니다.

이 실험을 해 보면, 몇몇 사람은 북극곰에 대한 생각이 떠오르지 않도록 하는 데에 성공합니다. 이렇게 성공하는 사람들은 예외 없이 북극곰이 아닌 다른 것에 주의를 기울이는 방법을 사용한 사람들입니다. 실제로 원치 않는 생각이나 이미지가 떠오르지 않게 하는 가장 쉬운 방법은 그런 생각이나 이미지로부터 주의를 다른 것으로 돌리는 것입니다. 하지만 그렇게 하는 것도 원치 않는 생각을 오래 억제하는 데에는 효과적이지 않을 수 있습니다. 필자가 가족들과 이 실험을 했을 때, 딸아이는 "곰에 대한 생각을 안 하려고 머릿속으로 휴대 전화를 조작하고 있었는데, 나중에는 북극곰이 휴대 전화를 들고 나타났다."고 해서 함께 웃었던 기억이 있습니다.

괴롭고 불편한 생각에서 손쉽게 벗어나는 또 다른 방법은 주의회피입니다. 예를 들면, 불편한 생각이 떠오를 때 그 생각으로부터 주의를 돌려서 음악을 듣거나 잠을 자거나 영화를 보거나 자극적인 음식을 먹는 등 즐겁고 유쾌한 감각, 감정을 일으키는 활동을 하거나, 과거의 즐거웠던 기억을 회상하는 등의 방법으로 자신이 원치 않는 생각에서 벗어날 수 있습니다. 이렇게 주의를 다른 대상으로 돌리는 주의회피 전략은 단기적으로 불편함과 괴로움을 줄이는 데에는 매우 효과적입니다. 하지만 주의회피가 스트레스에 대한 상습적인 대처전략이 된다면, 장기적으로는 매우 해롭습니다.

사고억제와 주의회피는 모두 괴로운 것은 피하고 즐거운 것을 찾으려는 쾌락추구 전략이라 할 수 있습니다. 제1장의 쾌락원리에서 설명한 것처럼 쾌락원리는 우리 모두에게 기본적으로 장착된 행동원리로서 매우 강력한 습관입니다. 그래서 불편하고 괴로운 생각을 없애려 하고 피하려 하는 것은 거의 자동적인 반응이라 할 수 있습니다.

마음챙김은 사고억제나 주의회피와는 전혀 다른 방식으로 불편한 경험을 다루는 전략입니다. 마음챙김은 매 순간 떠오르는 불편한 생각이나 이미지, 감정 등에 주의를 기울여 알아차리면서 거리를 두고 내버려 두는 방법입니다. 마음챙김명상은 자신이 지금 경험하고 있는 생각들을 억누르거나 피하지 않고 주의 깊게 관찰해서 알아차리며 그런 생각들에 더 이상 자동적으로 반응하지 않는 연습이라고 할 수 있습니다. 이런 연습을 통해 생각을 있는 그대로 알아차리고 생각의 내용에 반응하지 않는 능력을 키우게 됩니다.

🍃 수용: 기꺼이 경험하기

하지만 이렇게 불편한 경험을 통제하는 것이 하나의 습관으로 굳어진다면 어떻게 될까요? 심리학의 연구 결과에 따르면, 불편한 경험을 회피하는 습관은 개인의 성장을 방해할 뿐 아니라 여러 가지 심리장애나 심지어 신체질병을 가지고 있는 사람들이 공통적으로 가지고 있는 특징입니다.

우리의 감정이나 생각을 다루는 데 장기적으로 더 효과적인 방법은 그런 감정과 생각을 바꾸거나 없애거나 피하려 하지 않고 그저 알아차리고 그냥 내버려 두는 것입니다. 그러려면 불편함을 통제하려는 시도를 포기하고 기꺼이 경험하고자 해야 하는데, 이를 수용 또는 받아들임, 기꺼이 경험하기라고 합니다. 예를 들어, 불안과 두려움을 느끼면 긴장되면서 이런 감정을 빨리 벗어나려고 노력하게 됩니다. 하지만 수용한다는 것은 이런 감정을 있는 그대로 그냥 느끼려고 하는 것입니다. 불편한 경험을 수용하는 것, 기꺼이 경험하는 것은 다음과 같은 긍정적인 효과가 있습니다.

- 무엇보다도 괴로움을 통제하려는 노력은 장기적으로 이득보다는 해가 더 많습니다.
- 인간의 존재적 고통과 괴로움에 대해 배우게 되고 더 효과적인 조절방법을 배우게 됩니다. 어떤 경험이든 그것을 회피하는 것은 그에 대한 학습을 저해합니다.
- 기꺼이 경험하는 것은 삶의 생동감을 높여 주며 삶의 질도 높여 줍니다. 불편함은 삶의 본질적인 부분입니다. 기꺼이 경험하지 않으면 삶의 생명력이 줄어듭니다.
- 불편함을 통제하려는 시도에 소모되는 에너지를 자신이 원하는 삶의 방향으로 전환시킬 수 있게 됩니다.

마음챙김명상은 매 순간의 내적 경험을 알아차리기만 할 뿐, 어떠한 조작도 하지 않고 내버려 두는 연습에 크게 도움이 됩니다. 보디스캔을 할 때 "어떤 감각이든 느껴지는 그대로 느껴 봅니다." "감각이 느껴지지 않는다고 일부러 몸을 움직여 감각을 만들어 내지 않습니다."와 같은 명상 안내는 매 순간의 신체감각을 있는 그대로 경험하게 하는 수용적인 반응방식을 말하는 것입니다. 이렇게 신체감각을 있는 그대로 내버려 두고 수용하는 능력을 바탕으로 괴롭고 힘든 생각이나 느낌도 피하거나 없애려 하지 않고 알아차리고 관찰하는 힘을 키울 수 있습니다.

이렇게 있는 그대로의 경험을 수용하는 것이 결과적으로 불편감과 괴로움을 즉시 줄이거나 또는 완전히 없애는 것을 보장하지 않는다는 것을 아는 것이 중요합니다. 수용이란 불편감을 있는 그대로 경험하려는 것이지 그것을 줄이려는 것이 목적이 아니라는 것입니다(불편이 완전히 없어지지는 않아도 줄어들 수는 있지만). 만일 이런 기대나 목적을 가지고 내적 경험을 수용하고자 한다면, 이는 기꺼이 경험하기가 아니라 결국 경험을 통제하려는 시도가 됩니다.

또한 수용은 수동적인 굴복이나 후퇴가 아닙니다. 오히려 적극적으로 자연스러운 경험을 허용하는 무위(non-doing)의 실천이며, 이를 통해 실체를 적극적으로 직시할 수 있게 하고 불편한 감정 및 생각들과 더 효과적으로 관계하는 방법입니다.

> "기꺼이 경험한다는 것은 당신이 구름이 아닌 하늘이며, 파도가 아닌 바다임을 인식한다는 것을 뜻한다. 하늘이 구름을 포함하고, 바다가 파도를 포함하듯이 당신 자신이 자신의 모든 경험을 다 담아낼 수 있을 만큼 충분히 넓고 큰 존재임을 인식한다는 것을 뜻한다."
>
> ― 헤이스(Hayes, 2011) ―

한계의 인식과 확장

인간은 한계를 뛰어넘어 확장하려는 노력을 하는 유일한 종인 것 같습니다. 인간처럼 자신의 신체적 · 정신적 한계를 넘어서기 위한 훈련을 열심히 그리고 광범위하게 하는 동물은 찾아볼 수 없습니다. 동물은 대개 주어진 환경에 적응하려고만 하지만, 인간은 단순한 적응을 넘어 환경을 적극적으로 통제하고자 합니다. 각종 스포츠 경기는 인간의 이런 독특한 측면을 가장 잘 보여 줍니다. 100m나 200m, 400m를 더 빨리 달리기 위해 그렇게 엄청난 시간과 노력을 들이는 존재를 인간 이외에 본 적이 있나요? 더 무거운 것을 들거나 더 멀리 던지기 위해, 더 정확하게 사물을 원하는 곳에 던지거나 맞추기 위해, 얼음판 위에서 더 많은 회전을 하기 위해, 거의 불가능해 보이는 자세를 구현하기 위해, 과거에는 없던 새로운 것이나 새로운 방법을 찾기 위해 인간은 끊임없이 노력하고 훈련하는 존재입니다.

몸뿐 아니라 정신적 능력을 확장하려는 시도도 매우 흔합니다. 지적 능력을 확장하려는 욕구는 언어와 수를 이용하는 다양한 조작능력을 배우고 확장하려는 체계적인 제도적 학습체계를 낳았습니다. 새로운 것을 창조하고자 하는 욕구는 모든 문학과 예술활동의 원동력입니다. 이는 또한 기술 발전의 원동력이기도 합니다.

이렇게 자신의 한계를 확장하려는 동기는 거의 전적으로 인간에게 유일한 동기인 것 같습니다. 필연적으로 이런 노력에는 불편함과 고통이 있기 마련이며, 부작용이 따르기도 합니다. 많은 운동선수가 부상을 당하며, 많은 정신능력자가 심리장애를 앓기도 합니다.

우리 각자도 자신의 한계를 확장하려고 나름대로 노력합니다. 이런 노력이 효과적이려면 그리고 부작용을 최소화하려면 먼저 한계를 자각하는 것이 필요합니다. 몸은 통증을 통해서, 마음은 불편함을 통해서 한계의 신호를 보냅니다. 신체의 각 부분이 가동범위나 소화범위를 벗어나면 통증이 나타나며, 정신활동이 한계를 넘으면 여러 가지 불편감이 나타납니다. 몸과 마음의 신호에 민감하려면 그 신호에 주의를 기울여야 합니다. 마음챙김은 이렇게 자신의 몸과 마음의 상태를 예민하게 자각할 수 있는 능력을 키워 줍니다.

우리가 몸을 다치는 경우를 생각해 봅시다. 그렇게 되는 데에는 여러 가지 원인이 있겠지만, 그 과정을 분석해 보면 몸이 한계에 다다르거나 넘어서는 순간에 이를 알아차리지 못하는 것이 가장 큰 원인입니다. 몸의 신호를 알아차리지 못하는 가장 큰 이유는 신체감각이 아닌 다른 것에 주의를 기울이는 것인데, 특히 강한 정서적 흥분은 주의를 몸에서 벗어나 그런 흥분을 야기한 대상으로 향하게 합니다. 또 다른 경우는 몸을 너무 빠르게 움직이는 경우입니다. 갑자기 고개를 확 돌리거나 허리를 확 굽히면, 신체가 한계를 넘는 순간의 통증이 아니라 이미 한계를 넘어 버린 순간의 통증만을 알아차릴 수 있습니다. 이는 마치 아랫배에 두었던 주의가 제멋대로 다른 곳으로 향한 후에야 주의가 이탈했음을 알아차리는 것과 마찬가지입니다. 이와 달리 천천히 고개를 돌리면 고개가 돌아가면서 한계에 다다르고 이를 넘어서는 순간의 통증을 느낄 수 있습니다. 이 순간, 즉 경계를 넘어서는 순간이 바로 알아차림이 필요한 순간입니다. 한계를 넘는 순간을 알아차리면 선택의 공간이 생겨납니다. 한계를 조금 넘어서려는 선택을 할 수도 있고, 그냥 머무르거나 아니면 한계 안으로 되돌아오는 선택을 할 수도 있습니다. 마음챙김수련은 이 같은 자각과 조절능력을 키워 주는 수련이며, 이를 토대로 몸의 한계를 조금씩 확장해 나갈 수 있습니다.

하타요가나 걷기와 같은 동적인 명상은 본래 그 명상의 목적인 주의집중력이나 순수한 관찰력을 향상시킬 뿐만 아니라, 이를 바탕으로 자신의 신체적 한계를 인식하고 부상의 위험 없이 신체적 한계를 확장시키는 효과도 기대할 수 있습니다.

7회기 수련

마음챙김 하타요가

마음챙김 하타요가는 일련의 요가동작을 통해 마음챙김을 수련하는 동적 명상입니다. 또한 들숨, 날숨과 함께 동작을 일치시키도록 함으로써 주의를 집중하는 능력도 함께 키울 수 있습니다. 수련하는 동안 자세와 호흡을 일치시키면서 몸 전체에서 일어나는 감각과 느낌을 알아차려 보십시오. 몸과 마음이 조율되어 마음이 빠르게 안정되고 주의가 더욱 투명해지는 것을 경험할 수 있습니다.

이 마음챙김 요사는 서울불교대학원 대학교의 조옥경 교수가 개발한 것으로서, 누워서 하는 요가와 서서하는 요가 두 가지가 있습니다. 실내에서 해도 좋고, 자연 속 야외에서 실시해도 좋습니다. 자신의 신체 상태에 따라 적절한 장소에서 언제든 해 볼 수 있습니다.

- 요약: 일련의 자세를 순차적으로 호흡에 맞추어 실시하면서, 시시각각 발생하는 다양한 신체감각과 느낌에 주의를 기울여 알아차립니다.

마음챙김 하타요가: 누워서 하기

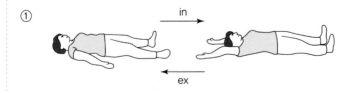

⑯   ⑰

1단계[준비]: 들어가기

① 바닥에 등을 대고 편안하게 눕습니다.

② 바닥에 닿는 엉덩이와 다리 뒷면을 확인합니다.

③ 천천히 심호흡을 몇 차례 합니다.

2단계[2-1]: 양팔 들어올리기

① 들숨에 두 팔을 뻗어 머리 위 바닥에 둡니다.

② 날숨에 처음 자세로 돌아옵니다.

③ 이 동작을 4~8회 반복합니다.

④ 움직임이 끝난 후 잠시 몸 전체에서 일어나는 감각과 느낌을 알아
차립니다.

2단계[2-2]: 반 교각자세

① 누워서 양팔을 양옆으로 뻗고 두발을 골반 너비만큼 벌려서 골반
쪽으로 당깁니다.

② 들숨에 척추를 하나씩 들어 올리면서 골반을 천장 쪽으로 들어 올
립니다.

③ 날숨에 처음 자세로 돌아옵니다.

④ 이 동작을 4~8회 반복합니다.

⑤ 움직임이 끝난 후에 처음 자세로 돌아와서 몸통의 앞면과 척추에
서 일어나는 감각을 알아차립니다.

2단계[2-3]: 몸통 비틀기

① 누워서 양팔을 양옆으로 뻗고 두 무릎을 모아 가슴 쪽으로 당겨 두 발을 바닥에서 뗍니다.

② 날숨에 두 무릎을 오른쪽 바닥으로 내리고 목은 반대쪽으로 돌립니다.

③ 들숨에 처음 자세로 돌아온 후, 이 동작을 2~3회 반복합니다.

④ 반대쪽도 2~3회 실시합니다.

⑤ 움직임이 끝나면 처음 자세에서 두 발을 바닥에 내리고 몸통 양쪽 감각의 차이에 주의를 기울입니다.

2단계[2-4]: 양 무릎 당기기

① 두 무릎을 굽히고 두 팔을 뻗어 양손으로 무릎을 잡습니다.

② 날숨에 두 무릎을 가슴 쪽으로 당기고, 들숨에 처음 자세로 돌아옵니다.

③ 이 동작을 4~8회 반복합니다.

④ 바닥에 두 발을 뻗은 채 누워 고관절과 허벅지에서 일어나는 감각에 주의를 기울입니다.

2단계[2-5]: 한 무릎 당기기

① 바닥에 누운 채로 두 팔을 뻗어 왼쪽 무릎을 두 손으로 감싼 다음 가슴 쪽으로 끌어당깁니다.

② 날숨에 고개를 들어 머리와 무릎이 가까워지게 합니다.

③ 들숨에 처음 자세로 돌아옵니다.

④ 한쪽당 3~6회 반복하고 반대쪽도 실시합니다.

⑤ 두 다리를 뻗고 바닥에 누워 목 뒤쪽과 몸통 전면에서 일어나는 감각을 알아차립니다.

2단계[2-6]: 다리 올리기

① 바닥에 누워 두 무릎을 굽히고 두 손으로 왼쪽 다리를 잡고 오른

쪽 다리는 바닥에 둡니다.

② 들숨에 왼쪽 다리를 천장 쪽으로 뻗고 발뒤꿈치를 밀어냅니다.

③ 날숨에 처음 자세로 돌아옵니다.

④ 이 동작을 3~6회 반복한 후 반대쪽도 실시합니다.

⑤ 무릎을 굽힌 상태에서 두 발은 바닥에 둔 후 무릎 뒤, 종아리와 발에서 일어나는 감각에 주의를 기울입니다.

2단계[2-7]: 모로 누워 다리 잡기

① 오른쪽으로 누워 오른손으로 머리를 받치고 왼손은 가슴 앞쪽 바닥에 둡니다.

② 왼손으로 왼쪽 엄지발가락을 잡습니다(왼쪽 종아리를 잡아도 좋습니다).

③ 날숨에 왼쪽 다리를 머리 쪽으로 끌어당깁니다.

④ 들숨에 당겼던 왼쪽 다리를 이완합니다.

⑤ 이 동작을 3~6회 반복한 후 왼쪽으로 누워 반대쪽 다리도 실시합니다.

⑥ 비스듬히 누워 두 다리를 바닥으로 내리고 몸에 남아 있는 감각에 주의를 기울입니다.

2단계[2-8]: 배 깔고 눕기

① 배를 깔고 바닥에 누워 머리를 한쪽으로 돌립니다.

② 바닥에 닿아 있는 몸통 앞 접촉면에 주의를 둡니다.

③ 이 자세를 유지하면서 12회 정도 호흡합니다.

④ 등에서 일어나는 호흡의 움직임도 알아차립니다.

2단계[2-9]: 머리와 한쪽 다리 들기

① 머리를 정면으로 하여 이마로 바닥을 짚고 두 손바닥으로 가슴 옆쪽 바닥을 가볍게 짚습니다.

② 들숨에 손바닥으로 바닥을 밀면서 고개와 왼쪽 다리를 동시에 들어 올립니다.

③ 날숨에 처음 자세로 돌아옵니다.

④ 이 동작을 3~6회 반복한 후 반대쪽도 실시합니다.

⑤ 두 손을 얼굴 앞에 포개어 그 위에 한쪽 뺨이 닿도록 머리를 내리고 잠시 호흡을 가다듬습니다.

⑥ 척추 전체에 남아 있는 감각에 주의를 기울입니다.

2단계[2-10]: 머리와 두 다리 들기

① 배를 깔고 엎드린 후 두 손은 손바닥이 바닥을 향하게 하여 골반 옆에 나란히 둡니다.

② 들숨에 머리와 두 다리를 동시에 들어 올립니다.

③ 이 자세를 유지하면서 6~12회 호흡합니다.

④ 자세를 유지할 때 어떤 근육을 사용하는지 알아차립니다.

⑤ 숨을 들이쉬고 내쉬면서 상체와 다리를 내려놓습니다.

⑥ 바닥에서 편안히 쉬면서 몸에 남아 있는 감각에 주의를 기울입니다.

2단계[2-11]: 소자세와 고양이자세

① 두 손과 무릎을 바닥에 대고 상체를 들어 올려 테이블자세를 취합니다.

② 날숨에 등을 천장 쪽으로 밀어내고 복부를 최대한 수축합니다. 꼬리뼈를 말아 넣고 턱은 가슴 쪽으로 최대한 당깁니다.

③ 들숨에 고개를 뒤로 젖혀 가슴을 들어 올리고 꼬리뼈를 천장 쪽으로 들어 올립니다.

④ 이 동작을 6~8회 반복하면서 등과 가슴에서 일어나는 감각과 느낌에 주의를 둡니다.

2단계[2-12]: 무릎 서기와 아기자세

① 무릎을 꿇고 몸통을 세운 후 두 팔을 천장 쪽으로 뻗습니다.

② 날숨에 두 팔을 옆으로 쓸어내리면서 골반을 발뒤꿈치 쪽으로 내립니다. 두 손은 천골 위에, 이마는 바닥에 댑니다.

③ 들숨에 처음 자세로 돌아옵니다.

④ 이 동작을 6~8회 반복합니다.

⑤ 움직이면서 몸의 앞면에서 일어나는 감각에 주의를 둡니다. 엉덩이와 허벅지 뒤쪽에도 주의를 둡니다.

2단계[2-13]: 책상자세로 몸통 비틀기

① 테이블자세에서 오른쪽 팔을 몸통 중앙 쪽으로 옮기고 왼쪽 팔은 천장 쪽으로 들어 올립니다. 시선은 들어 올린 손 쪽에 둡니다.

② 이 자세를 유지하면서 6~8회 호흡합니다.

③ 이번에는 왼손을 바닥에 짚고 오른팔을 들어 올린 후 6~8회 호흡합니다.

④ 호흡하는 동안 가슴 전체에서 일어나는 감각에 주의를 기울입니다.

2단계[2-14]: 책상자세로 균형 잡기

① 바닥에 두 손을 짚고 테이블자세를 취합니다.

② 들숨에 오른팔과 왼쪽 다리를 바닥과 수평이 되게 들어 올립니다.

③ 날숨에 처음 자세로 돌아옵니다.

④ 이 동작을 3~6회 반복한 후 반대쪽도 실시합니다.

⑤ 균형을 잡을 때 신체 어느 부위가 불안정한지 알아차립니다. 몸이 흔들릴 때 마음 상태는 어떤지 알아차립니다.

2단계[2-15]: 반 교각자세

① 누워서 양팔을 골반 옆에 두고 두 다리를 골반 쪽으로 당깁니다.

② 숨을 들이쉬면서 척추를 하나씩 들어 올리며 골반을 천장 쪽으로 들어 올립니다.

③ 숨을 내쉬면서 처음 자세로 돌아옵니다.

④ 이 동작을 4~8회 반복합니다.

⑤ 움직임이 끝난 후에 처음 자세로 돌아와서 척추에 남아 있는 감각에 주의를 기울입니다.

2단계[2-16]: 양 무릎 당기기

① 누워서 무릎을 접어 두 손으로 감싸 안습니다. 이마를 무릎 쪽으로 당깁니다.

② 앞뒤로 12~20회 몸을 굴립니다.

③ 척추와 등에서 일어나는 감각을 알아차립니다.

④ 움직임이 끝나면 바닥에 편안하게 누워 몸 전체에서 일어나는 감각에 주의를 둡니다.

3단계[마무리]

① 바닥에 편안하게 눕습니다.

② 자연스럽게 호흡하면서 날숨에 점점 더 깊이 이완하여 몸을 바닥에 최대한 밀착합니다.

③ 발끝부터 정수리까지 빠르게 보디스캔한 후 몸 전체에서 일어나는 감각에 주의를 둡니다.

④ 배와 가슴에 주의를 두고 들숨에 팽창하고 날숨에 수축하는 움직임을 알아차리면서 3~5분 동안 휴식합니다.

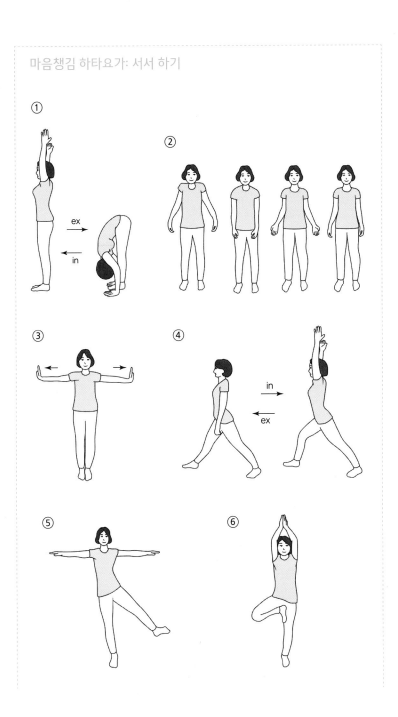

⑮

1단계[준비]: 들어가기

① 바르게 섭니다.

② 천천히 심호흡을 몇 차례 하여 마음을 안정시킵니다.

③ 준비가 되었다는 느낌이 들면, 시작합니다.

2단계[2-1]: 허리 굽히기

① 들숨과 함께 두 팔을 들어 올립니다.

② 날숨에 상체를 바닥으로 내려 두 손은 바닥에 두고 얼굴을 다리 쪽으로 당깁니다.

③ 들숨에 처음 자세로 돌아옵니다.

④ 이 동작을 6~8회 반복합니다.

⑤ 잠시 서서 팔을 내리고 몸통 앞면과 뒷면의 차이에 주의를 기울입니다.

2단계[2-2]: 어깨 돌리기

① 서서 두 어깨를 귀 가까이로 들어 올립니다.

② 어깨를 내린 후, 두 어깨를 앞쪽으로 모읍니다.

③ 처음 자세로 돌아와서 이번에는 어깨를 뒤로 넘깁니다.

④ 처음 자세로 돌아옵니다.

⑤ 이 동작을 3~4회 반복하면서 어깨와 목에서 일어나는 감각에 주의를 둡니다.

2단계[2-3]: 팔 벌려 벽 밀기

① 선 자세에서 두 팔을 바닥과 수평이 되게 양옆으로 뻗습니다.

② 손목을 꺾어 바닥과 수직이 되게 하고 마치 벽을 밀어내듯이 양팔을 밀어냅니다.

③ 손에 힘을 뺀 후 다시 몇 번을 반복합니다.

④ 팔, 손목, 손바닥에서 일어나는 감각을 알아차립니다.

2단계[2-4]: 전사자세

① 두 발을 80cm 정도 벌리고 선 후, 몸 전체가 오른쪽을 향하게 합니다.

② 오른발은 정면을 향하고 왼발은 45도 정도 돌린 후 두 팔을 자연스럽게 양옆에 둡니다.

③ 들숨에 오른쪽 무릎을 살짝 굽히고 두 팔을 머리 위로 들어 올립니다. 이때 가슴을 확장해서 앞으로 밀어냅니다.

④ 날숨에 처음 자세로 돌아옵니다.

⑤ 이 동작을 3~6회 반복한 후 반대쪽도 실시합니다.

⑥ 제자리로 돌아와서 잠시 가슴의 확장감에 주의를 둡니다.

2단계[2-5]: 팔 벌려 한 다리로 균형 잡기

① 한쪽 다리로 서서 양팔을 바닥과 수평이 되게 양옆으로 뻗습니다.

② 이 자세를 유지하면서 6~12회 호흡합니다.

③ 반대쪽도 실시합니다.

④ 자세를 유지할 때 일어나는 움직임과 떨림에 주의를 기울입니다. 이때 어떤 기분이 드는지도 알아차립니다.

2단계[2-6]: 나무자세

① 왼쪽 다리로 서서 오른발을 허벅지 안쪽까지 끌어올립니다. 두 팔은 천장 쪽으로 뻗어 손바닥을 마주합니다.

② 이 자세를 유지하면서 6~12회 호흡합니다.

③ 반대쪽도 실시합니다.

④ 허벅지 안쪽으로 끌어당긴 발과 허벅지의 접촉면에 주의를 기울입니다. 균형을 잡으면서 발과 다리에서 일어나는 감각에 주의를 둡니다.

2단계[2-7]: 팔 벌려 몸통 비틀기
① 두 발을 어깨너비만큼 벌리고 서서 두 팔을 양옆으로 뻗습니다.
② 날숨에 몸통을 왼쪽으로 돌립니다.
③ 들숨에 처음 자세로 돌아옵니다.
④ 이 동작을 3~6회 반복한 후 반대쪽도 실시합니다.
⑤ 몸통을 비틀 때 양쪽 측면에서 일어나는 감각의 차이에 주의를 둡니다.

2단계[2-8]: 뒷짐 지고 옆으로 기울이기
① 두 발을 어깨너비만큼 벌리고 서서 뒷짐을 집니다.
② 숨을 내쉬면서 왼쪽으로 몸을 기울입니다.
③ 자세를 유지하면서 6~12회 호흡합니다. 날숨에 오른쪽 측면을 조금씩 더 늘이면서 늘어나는 느낌에 주의를 둡니다.
④ 반대쪽도 반복합니다.
⑤ 동작이 끝나면 똑바로 서서 양쪽 측면에 남아 있는 감각에 주의를 기울입니다.

2단계[2-9]: 삼각자세
① 두 발을 80~90cm 정도 벌리고 양팔을 양옆으로 뻗습니다.
② 날숨에 몸통을 오른쪽으로 비틀어 왼손이 오른발 위에 오게 하고, 오른팔은 천장 쪽으로 뻗습니다.
③ 들숨에 처음 자세로 돌아옵니다.
④ 이 동작을 3~6회 반복한 후 반대쪽도 실시합니다.
⑤ 움직이면서 척추의 비틀림에 주의를 기울입니다.

2단계[2-10]: 앉았다 서기

① 두 발을 약간 벌리고 서서 두 팔을 천장 쪽으로 들어 올립니다.

② 날숨에 무릎을 굽혀 엉덩이가 바닥을 향하게 합니다. 두 팔은 위로 뻗은 채 유지합니다.

③ 들숨에 처음 자세로 돌아옵니다.

④ 이 동작을 4~8회 반복합니다.

⑤ 앉을 때 발바닥과 무릎, 허벅지에서 일어나는 운동감각에 주의를 둡니다.

2단계[2-11]: 기마자세

① 두 발을 약간 벌리고 서서 두 팔을 앞으로 뻗고 무릎을 구부려 반쯤 앉은 자세를 취합니다.

② 이 자세를 유지하면서 12~18회 호흡합니다.

③ 시간이 지날수록 어느 부위가 긴장하는지, 통증이 일어나는 곳은 어디인지 알아차립니다.

2단계[2-12]: 나비자세

① 바닥에 앉아서 양 발바닥을 마주한 후 두 손으로 발을 잡아 골반 쪽으로 끌어당깁니다.

② 두 무릎을 위아래로 부드럽게 흔들면서 하체에서 일어나는 감각에 주의를 둡니다.

③ 움직임이 끝난 후 두 다리를 가지런히 뻗고 다리에 남아 있는 감각을 알아차립니다.

2단계[2-13]: 한 무릎 접고 상체 기울이기

① 앉아서 왼쪽 다리는 뻗고 오른쪽 다리는 접어 몸통 쪽으로 최대한 당깁니다.

② 왼손은 바닥을 짚고 오른팔은 머리 위로 들어 올립니다.

③ 날숨에 상체를 앞으로 숙여 오른손으로 왼발 바깥쪽을 잡습니다.

④ 들숨에 처음 자세로 돌아옵니다.

⑤ 이 동작을 3~6회 반복한 후 반대쪽도 실시합니다.

⑥ 몸을 숙일 때 호흡이 어떻게 변하는지 알아차립니다. 동작 후에 몸에 남아 있는 감각에도 주의를 기울입니다.

2단계[2-14]: 앉아서 몸통 비틀기

① 두 다리를 접고 바닥에 편안하게 앉습니다.

② 왼손은 등 뒤 바닥에 두고 숨을 내쉬면서 몸통을 왼쪽으로 비틉니다. 오른손은 왼쪽 무릎 위에 둡니다.

③ 이 자세를 유지하면서 12~18회 호흡합니다.

④ 반대쪽도 실시합니다.

⑤ 호흡할 때 일어나는 가슴과 복부의 움직임에 주의를 기울입니다.

3단계: 마무리

① 바닥에 편안하게 눕습니다.

② 자연스럽게 호흡하면서 날숨에 점점 더 깊이 이완하여 몸이 바닥에 더 밀착되게 합니다.

③ 발끝부터 정수리까지 빠르게 보디스캔하면서 몸 전체에서 일어나는 감각을 생생하게 알아차립니다.

④ 배와 가슴에 주의를 두고 들숨에 팽창하고 날숨에 수축하는 움직임을 알아차리면서 3~5분 동안 휴식합니다.

Tip

• 자세와 호흡의 관계, 자세를 실시하는 동안 일어나는 순간순간의 감각에 주의를 기울입니다.

• 자세의 완성을 위해 애쓰지 않습니다. 또한 비판단적인 방식으로 자신의 능력과 한계를 탐구합니다.

• 아침 기상 후나 저녁에 잠자리에 들기 전, 어느 때나 가볍게 실시할 수 있습니다.

통증관찰: 통증과 함께하기

기마자세는 자세를 유지하는 시간을 점차 늘려 감으로써 신체감각, 느낌, 생각의 변화과정을 온전히 경험할 수 있는 요가자세입니다. 자세를 유지하는 동안 신체적인 통증과 심리적인 현상들을 관찰하고 마음챙김능력을 증진할 수 있습니다.

■ 요약: 기마자세를 이용해서 의도적으로 통증을 일으키고, 통증 자체와 통증에 따라 자동적으로 나타나는 감정과 생각들을 마음챙겨 알아차립니다.

1단계[준비]: 서서 호흡 관찰하기
① 허리를 바로 세우고 서서 두 발을 어깨너비로 벌립니다.
② 어깨의 긴장을 내려놓고 발바닥이 지면에 닿는 면에 주의를 모읍니다.
③ 천천히 심호흡을 몇 차례 반복합니다.

2단계[2-1]: 팔 들어 무릎 굽히기
① 들숨과 함께 양팔을 앞으로 어깨 높이만큼 들어 올립니다.
② 숨을 내쉬면서 의자에 앉듯이 무릎을 서서히 굽힙니다. 이때 가능한 한 상체를 수직으로 세웁니다.
③ 숨을 들이쉬면서 무릎을 펴서 선 자세로 돌아옵니다.
④ 이 동작을 네 번 반복합니다.

2단계[2-2]: 내려가서 30초 유지하기
① 들숨과 함께 양팔을 앞으로 들어 올린 상태에서 날숨과 함께 천천히 무릎을 굽혀 기마자세를 만듭니다.

② 기마자세 상태에서 부드럽게 호흡을 하면서 30초 동안 자세를 유지합니다.

③ 들숨과 함께 천천히 무릎을 펴고 양팔을 내려 선 자세로 돌아옵니다.

④ 서 있는 상태에서 온몸에서 일어나는 신체감각과 느낌, 생각을 생생하게 알아차립니다.

2단계[2-3]: 통증관찰하기

① 이번에는 더 오래 신체감각과 통증을 관찰하고 경험해 보겠다는 의도를 세웁니다.

② 준비가 되었으면 기마자세를 취하고, 호흡에 의지해서 유지합니다.

③ 자세를 유지하면서 발바닥의 감각과 무게감, 종아리, 허벅지, 엉덩이, 척추와 등, 팔과 어깨, 목과 얼굴을 느껴 봅니다.

④ 이 자세를 유지하는 동안 몸과 마음이 어떻게 반응하고 있는지 알아차립니다.

⑤ 통증이 가장 강한 부위를 찾아 그 부위의 감각을 관찰합니다. 통증이 구체적으로 해당 부위의 어디에서 느껴지는지 찾아봅니다. 정확한 통증의 위치, 표면인지 또는 깊은 곳인지 등.

⑥ 통증이 만들어 내는 괴로움과 통증에 대한 생각이나 자세를 풀고 싶은 욕구 등을 호흡에 기대어 관찰합니다.

⑦ 자세를 풀고 싶은 욕구를 따를 것인지 아니면 조금 더 유지할 것인지를 의식적으로 결정합니다. 결정이 내려지면 결정을 따릅니다.

3단계[마무리]: 돌아오기

① 자세를 푸는 행동을 선택했으면, 천천히 알아차리면서 무릎을 펴고 팔을 내려 선 자세로 돌아옵니다.

② 선 자세에서 잠시 호흡감각을 느끼면서 머물러 봅니다.

③ 자동적으로 반응하지 않고, 의식적으로 선택을 했다는 것에 관해
   스스로를 칭찬합니다.
④ 몸에 남아 있는 감각과 그 신체감각으로 인한 느낌, 생각을 온전
   히 알아차립니다.

Tip

• 무릎을 굽히는 자세를 취할 때, 무릎이 발끝보다 앞으로 나가지
  않도록 주의합니다.
• 가능한 한 상체를 바로 세우려고 노력합니다.
• 일어날 때는 무릎의 반동을 이용하지 않습니다.
• 통증관찰하기를 할 때 자세 유지가 힘들어지면 몸을 조금씩 움직
  여 보거나, 무릎을 조금 편다거나 해도 됩니다. 다만, 이런 과정을
  알아차리고 의식적으로 한다는 것이 중요합니다.
• 무리하지 않습니다. 자신의 역량에 따라서 하면 됩니다.

Q&A

1. 오래하면 다치지 않을까 걱정이 됩니다.

통증관찰은 통증이 항상 동일한 크기로 존재하는 것이 아니라 수시로 변화한다는 것을 직접 경험하며, 또한 통증이라는 불편한 감각이 여러 가지 불편한 감정이나 이를 피하려는 생각들을 자동적으로 매우 강하게 만들어 낸다는 것을 알아차리기 위한 것입니다. 또한 이 수련은 자신의 한계에 대한 자각과 한계 넓히기에도 매우 효과적으로 활용할 수 있습니다.

통증에 대한 주의와 알아차림을 놓치지 않는 한 다칠 가능성은 줄어듭니다. 반대로, 과도한 인내욕구나 급작스런 자세전환 등은 부상의 가능성을 높입니다. '할 수 있는 만큼만 한다.' '버틸 수 있는 만큼만 버틴다.'는 태도로 하는 것이 매우 중요합니다. 이런 태도를 잊지 않는 것도 마음챙김능력입니다.

무엇이 성공인가

자주, 많이 웃는 것

현명한 이에게 존경받고

아이들에게 사랑받는 것

정직한 비평가의 찬사를 듣고

친구의 배반을 감내하는 것

아름다움을 볼 줄 알고

다른 이의 좋은 점을 발견하는 것

건강한 아이를 낳든

작은 정원을 가꾸든

사는 세상을 더 낫게 하든

자신이 태어나기 전보다

세상을 조금이라도 더 나은 곳으로

만들고 떠나는 것

자신이 한때 이곳에 살았다는 것으로

단 한 사람의 인생이라도 행복해지는 것

그것이 진정한 성공이다.

– 랄프 왈도 에머슨(Ralph Waldo Emerson, 1803~1882), 미국의 시인, 수필가 –

08

모든 것의 연결성

08
모든 것의 연결성

　모든 것은 연결되어 있습니다. 이 '모든 것'에는 나와 다른 사람이라는 사회적 관계를 넘어서 세상에 존재하는 모든 것이 포함됩니다. 사람뿐 아니라 동식물과 심지어는 무생물까지도 모두 연결되어 있습니다. 우리는 자주 이런 모든 것의 연결성을 잊고, 나 하나만을 생각하거나 기껏해야 인간중심적인 생각을 할 뿐입니다.

　내가 사는 데 필요한 것들을 온전히 나 혼자의 힘으로 만들어야 한다면 얼마나 어려울까요? 우리에게 필요한 것들은 거의 다 자연과 다른 사람들의 관심과 노력, 시간이 들어가 만들어진 것입니다. 그렇지 않은 것이 하나도 없을 정도입니다. 우리가 아무 생각 없이 먹는 쌀 한 톨, 건포도 한 알에도 그것을 만들어 내는 데에 온 지구가 관여하고 있습니다. 지구뿐 아니라 우주의 일부인 태양도 필수적입니다. 앞서 했던 건포도 명상을 상기해 보십시오. 내 앞에 있는 한 알의 건포도에 그것을 키운 태양과 바람, 땅과 물, 씨를 뿌리고 가꾸기, 수확하고 말리기, 포장하고 운반하기에 관여된 사람들……. 한 알의 건포도가 나를 만나기까지의 모든 과정에 자연과 다른 사람의 노력과 정성, 배려가 들어 있습니다.

나의 몸과 마음, 행위도 다른 것과 연결되고 서로 의존하지 않는 것이 없습니다. 나의 몸과 마음은 조상과 부모로부터 이어진 것입니다. 감각과 감정, 생각도 모두 나를 둘러싼 다른 사람들과 환경의 영향을 받고 또 영향을 주기도 합니다.

> "인간은 우주라고 부르는 전체의 한 부분으로 시간적으로나 공간적으로 한정되어 있습니다. 인간은 자신이나 자신의 생각, 감정을 우주의 나머지 부분과 분리되어 있다고 생각하는데, 이는 일종의 의식의 착각이라고 볼 수 있습니다. 이 착각은 일종의 감옥과 같은 것으로 우리 자신을 개인적 욕망이나 매우 가까운 주위의 몇 사람에 대한 애정에만 관심을 갖도록 한정시켜 버립니다."
>
> – 아인슈타인의 편지에서 –

🍃 자기의 본성

우리는 '나'라는 생각을 가지고 있습니다. 이를 자기(self)개념이라고 하는데, 나에 관한 생각들(정확히는 지식과 믿음들)의 총합을 말합니다. 성별, 나이, 키, 몸무게, 외모, 운동능력이나 내장기관의 기능과 같은 신체적 특성, 부모, 형제, 국적, 사는 곳과 같은 환경적 특성, 성격, 취미, 목표, 동기, 지능과 같은 심리적 특성 등 자신에 대한 지식이나 믿음이 자기개념을 이룹니다. 쉽게 '나는 누구인가?' 또는 '나는 무엇인가?'라는 질문에 대한 답을 모으면 그것을 자기개념이라 할 수 있습니다. 문제는 이런 자기개념의 형성이 '나'와 '나 아닌 것'을 구분하는 데에서 시작된다는 점입니다. 우리 몸은 피부를 통해 외계와 구분됩니다. 피부 안에 들어 있는 것은 '나에 속하는 것'이고, 그 밖의 것은 '나 아닌 것'이지요. 그래서 피부로 구분되는 '나'를 구성하는 물리적인 특징과 심리적인 특징, 환경적인 특징들이 모두 다 자기개념의 요소가 됩니다.

이런 자기개념은 그 자체로 고정되고 안정된 특징으로 간주되며, '나'의 독자성을 인식하는 핵심이 됩니다. 그래서 우리는 '나'를 외계와 분리된 단절되고 독자적인 무언가로 간주하게 됩니다. 하지만 이런 자기개념은 잘못된 인식을 바탕으로 하고 있습니다. 왜냐하면 '나'는 독자적인 것이 아니라 다른 것들과 상호작용하는 과정이며, 따라서 끊임없이 변화하는 것이기 때문입니다.

'나'의 몸에 대해 생각해 봅시다. 내 몸은 외계와 분리되어 고정된 것으로 느껴지지만 실상은 그렇지 않습니다. 내 몸은 끊임없이 외계의 공기와 물질을 받아들여 활용하고 저장하며 또 밖으로 내보냅니다. 가만히 있어도 공기를 빨아들여 산소를 흡수하고 이산화탄소를 배출하는 호흡은 끊임없이 이루어집니다. 우리는 먹고 배설하지 않고는 살지 못합니다. 심지어 잠을 자는 동안에도 내 몸은 수증기의 형태로 물을 밖으로 내보내고 있습니다. 이렇게 나의 몸은 내 몸이 아닌 것과 상호작용하지 않으면 존재하지 못합니다. 또한 상호작용함으로써 존재한다는 것은 내 몸이 고정되어 있지 않고 끊임없이 변하고 있다는 것을 의미합니다.

인간의 몸은 70%가 물로 구성되어 있습니다. 지금 내 몸의 일부를 이루는 이 물은 어제의 물이 아닙니다. 물은 체액으로 내 몸에 있다가 오줌이나 똥으로 또는 호흡을 통해 밖으로 방출되어 다른 동물이나 식물의 체액이 되거나 아니면 땅에 스며들어 강이나 바다의 일부가 되었다가 다시 구름을 이루다가 비로 내려서 물을 머금는 모든 존재의 일부가 되었다가 다시 물이나 음식의 형태로 내 몸에 들어와 내 몸의 일부가 됩니다. 어쩌면 지금 내 몸을 구성하는 어떤 물 분자는 수십억 년 전 지구가 형성될 때 존재하던, 어떤 생명체도 거치지 않은 물일지도 모릅니다. 또 어떤 물 분자는 그동안 수많은 다른 생명체의 몸을 구성했던 물일지도 모릅니다. 몸을 구성하는 다른 물질들도 마찬가지로 끊임없는 순환의 과정을 거칠 것입니다. 우리가 죽으면, 몸을 구성하는 물질들은 모두 분해되어 자연의 일부가 되거나 다른 생명체를 구성하는 성분이었다가 다시 자연으로 돌아가는 순환과정을 겪게 됩니다. "어떤 과학자의 계산에 따르면, 평균 7년마다 인간의 몸 안의 모든 원자가 교환되어 외계의 것으로 새롭게 바뀐다."는 카밧진(Kabat-Zinn, 1996)의 말은 매우 흥미롭습니다. 10년도 안 되어서 내 몸의 모든 요소가 다 바뀐다면 과연 나는 무엇인가요?

가이아 이론

영국의 과학자 제임스 러브록(James Lovelock)이 1972년에 주장한 가이아(Gaia) 이론은 지구를 하나의 생물체로 보는 이론입니다. 이 이론에 따르면, 지구는 하나의 생물체와 같아서 자기조절능력을 가지고 있으며, 이를 통해 적절한 항상성(homeostasis)을 유지합니다. 인간의 신체를 구성하는 모든 세포나 장기가 서로 밀접하게 연결되어 있으며, 각각의 부분이 전체의 일부로서 기능하는 것처럼 그리고 이들 부분이 항상성이라는 메커니즘을 통해 잘 기능하도록 스스로 조절되는 것처럼 지구도 그러하다는 것입니다. 그래서 인체가 항상성이 무너지면 건강을 잃는 것처럼 지구도 무분별한 개발이나 환경오염 등으로 항상성이 무너지면 병들어서 결국 죽게 된다는 것입니다.

이런 관점에서는 인간은 지구라는 생명체에 속한 다른 무수한 존재와 마찬가지로 특별할 것 없는 전체의 일부입니다. 모든 다른 존재 및 자연과 함께 상호작용하며 순환하는 존재여야 합니다. 하지만 인간은 지구라는 생명체를 병들게 하는 암과도 같은 존재입니다. 끝없이 도로를 만들고 포장해서 지구의 피부를 병들게 합니다. 삼림을 무분별하게 파괴하며, 핵폐기물을 비롯한 엄청난 양의 쓰레기를 바다에 버리고 있고, 해양을 오염시켜 엄청난 수효의 생물 종을 멸종시키고 있습니다. 각종 화학물질을 대량 배출하여 대기권에 구멍을 내기도 합니다. 누군가 지구라는 생명체를 관찰하는 존재가 있다면, 인간을 가장 다루기 어려운 악성 종양이라고 볼지도 모릅니다.

가이아 이론에 대해 주류 생물학계에서는 냉담한 반응을 보였지만, 이 이론은 지구의 환경보호와 관련해서 지속적으로 인용되는 이론입니다. 가이아 이론은 그 과학적 타당성에 관계없이, 지구상의 모든 존재의 관계를 보는 하나의 관점으로서 매우 긍정적인 기능을 함축하고 있습니다.

인간은 사회적 존재라고 합니다. 사회적 존재란 다른 사람들과 계속 상호작용하는 존재라는 뜻이기도 합니다. 특히 긍정적인 인간관계가 우리의 삶에 미치는 영향은 매우 큽니다. 우리가 행복한 삶을 살아가는 데에 긍정적인 인간관계는 없어서는 안 될 중요한 것이지요. 하지만 인간관계는 우리가 살면서 겪게 되는 많은 스트레스의 중요한 원인이기도 합니다.

흥미로운 것은 인간관계에서 겪는 고통과 괴로움이 대개 자신에게 소중한 사람들 때문에 생긴다는 점입니다. 나와 아무런 교류관계가 없는 사람이 내게 스트레스를 주는 경우는 별로 없습니다. 다시 말하면, 우리에게 삶의 의미와 행복, 즐거움과 위로를 주는 중요한 사람들이 바로 우리를 힘들게 하는 스트레스의 원천인 경우가 많다는 것입니다. 부모와 형제자매, 자녀, 친구, 애인, 선생님, 직장 상사나 부하, 동료 등 가깝고 중요한 사람들과 따뜻하고 긍정적인 인간관계를 해 나가는 것은 인생에서 중요한 과제라고 할 수 있습니다. 이들의 사랑과 배려, 관심을 받지 못하고 미워하거나 분노하거나 냉담하게 대하거나 질투하거나 해서는 결코 자신의 삶이 행복하다고 느끼지 못할 것입니다.

세계적인 종교는 모두 다른 사람이나 존재에 대한 존중과 사랑을 강조합니다. 기독교는 하느님의 본질을 무조건적인 사랑이라고 말합니다. 인간은 하느님을 닮은 존재이기 때문에 우리는 다른 사람에 대한 무조건적인 사랑의 본성을 가지고 있습니다. 불교도 마찬가지로 우리 인간의 본질은 붓다이며, 이는 다른 모든 존재를 사랑하고 친절하게 대하며, 그들의 고통을 덜어주고 행복을 기뻐하며 차별하지 않는 사무량심이라는 마음을 본성으로 강조하는 가르침으로 표현됩니다. 유교에서 인간이 지향해야 할 궁극적 덕목으로 강조하는 인의예지(仁義禮智) 중 인과 의는 각기 인자함과 의로움을 말하는데, 인자함은 어려움을 겪는 존재를 볼 때 측은함을 느끼는 것(측은지심), 의로움은 양심에 어긋나는 일을 할 때 수치스러움을 느끼는 것(수오지심)이 그 토대이며, 이런 측은함과 수치심을 막을 수 없는 인간의 본성이라고 이야기합니다. 결국 3대 종교가 모두 다른 존재에 대한 따뜻하고 친절한 사랑의 마음, 그들이 고통이나 괴로움을 겪을 때 그것을 줄여 주고자 하는 이타적인 마음을 인간이 가진 타고난 특성으로 간주하는 셈입니다.

하지만 살아가는 과정에서 우리는 알게 모르게 앞의 종교적 가르침과는 상반되는 마음을 갖거나 행동을 하게 됩니다. 즉, 살면서 우리는 다른 사람이나 존재가 원치 않거나 그들에게 해로운 것들을 생각하거나 행동하게 됩니다. 또한 자신의 의도와 관계없이 상대에게 피해를 주거나 해를 끼치거나, 반대로 자신의 잘못과 관계없이 피해를 입거나 해를 당하는 일은 삶에서 누구도 피할 수 없는 것입니다. 극단적으로 말하면, 자신이 죽지 않고 살아 있는 한 다른 생명과 존재에 피해와 고통을 주는 일은 피할 수 없습니다. 반대로, 그런 일을 당하는 것도 피할 수 없는 일입니다.

문제는 자신이 받은 피해나 괴로움과 관련한 생각과 행위가 결국 나 자신에게 해롭다는 점입니다. 상대방에게 받은 피해와 고통, 괴로움은 그에 대한 분노, 억울함, 복수심, 절망감 등 여러 가지 부정적인 감정과 생각, 행동경향을 야기합니다. 상대방을 용서하지 않는 한, 이런 경험은 지속되고 결국 자신을 괴롭히게 됩니다. 중

오와 적개심, 비난과 공격행동은 누구에게도 도움이 되지 않습니다. 분노와 적개심이 특히 신체적·심리적으로 매우 해롭다는 것은 현대과학의 연구 결과로도 입증되었습니다. 내가 분노와 적개심, 복수심, 원망을 느끼는 상대를 용서하는 것은 그 상대뿐 아니라 결국 자신에게도 도움이 되는 것입니다.

우리 자신도 알게 모르게 말이나 생각으로, 행동으로 타인이나 다른 존재에게 피해와 고통을 주었을 수 있다는 것을 이해하면 좀 더 쉽게 용서를 할 수 있습니다. 내가 의도와 관계없이 다른 존재에게 고통과 괴로움을 주었다는 것을 알면, 또는 알면서도 어쩔 수 없이 그런 고통과 괴로움을 주는 말과 행동을 했다면, 그에게 미안함을 느끼고 그의 용서를 받고 싶어지지 않을까요? 수치심, 죄의식, 가책, 미안함 등을 느낀다면 용서를 받고 싶을 것입니다. 이렇게 용서를 구하는 마음은 싫어하고 미워하는 사람이나 존재를 용서할 수 있는 큰 힘이 됩니다.

자기자비

자기자비란 타인이나 다른 존재에 대한 따뜻하고 친절한 사랑을 자신을 대상으로 하는 것을 말합니다. 즉, 자신의 부족함과 괴로움에 대해 비난하고 비판하는 것이 아니라 따뜻하고 친절한 마음으로 공감하고 있는 그대로 사랑하는 마음을 말합니다. 그런데 이렇게 자기 자신을 긍정적이고 수용적으로 받아들이는 것을 어려워하는 사람이 많습니다. 그렇게 되면 자존감이 낮아지고 열등감이나 수치심을 느낄 가능성이 많습니다. 우리는 물질이나 권력, 명예와

마인드 다이어트: 명상기반의 자기조절

242

같은 외부적인 성취를 가치 있는 것으로 여기고 그것을 얻기 위해 심하게 경쟁하는 세상에 살고 있습니다. 이런 조건에서는 자신을 부정적으로 평가하는 사람이 많을 수밖에 없습니다. 이 경쟁에서 이기는 사람은 적고 지는 사람은 많기 때문입니다. 우리가 무엇이 가치 있는가를 평가할 때 상대적 관점에서 평가한다는 것을 기억해 봅시다. 상대적인 세상에서는 그것이 절대적으로 아무리 가치 있는 것이라 해도, 누구나 가지고 있어서 흔하다면 그 가치를 인정받지 못합니다(햇빛과 물, 공기, 흙 등의 가치를 생각해 보세요). 이처럼 우리 자신에 대해서도 자꾸 상대적 관점에서 평가한다면, 그래서 자꾸 타인과 비교한다면 행복할 가능성은 계속 줄어듭니다.

자신을 있는 그대로 받아들이고 사랑하려면, 자신을 상대적으로 평가하는 경향을 인식하고 이런 경향을 줄이려고 노력해야 합니다. 우리 모두는 각자 온전한 존재이며, 상대적 평가에 의존하지 않아도 되는 존재임을 자각할 수 있어야 합니다. 이와 마찬가지로 다른 모든 사람이나 존재도 각기 온전한 존재이며, 그 자체로 아름다운 존재라는 것을 자각할 수 있을 것입니다. 이런 자각을 바탕으로 생명이 있는 모든 존재를 있는 그대로 사랑하고 돌보아 주려는 마음을 키우는 훈련이 자비명상이며, 그 대상을 자신으로 함으로써 자기자비를 키울 수 있습니다.

자기존중감: 우월감과 열등감

자신의 특징에 대한 평가를 자기존중감이라 하는데, 이런 평가가 주로 상대적 비교를 토대로 이루어지기 때문에 우월감이나 열등감을 느끼는 원인이 됩니다. 우월감은 교만함, 게으름, 특권의식, 차별행동을 합리화합니다. 열등감은 무기력과 불행감, 불만족, 자기비난, 원망, 질투심 등으로 이어집니다. 적절한 자존감은 삶에서 매우 긍정적인 기능을 하지만, 매우 낮은 자존감이나 너무 높은 자존감은 모두 정신병리 및 행동 문제와 밀접한 관계가 있습니다.

지금 나 자신을 이루고 있는 여러 가지 특징이나 장단점을 생각해 봅시다. 우선 몸에 대해 살펴봅시다. 나의 외모는 어떤 특징이 있나요? 성별, 키, 얼굴, 체형, 피부 등 마음에 드는 것은 무엇이고 마음에 들지 않는 것은 무엇입니까? 나의 신체기능은 어떤 특징이 있습니까? 질병 여부, 소화기 기능, 면역기능, 운동기능 등 마음에 드는 것은 무엇이고 마음에 들지 않는 것은 무엇입니까?

이번에는 나의 마음에 대해서도 살펴봅시다. 나의 인지적 능력은 어떻습니까? 집중력, 기억력, 이해력, 언어구사력, 통합적 사고력 등 학교성적을 결정하는 능력들이지요. 나의 정서적·성격적 특징은 어떻습니까? 평소의 기분, 낙관성, 충동성, 친화력, 공감력, 사회성, 좋아하는/싫어하는 활동 등 보통 성격과 정서적 특성으로 인간관계, 행복감이나 만족감과도 밀접한 관련이 있는 특징들이지요. 이런 것들 중에서 마음에 드는 것은 무엇이고 마음에 들지 않는 것은 무엇입니까?

마지막으로, 나의 환경 특성은 어떻습니까? 부모님, 형제자매, 인종이나 국적, 태어나서 자란 곳, 경제 상태 등 내가 존재하는 환경 요인들의 특징이지요. 마음에 드는 것은 무엇이고 마음에 들지 않는 것은 무엇입니까?

자, 이제 나를 구성하는 이런 다양한 특징을 내가 선택한 것인지 생각해 보세요. 전체적으로 내가 선택하고 키운 것이 얼마나 되는지 살펴보세요.

성별이나 나이, 키, 외모 특성, 체질 등의 신체적 특징, 가족관계, 경제 상태, 국적 등의 사회환경적 특징 등은 나의 선택과 관계없이 주어진 것들이 분명합니다. 이들 중 어느 것 하나 자신의 선택으로 이루어진 것은 없습니다. 나의 성격이나 지적 능력, 사고방식 같은 심리적 특성들도 상당 부분 그렇습니다. 소위 유전적 특징이라 부르는 것들은 모두 나의 선택과 관계없이 주어진 특징을 말합니다. 유전적인 영향이 비교적 덜한 특징들도 대부분 어린 시절의 양육환경이나 사회적 규범에 의해 형성되거나 계발된 것들입니다.

그런데도 우리는 내가 선택한 것이 아닌 주어진 특징을 좋아하거나 싫어합니다. 다른 사람이나 존재에 대해서도 마찬가지로 판단합니다. 그래서 남보다 우월하다거나 잘났다거나 또는 열등하다거나 하는 경험을 하게 됩니다. 왜 그럴까요? 우리가 내면화된 사회적 규범이나 사회적 통념 또는 고정관념의 지배를 받기 때문입니다. 이에 따라 자신을 끊임없이 다른 사람이나 존재와 비교하고 평가하기 때문입니다.

하지만 이렇게 타고난 또는 주어진 특징을 가지고 총체적으로 그 사람이나 존재가 우월하다 또는 열등하다 하는 것은 매우 불합리하지 않나요? 자신의 의지나 선택과 무관한 것을 토대로 한 존재가 태어나서 살다가 죽는 과정을 평가한다는 것은 불합리하지 않나요?

진정한 자기존중감이란 자신의 모든 특징을 정확하게 있는 그대로 인정하는 데에서 출발합니다. 자기조절의 진정한 의미는 바로 지금 자신의 특징을 정확하게 알아차리고 수용하는 것을 기반으로 해서, 자신이 원하는 삶의 방향으로 매 순간의 삶을 선택하는 것입니다.

지금 자신의 특징 대부분이 자신의 의지나 선택과 무관하게 주어진 것입니다. 그래서 바로 지금부터 하는 나의 선택이 진정한 '나의 삶'을 살아가느냐를 평가하는 기준이 되어야 합니다.

먹기명상: 연결성 경험

건포도 한 알을 통해 지금 나와 만나는 과정에 관여된 모든 것을 상상함으로써 존재하는 모든 것이 상호의존하고 있으며 상호작용한다는 실재에 대한 통찰을 자극합니다.

■ 요약: 건포도를 이용해서 지금 이 순간 건포도와 나의 만남을 가능하게 만든 모든 관련된 것에 대해 깊이 생각해 봅니다.

1단계[준비]
① 의젓하고 편안한 자세로 앉아 부드럽게 몇 차례 호흡을 합니다.

2단계[본명상]
① 건포도 한 알로 먹기명상을 해 봅니다.
② 두 번째 건포도를 보면서 이 건포도 한 알에서 햇빛과 흙냄새, 바람과 비, 천둥과 번개 그리고 시간의 흐름을 느껴 봅니다.
③ 이 건포도가 달려 있던 포도나무, 씨를 뿌리고 키운 사람, 수확하고 다듬고 말린 사람, 포장하고 운반하고 진열한 사람, 구매자 등 지금의 만남에 관여된 다양한 사람과 작업을 상상해 봅니다.
④ 자신이 사는 데에 필요한 모든 것이 자연의 무조건적 도움과 다른 사람들의 관여 덕분이라는 것을 상상해 봅니다.

3단계[마무리]
① 잠시 눈을 감고 앉아 호흡과 함께합니다.
② 그만두고 싶으면 부드럽게 눈을 뜨고 돌아옵니다.

절명상: 용서 구하기

절명상은 일반적으로 초월적 존재(각자 종교의 신)에 대한 기원(기도)을 하는 동적 명상입니다. 절명상은 얽힌 것의 풀림, 회개, 참회, 자기비움, 감사와 포용, 자비와 사랑 등의 따뜻한 마음이 우러나오게 합니다. 우리는 살면서 의도적이든 의도적이지 않든 간에 누군가에게 상처를 준 적이 분명 있을 것입니다. 종교가 있다면, 각자 종교의 신이 앞에 있다고 가정하고 그 존재에게 절을 한다고 생각해도 됩니다. 종교가 없다면, 막연하지만 무언가 완벽한 초월적 존재에 대해 내가 알고서 또는 모르고서 다른 존재에게 저지른 잘못에 대해 용서를 구합니다.

■ 요약: 절하기를 이용해서 자신이 의도적으로 또는 우발적으로 타인이나 다른 존재에게 입힌 피해에 대해 용서를 구합니다.

1단계[준비]: 서서 호흡 관찰하기
① 허리를 바로 세우고 서서 두 발은 가지런히 모읍니다.
② 천천히 심호흡을 몇 차례 합니다.
③ 어깨의 긴장을 내려놓고 발바닥이 지면에 닿는 면을 확인합니다.

2단계[2-1]: 용서 구하기
① 종교가 있는 사람은 자신이 믿는 하나님이나 부처님 등의 모습을, 없는 사람은 무엇인가 나를 넘어서는 어떤 초월적 존재를 마음속에 떠올립니다.
② "나는 말로, 생각으로, 행동으로 저지른 잘못을 참회합니다."라는 문구를 마음속으로 암송하면서 초월적 존재를 향해 열 번 절합니다.

2단계[2-2]: 두 손 모아 내가 상처 준 분에게 용서 구하기

① 자신이 용서를 구하고 싶은 일을 한 가지 떠올려 봅니다. 그 일로 피해를 받았을 대상도 떠올립니다.

② "내가 알게 모르게 피해를 준 당신께 미안하고 죄송한 마음을 담아 용서를 구합니다."라는 문구를 암송하면서 열 번 절합니다.

3단계[마무리]: 절명상을 수련한 나 자신에게 감사를 보내기

① 선 상태에서는 신체감각과 느낌, 생각을 온전히 알아차립니다.

② 정성을 다해 절명상을 수련한 나 자신에게 따뜻한 감사의 격려를 해 줍니다.

Tip

• 용서 구하기 절명상의 순서와 자세는 절명상과 동일합니다.

• 용서 구하기 절명상은 언제 어디서든 실시할 수 있습니다. 앉아서나 서서 약식으로 할 수도 있습니다. 다만 편안한 장소에서 편안한 마음으로 실시합니다.

• 자신의 역량에 맞게 실시합니다. 수련이 익숙해지면 10배, 21배, 33배, 54배 등으로 횟수를 늘려 나갑니다.

Q&A

1. 용서를 구하고 싶은 일이 없는 것 같아요.

자신은 누구에게도 피해를 주지 않고 살려고 노력했기 때문에 특별히 누구에게 용서를 구할 것이 없다는 느낌이 들 수 있습니다. 하지만 꼭 의도적으로 나의 이득을 위해 잘못을 저지르지 않더라도 우

리가 살아간다는 것 자체가 누군가에게 불가피하게 피해를 줄 수 있다는 것을 생각해 보세요. 예를 들어, 걷다가 자기도 모르게 개미를 밟아 죽였을지도 모르고, 음식을 먹는다는 것조차 어떤 식으로든 다른 존재, 즉 소나 돼지 같은 동물이나 벼와 콩 같은 식물의 목숨을 불가피하게 빼앗는 것입니다. 누구나 말 때문에 상처를 받는 경우가 있는데, 상대는 그럴 의도가 전혀 없었을 수도 있듯이 내가 아무 의도 없이 했던 말도 듣는 사람에게는 상처가 될 수 있는 일입니다.

자기자비명상

우리는 높은 기준과 능력을 요구하는 사회에 살고 있습니다. 하지만 나에게 가장 냉정한 사람이 어쩌면 바로 나라고 느껴지는 순간들이 있지는 않은가요? 자기자비명상은 나의 행복과 평화를 기원하는 따뜻하고 행복한 명상입니다. 자기자비명상을 통해 스스로를 비난하거나 창피하게 여기지 않고 따뜻하게 사랑하고 응원하며 더 밝은 미래를 기원해 보세요. 특히 어려운 일을 겪고 자신에게 실망하거나 자책하거나 죄의식이 들 때 이 명상을 해 보면 좋습니다.

■ 요약: 자신의 허물을 수용하고 자신과 긍정적이고 따뜻하며 새로운 관계를 원하는 문구를 반복해서 암송합니다.

1단계[준비]
① 의자나 바닥에 앉아서 허리를 펴고 의젓하면서도 편안한 자세를 취합니다.
② 몇 차례 심호흡을 하여 마음을 안정시킵니다.

2단계[본명상]
① 부드러운 호흡과 함께 일어나는 평온한 느낌을 느껴 봅니다.
② 생각만 해도 가슴이 따뜻해지고 사랑의 마음이 일어나는 대상을 하나 떠올려 봅니다.
③ 주의를 가슴에 모아 부드럽고 따뜻한 감정을 충분히 느껴 봅니다.
④ 충분히 따뜻한 느낌이 들면, 자신의 모습을 의식에 떠올려 봅니다.

⑤ 호흡이 자연스레 이루어지도록 하면서 호흡에 맞추어 자신의 이미지를 향해 다음의 문구들을 열 번씩 암송합니다.

- 나는 나 자신이 진정으로 행복하고 평화롭기를 바랍니다.
- 나는 진정으로 사랑하고 사랑받으며 살기를 바랍니다.
- 나는 진정으로 고통과 괴로움에서 벗어나기를 바랍니다.
- 나는 진정으로 삶의 어려움과 함께 살아갈 수 있는 자원과 힘을 갖기를 바랍니다.

3단계[마무리]
① 잠시 지금의 느낌을 충분히 음미해 봅니다.
② 한두 번 심호흡을 하고 마무리합니다.

Tip
- 명상이 익숙해지면 다양한 자신만의 문구를 만들어 봅니다.
- 자신에게 자비심이 잘 일어나지 않는다면, 자비가 잘 일어나는 대상으로 시작해 자신을 위한 자비명상으로 마무리해도 무방합니다.

1. 나 자신을 위해 자비명상을 하는 것이 어색하고 어려워요.

어떤 사람들은 자신에 대해 과도하게 높은 기준을 가지고 있어서, 지금 현재의 자신에 대해 만족하지 못하여 평소 창피하거나 뭔가 문제가 있다는 생각을 하기도 합니다. 특히 수치심이나 죄의식이 강한 사람들의 경우, 자신을 대상으로 무엇인가 긍정적인 것을 바라는 것이 어색하고 힘들다고 느끼기도 합니다. 하지만 누구나 어려움과 약점을 가지고 있음에도 그 자체로 충분히 온전한 것이라는 점을 상기하고, 자신의 부끄럽고 모자라는 부분조차 사랑하려는 마음을 가지려고 노력하는 것이 좋습니다. 자기자비명상을 하기 전에, 자신의 초라하고 불쌍한 모습을 떠올려 힘들어하는 사람을 위로하듯 따뜻하게 안아 주면서 속으로 '그래도 괜찮아~.' 하며 다독거리는 심상 연습을 해 보서도 좋습니다. 자신을 대상으로 자비명상을 하는 것이 많이 어려우면, 일단 다른 사람을 대상으로 자비명상을 하신 후에 해 보시기 바랍니다.

"나는 삶에서 행복과 자유를 추구한다. 이는 누구나 마찬가지이다. …… 그러면 어떻게 해야 행복과 자유에 이를 수 있는가? …… 세상에는 우리의 의지로 할 수 있는 것과, 우리의 의지로 할 수 없는 것이 있다. …… 자신의 의지로 할 수 있는 것과 없는 것을 구별하는 지혜를 가질 때, 마음의 행복과 자유는 그대의 것이다.

우리 의지대로 할 수 있는 것에는 무엇이 있는가? 우리의 생각과 의견, 욕망, 어떤 것에 대한 애착 등이 그것이다. …… 자신이 어떤 생각과 감정을 갖고 있을 것인가는 다른 누구에게 달린 일이 아니다. 전적으로 그대 자신에게 달린 일이다.

하지만 세상에는 우리의 의지로 어찌할 수 없는 것들이 있다. 어떤 몸을 가지고 태어날 것인가, 재산이 얼마만큼 있는 집에서 태어날 것인가, 남들에게 어떤 대접을 받을 것인가 또는 사회에서 어떤 지위를 누릴 것인가. 이런 것들은 우리 밖의 일이며 따라서 우리와는 직접적인 관계가 없다."

— 에픽테투스[Epictetus, 55년(추정) ~ 135년(추정)] —

09
사랑과 이타성

09

사랑과 이타성

🍃 자비심의 보편성

앞 장에서 세계적인 종교들이 무조건적인 사랑을 인간의 핵심적인 덕목으로 강조한다는 것을 설명했습니다. 최근 세계보건기구(WHO)가 주도한 다문화 협동작업에서는 이렇게 세계적인 종교들이 공통적으로 강조하는 덕목을 연민적 사랑(compassionate love)이라 통일해서 부르기로 했습니다. 심리학자들은 연민적 사랑을 '다른 사람의 고통을 공감하고 돕고자 하는 마음'이라고 정의하는데, 이는 기독교의 아가페적 사랑이나 유교의 측은지심, 대승불교에서 강조하는 자비심과 거의 동일한 개념이라 할 수 있습니다.

사람들은 전쟁과 살인, 파괴에서 볼 수 있듯이 매우 잔인한 일을 하기도 하고, 자신의 이득을 위해 남을 해치는 경우도 많이 있습니다. 그럼에도 여러 종교는 인간이 자비의 마음을 본성으로 가지고 있다고 이야기합니다. 진화생물학에서는 새끼에 대한 어미의 무조건적이고 무한한 사랑과 돌봄은 생명이 있는 모든 존재가 공유하고 있는 특성으로서 종의 생존에 필수적이며 가장 기본적인 본능이라고 봅니다. 최근의 진화심리학 연구에 따르면, 집단적인 협동이 생존에 더욱 효과적이었기 때문에 다른 구성원에 대한 배려와 존중, 희생과 같은 긍정적인 정서와 태도가 발생하게 되었다고 합니다. 즉, 자신과 혈연관계를 넘어 집단의 다른 사람들과 협동하고 희생하는 것이 집단의 생존에 더 효과적이었기 때문에 이런 마음이 진화했다고 보는 것입니다. 개인수준에서도 사랑과 친밀감, 배려, 돌봄 등의 긍정적인 사회적 관계는 개인의 행복과 웰빙에 거의 필수적입니다.

자비란 이런 사랑의 마음을 자신이 속한 집단을 넘어 인간 전체, 더 나아가 생명이 있는 모든 다른 존재에게까지 확장하는 개념입니다. 자비명상의 수련도 이런 흐름을 따라 이루어집니다. 자신과 가까운 사람들, 잘 모르는 보통 사람들, 인간이 아닌 다른 생명체, 자신이 미워하는 사람들로 자비의 대상이 확장되도록 순차적으로 수련합니다.

주고받기에 대하여

자비나 측은지심, 무조건적인 사랑은 대가나 조건을 따지지 않는 사랑의 마음을 말합니다. 이렇게 아무런 대가를 바라지 않고 하는 친절한 행동은 자신의 행복과 웰빙을 증진시킨다는 것이 이미 연구 결과로 밝혀져 있습니다. 바닥에 떨어진 쓰레기를(내가 버린 것이 아니더라도) 치우거나, 일상에서 만나는 사람들에게 밝은 인사를 건넨다거나, 뒷사람을 위해 문을 열어 주거나 하는 등의 소소한 친절행동은 마음을 편하게 만들어 주고 뭔가 뿌듯한 존재감을 느끼게 합니다. 이런 행위는 잘 모르는 사람들에게 친절하게 대하는 일회적 행위로서 비교적 쉽게 해 볼 수 있습니다. 또한 가족이나 자신이 좋아하는 사람들에게는 이러한 무조건적인 친절행동이 쉽게 나타날 수 있습니다.

하지만 잘 모르는 사람이나 이제 막 알아 가는 사람과의 인간관계에서는 호혜성 때문에 대가를 바라지 않는 자비행위를 하기가 어렵습니다(사실 호혜성은 좋아하는 사람과의 관계에서도 나타납니다). 호혜성이란 관계에서 주고받는 일이 서로 이득이 되도록 행동한다는 것인데, 여러 연구에서 호혜성이 없으면 좋은 관계를 만들고 유지하기 어렵다는 것을 보여 줍니다. 일방적으로 한쪽이 다른 한쪽이 요구하는 양보와 희생을 주기만 하고 아무것도 받는 것이 없다면 호혜적이지 않으며, 누구도 그런 관계를 좋아하지 않을 것입니다.

유대교의 지혜를 집대성한 『탈무드』에 따르면, 주고받기를 기준으로 네 가지 유형의 사람이 있는데, 주기만 하고 받기를 거절하는 사람은 교만한 사람이며, 받기만 하고 주기를 거절하는 사람은 비굴한 사람이며, 주지도 않고 받지도 않으려는 사람은 악한 사람이며, 주기도 하고 받기도 하려는 사람은 선한 사람이라고 합니다.

아마도 대부분의 사람은 주기도 하고 그에 따른 보답을 기대하는 선한 사람들일 것입니다. 하지만 이런 선한 사람들의 관계에서도 주었는데 보답을 못 받음으로 인해 섭섭함이나 억울함을 느껴서 관계가 나빠지거나 끊어질 수도 있습니다. 상대가 호혜성을 보이지 않았다고 느끼기 때문이지요.

이때 호혜성을 좁은 의미로 해석하기보다는 좀 더 넓게 해석해 보면 어떨까요? 즉, 내가 자비를 베풀었을 때 그 대가에 대해 다양한 방식으로 해석해 볼 수 있습니다.

- 보답을 받지 못하더라도 그것 때문에 내가 기쁘면 그것이 보답이다.
- 내가 베푼 사람에게 보답을 받는 것이 아니라 다른 사람이나 다른 관계에서 보답을 받을 수도 있다.
- 내가 받는 것이 아니라 내가 사랑하는 다른 사람이 받을 수도 있다.
- 지금 바로 받는 것이 아니라 먼 나중에 받는 것일 수도 있다.

자비명상은 호혜성을 넘어서는 친절과 사랑의 마음 및 행동을 키우려는 것입니다.

◢ 연민의 의미

자비명상은 불교의 사무량심수련에 그 뿌리가 있습니다. 사무량심(四無量心)이란 인간이 본래 가지고 있는 특성으로서 자애와 연민, 동락, 평등의 네 가지 마음을 말합니다. 자애란 대상에 대한 사랑의 마음으로서, 친절하게 대하고 돌보아 주려는 마음을 말합니다. 연민이란 대상의 고통과 괴로움에 공감하면서 그런 괴로움을 덜어 주고자 하는 마음을 말합니다. 동락이란 대상의 선한 행위와 성취에 대해 함께 기뻐하는 마음이며, 평등이란 대상을 차별하지 않는 마음을 말합니다. 자비라는 말은 이 중 자애와 연민을 합한 말이며, 사무량심수련 전체를 자비명상이라고도 합니다.

자애와 연민, 동락, 평등은 모두 다 중요한 마음의 특성이지만, 이 중 특히 중요하고 기본적인 것은 연민입니다. 연민은 고통과 괴로움을 겪는 대상의 처지를 공감하고, 그런 괴로움을 덜어 주고자 하는 마음을 말합니다. 다른 사람이나 생명의 고통과 괴로움에 공감하는 것은 매우 힘든 일입니다. 슬픔과 괴로움, 불편과 안타까움을 똑같이 느끼게 되기 때문입니다. 이에 더해 연민심은 그런 고통과 괴로움을 덜어 주고자 위로하고 돌보며 돕고자 하는 마음을 포함합니다. 여기서 연민(compassion)의 정서와 태도는 자신의 우월성을 바탕으로 하는 동정이나 도와주기와는 다릅니다. 그보다는 모든 존재 자체의 불완전성과 괴로움의 불가피성에 대한 통찰 및 상호연대감에 기반한 공감적 슬픔과 돌봄을 말합니다. 이러한 연민심은 다른 존재를 따뜻하고 친절하게 대하며 사랑하는 자애심의 토대가 됩니다.

또한 연민은 괴로움을 겪는 대상의 과거나 미래의 행위와는 관계없이 지금 현재의 괴로움에 대한 공감을 기반으로 합니다. 그런 점에서 사회적 정의와는 상당한 차이가 있습니다. 예를 들어, 우리는 자기 이익을 위해 상대를 해치는 짓을 했던 사람이 곤경에 처했을 때 연민을 느끼기 어려운 경우가 많습니다. 오히려 사회정의라는 면에서 그가 겪는 고통과 괴로움을 당연한 대가로 간주하고 냉담해지기 쉽습니다. 이럴 때는 자애의 마음도 생기지 않습니다. 연민은 지금 이 순간의 현상에 주의를 기울이는 것이며, 더 근본적인 괴로움과 슬픔의 원인에 주의를 기울이는 것입니다. 지금 겪는 고통과 괴로움뿐 아니라 선하지 않은 짓을 했던 사람의 행위를 그의 무지나 탐욕에 따른 것으로 보고, 그가 무지와 탐욕에서 벗어나지 못한 것까지 안타깝게 여기는 마음이 진정한 연민입니다. 이런 의미에서 연민은 '무조건적인 사랑'이라는 자애의 토대가 되는 것입니다.

세 가지 정서체계

영국의 임상심리학자인 폴 길버트(Gilbert, 2010; Gilbert & Choden, 2014)에 따르면, 우리의 뇌에는 세 가지 정서체계가 확립되어 있다고 합니다. 첫째, 위협보호체계로서 위협과 위험을 탐지하고 반응함으로써 스스로를 보호하는 체계입니다. 이 체계의 활성화는 공포, 불안, 분노, 질투, 혐오와 같은 정서를 야기하고, 공격이나 회피, 제거하려는 열망, 조심성 같은 행동경향성을 촉발해서 우리의 피해와 손상을 최소화하는 데에 도움이 됩니다. 둘째, 흥분추동체계로서 음식, 섹스, 친구, 돈, 경력과 같은 생존과 번영에 필요한 중요한 자원의 탐지와 확보에 관심을 기울이고 거기서 쾌감을 느끼는 기능을 담당합니다. 이 체계의 활성화는 흥분과 쾌감 같은 정서를 야기하고 성취지향성, 물질적인 소유를 위한 행동경향성을 만들어 냅니다. 이 체계는 사회적 성취를 동기화하는 역할을 하지만, 과도하면 심신의 소진이나 반사회적 행위를 일으키기도 합니다. 셋째, 친화위로체계로서 휴식과 재충전의 기능을 합니다. 이 체계가 활성화되면 만족감, 안전감, 연결감, 호기심 같은 정서를 야기하며, 이완과 휴식, 개방적인 마음과 성찰, 사랑하고 돌보는 행동경향성을 만들어 냅니다.

이 중에서 친화위로체계는 진화적으로 가장 최근에 발달한 것이며, 이 체계가 위협보호체계를 조절함으로써 불편한 감정을 관리하고 감소시키는 기능을 한다고 봅니다. 또한 이 체계는 사랑과 이타심의 토대가 되는 정서 및 행동과 관계가 있습니다. 이 체계는 과도한 경쟁과 물질주의적 성취를 강조하는 최근의 문화에서, 특히 흥분추동체계의 역기능을 조절하고 행복이나 웰빙과 같은 새로운 삶의 목표를 추구하는 데에 매우 중요한 정서체계입니다.

자비명상은 바로 이 친화위로체계의 계발과 밀접한 관계가 있습니다. 특히 과도하게 흥분추동체계를 자극하는 현대 사회에서는 친화위로체계를 계발하는 것이 휴식과 위로 경험을 통해 삶의 균형을 잡는 데에 중요합니다. 이런 친화위로체계를 적극적으로 계발하는 효과적인 방법으로 자비명상이 주목받고 있습니다.

◢ 모든 존재의 평등함

모든 존재는 평등합니다. 이 말은 모든 존재가 동일한 능력과 장단점을 가지고 있다는 것은 아닙니다. 각각의 존재는 서로 다른 특징을 가지고 있고 그런 서로 다른 특징이 우월함과 열등함, 좋음과 싫음 등 차별의 기준이 되는 것이 현실입니다. 하지만 우리가 자신과 다른 사람, 다른 존재를 나쁘게 또는 좋게, 우월하게 또는 열등하게 평가하는 것은 순전한 왜곡이라 할 수 있습니다. 이는 무엇보다도 모든 평가가 자기중심적이고 상대적인 것이기 때문입니다.

모든 평가는 자기중심적입니다. 우리는 끊임없이 판단하고 평가합니다. 가장 중요한 평가는 해롭다-이롭다, 좋다-싫다, 좋다-나쁘다는 평가일 것입니다. 이런 평가 경향은 아마도 진화의 산물일 것입니다. 우리는 처음 보는 대상이나 사건, 환경에 대해서도 즉각적으로 평가하는데, 그 근거는 환경 내의 대상과 나 사이의 관계입니다. 진화의 산물인 쾌락주의적 행동양식은 '쾌락적 경험을 주는 대상은 나에게 이로운 것이고, 불쾌한 경험을 주는 대상은 해로운 것이다.'라는 내면화된 평가적 신념을 기반으로 하는 것입니다. 이런 신념은 대상 자체와 경험 자체로 확장되어 '쾌락적 경험을 일으키는 대상과 쾌락 경험은 좋은 것이고, 불쾌한 경험을 일으키는 대상과 불쾌 경험은 나쁜 것'이라는 자기중심적 신념이 되었습니다.

우리는 개인으로 또는 인간으로 자신에게 도움이 되는가 아닌가, 마음에 드는가 아닌가, 예쁜가 미운가, 자신과 얼마나 닮았는가 등의 인간중심적인 기준을 토대로 익충과 해충, 잡초와 식량, 좋은 동물과 나쁜 동물, 좋은 땅과 나쁜 땅, 우월한 존재와 열등한 존재 등으로 구분합니다. 그래서 '꿀벌은 근면하다.' '바퀴벌레는 더럽고 징그럽다.' '하이에나는 도둑질로 먹이를 얻는 비겁하고 야비한 동물이다.'라고 합니다. 하지만 이런 생각은 모두 인간의 관점에서 하는 평가이기 때문에 실제와는 거리가 멉니다. 꿀벌도 겨울에는 일을 하지 않고, 바퀴벌레는 어떤 문화에서는 맛있는 음식이며, 하이에나는 그렇게 얻은 먹잇감을 뱃속에 넣고 30km를 달려서 돌아와 새끼에게 먹이는 동물인데 비겁하다고 하는 것은 순전히 인간의 기준에 불과한 것이지요.

하지만 이런 자기중심성은 특정 속성이 마치 평가받는 대상의 고유한 속성인 것처럼 여기게 하는 무지(ignorance)를 낳습니다. 예쁜 사람, 멋있는 사람은 없습니다. 예쁜 꽃도, 미운 꽃도 없습니다. 나에게 예쁘게 여겨지는 사람, 멋있게 여겨지는 사람, 예쁘게 느껴지는 꽃, 밉게 느껴지는 꽃이 있을 뿐입니다. 예쁘다거나 멋있다는 속성은 그 사람의 고유한 특성이 아닙니다. 예쁘다거나 밉다는 것은 그 꽃의 고유한 속성이 아닙니다. 모든 평가적 속성은 누가 보느냐에 따라 달라지는 것입니다. 다시 말하면, 대상이 그런 속성을 가지고 있다고 주관적으로 속성을 부여하는 것에 불과한 것입니다. 따라서 모든 존재는 그 자체로 온전한 것일 뿐, 그 존재가 이런저런 속성을 가지고 있다고 지각하는 것은 순전히 자기중심적 왜곡일 뿐입니다.

또한 모든 평가는 상대적입니다. 좋다거나 싫다는 선호 평가나 옳다거나 그르다는 진위 평가, 좋다거나 나쁘다는 도덕적 평가뿐 아니라 길다거나 짧다, 크다거나 작다, 빠르다거나 느리다는 등의 물리적 평가조차 모두 상대적입니다. 즉, 다른 대상과 비교해서 판단을 내리는 것입니다. 절대적으로 좋거나 옳거나 길거나 크거나 빠른 것은 없습니다. 예를 들어, 어떤 사람의 키가 170cm일 때, 그 키는 큰 키일까요, 작은 키일까요? 크거나 작다고 하려면 비교할 대상이 있어야 합니다. 그래서 정확하게 말하면, '160cm에 비하면 큰 키이고, 180cm에 비하면 작은 키'입니다. 절대적인 의미에서 170cm란 그 사람의 발끝에서 머리끝까지의 길이 그 자체일 뿐입니다. 이런 상대 평가는 모든 존재 자체의 온전함을 잘못 인식하게 합니다.

모든 존재가 평등하다는 것은 존재를 규정하는 중요한 특성들이 개별적 존재의 의지로 선택되지 않았다는 점에서도 그렇습니다. 우리는 스스로 원해서 존재하는 것이 아닙니다. 성별이나 부모, 신체 및 심리적인 유전적 특성, 태어난 시기와 환경 등 우리 자신을 규정하는 기본적인 특성은 우리가 선택한 것이 아니라 그냥 주어진 것입니다. 따라서 자신이 선택하지 않은 특성 때문에 차별받는 것은 공평하지 않습니다.

또 다른 측면에서 모든 생명이 있는 존재는 고통과 괴로움을 줄이고 즐거움과 행복을 늘리려는 강력한 욕구를 공유하고 있다는 점에서 평등합니다. 우리가 쉬는 숨 하나하나가 바로 이 같은 공통적인 욕구를 반증합니다. 숨이 30초만 멎어도 매우 괴롭습니다.

마음챙김수련에서 비판단적인 주의를 기울여 있는 그대로 알아차린다는 것은 이 같은 자기중심성을 벗어나고 맥락에 따른 상대성을 직접 경험하도록 하려는 것입니다. 지혜의 통찰이란 바로 개념적이고 자기중심적인 관점을 벗어나 현상의 실제를 정확하게 알아차리게 된다는 것과 다르지 않습니다.

평등심은 자연스럽게 모든 존재를 있는 그대로 존중하는 마음으로 이어집니다. 자비명상은 이러한 평등함에 대한 깊은 이해를 바탕으로 자신뿐 아니라 타인과 모든 생명 있는 존재를 그 자체로 존중하며, 자기중심적인 기준으로 차별하지 않는 사랑의 마음을 기르는 훈련입니다.

노력과 운

우리 인생의 성공에서 노력과 운은 얼마나 중요할까요? 자신이 성공했다고 느낀다면, 이는 주로 자신이 노력했기 때문이라고 생각하나요, 아니면 운이 좋았기 때문이라고 생각하나요? 자신의 인생을 실패한 것이라 느낀다면 노력이 부족했던 탓일까요, 아니면 운이 나빴던 탓일까요?

제8장에서 살펴본 것처럼, 인간은 각자의 '운'이라고 할 수밖에 없는 서로 다른 많은 조건과 특징을 갖고 태어납니다. 태어난 시기, 태어난 지역, 성별, 체질, 지적 능력, 부모와 가족 등 개인의

성공과 실패에 매우 중요한 많은 조건과 특징은 노력으로 얻어질 수 있는 것이 아닙니다.

코넬 대학교의 경제학자인 로버트 프랭크(Robert Frank, 2016) 교수는 최근의 저서 『성공과 운(Success and Luck)』에서 경제적 성공에는 실력과 노력이 아닌 운이 더 중요하다는 것을 많은 사례와 연구 결과를 토대로 입증했습니다. 프랭크에 따르면(사실 그의 견해를 따르지 않더라도), 부유한 나라에서 태어나는 것은 그 자체가 커다란 행운이지요. 왜냐하면 소득은 그 지역에 투하된 자본의 양에 비례하며, 그래서 동일한 노력이 드는 노동에 대해서도 부유한 나라에서 일하는 사람은 가난한 나라에서 일하는 사람보다 더 많은 임금을 받기 때문입니다. 또한 어떤 부모 밑에서 태어나는가 하는 것도 경제적 성공에 중요한 영향을 미치는 운입니다. 부모의 지적 능력과 관심, 경제적 상태 등은 자녀가 성공에 필요한 능력과 자질을 학습하는 데에 결정적인 영향을 미치는데, 부모 또한 자신의 노력으로 얻을 수 있는 것이 아닙니다. 실제로 부모의 소득과 자녀의 소득 간에는 높은 상관이 있습니다. 우리 사회에서 금수저니 흙수저니 하는 얘기들도 노력과 실력보다는 운에 따라 좌우되는 현실을 나타내는 것이라 할 수 있습니다.

이것은 누구에게나 현실입니다. 하지만 이런 현실을 어떻게 파악하는가는 자신의 몫입니다. 좋은 운에 대해서는 감사하고 겸손한 자세를 가지며, 나쁜 운에 대해서는 불평하거나 억울해하기보다는 있는 그대로 받아들이고 이를 바탕으로 최선의 노력을 다하는 것이 아마도 가장 현명한 자세일 것입니다. 한자성어에 진인사대천명(盡人事待天命)이라는 말이 있습니다. 이 말은 삼국지에서 유래한 것인데, 문자 그대로의 뜻은 '인간으로서 해야 할 일을 다 하고 나서 하늘의 명을 기다린다.'는 것입니다. 이 말을 조금 바꿔 쓰면, '내가 할 수 있는 것을 최선을 다해서 하고, 나머지는 운에 맡긴다.' 정도로 쓸 수 있습니다.

🌱 자비명상의 효과

자비명상은 친밀하고 따뜻한 관계를 맺는 능력을 향상시키는 수련입니다. 타인과 다른 존재를 대상으로 하는 자비명상은 그들과 건강하고 행복하게 관계하는 태도와 능력을 키워 줌으로써 친화위로체계를 적극적으로 계발할 수 있는 수련입니다. 인간관계는 기쁨과 만족감, 행복의 가장 중요한 원천이지만, 스트레스의 원천이기도 합니다. 특히 가족이나 친구처럼 가까운 사람들은 우리에게 유대감과 기쁨을 주기도 하지만, 동시에 강력한 스트레스의 원천이기도 합니다. 인간관계가 야기하는 불안과 긴장, 분노와 좌절, 낮은 행복감은 여러 사회에 널리 퍼져 있습니다. 타인과 다른 존재를 대상으로 하는 자비명상은 세상을 긍정적이고 따뜻한 태도로 볼 수 있는 자질을 향상시킵니다. 자기중심성을 넘어서 모든 존재를 차별하지 않고, 친절하게 대하며, 그들의 고통과 괴로움에 공감하면서 도와주고, 칭찬하고 격려하는 태도를 계발함으로써 결과적으로 모든 존재와 불화하지 않고 조화롭게 살아가는 지혜를 갖게 해 줍니다.

자비명상은 결국 자신에게도 도움이 됩니다. 타인이나 다른 존재에 대한 갈망과 집착, 미움과 적개심, 비통함, 잔인함, 질투와 시기심, 냉담함과 열등감, 차별의식과 같은 감정이나 태도는 그 자체가 우리 자신의 건강과 삶을 불행하고 피폐하게 할 뿐 아니라 다른 사람 또는 다른 존재와 자신을 단절시키는 매우 해로운 것입니다. 자비명상은 이렇듯 해로운 감정이나 태도로부터 우리 자신을 보호해 주는 기능을 합니다.

또한 자비명상은 자신과의 관계도 긍정적으로 변화시킵니다. 자신과 따뜻하고 친밀한 관계를 갖는 것은 건강과 행복에 필수적입니다. 많은 사람이 자신에 대한 불만과 자책, 자기비난 등으로 괴로움을 경험합니다. 이전 회기에서 연습했던 자신을 대상으로 하는 자비명상은 자신에 대한 수치심과 열등감, 멸시, 냉담함, 잔인함과 같은 심하면 병리적일 수도 있는 감정이나 태도를 개선하고 스스로 행복할 수 있는 능력과 자질을 계발할 수 있는 좋은 방법입니다.

이렇듯 자비명상으로 계발하려는 사랑과 친절함, 연민, 평등심 등의 긍정적인 정서와 태도는 마음을 열게 하여 생각과 행동의 다양성을 넓혀 주고, 불가피한 고통과 괴로움의 잔류효과를 빨리 줄여 주는 것으로 밝혀졌습니다. 또한 긍정적인 정서는 역경에 처했을 때에도 거기서 긍정적인 의미를 찾을 수 있게 하며, 건강과 행복 증진에 중요한 심리적 자원으로 밝혀져 있습니다. 표준적인 자비명상 외에도 용서명상이나 감사명상 등도 모두 자비명상의 일종이라 할 수 있습니다.

나지사명상: 모르는 사람들에게 받은 일상의 스트레스 다루기

우리는 살아가면서 잘 모르는 사람 때문에도 소소하게 불쾌한 일들을 겪습니다. 다른 사람이 자신이나 또 다른 사람에게 피해를 주거나 기본적인 예절이나 법규를 무시하는 것을 보면 자동적으로 짜증이나 불쾌감이 일어날 수 있습니다. 소음을 내며 교실에 들어오는 지각생, 공공장소에서 시끄럽게 떠드는 사람, 불쾌한 냄새를 풍기는 지하철의 취객, 아무렇게나 한 주차, 순서를 무시하는 새치기 등 자신과 직접 관련이 있든 없든 간에 이러한 타인의 행동은 불쾌감을 일으킵니다. 때로는 이런 불쾌감이 분노로 커지기도 합니다. 나지사명상은 하루에도 여러 차례 겪을 수 있는 이런 스트레스로부터 자신을 보호할 수 있는 손쉽고 재미있는 방법입니다. 이 방법은 동사섭이라는 수련 프로그램을 만든 용타 스님이 창안한 것으로 알려져 있습니다.

나지사란 '~구나, ~겠지, ~에 감사'라는 세 문장의 마지막 철자입니다. 나지사명상은 불쾌감이나 화가 나는 일을 당했을 때 상대의 행동을 악의적인 것으로 해석하기보다는 실수나 미숙함 때문이라는 선의로 추론하고, 더 심한 일이 발생하지 않은 것 등에 감사하는 마음을 일으킴으로써 불편한 감정을 누그러뜨리는 방법입니다.

예를 들어, 등굣길에 많은 학생 틈에서 강의실로 향하고 있는데 갑자기 뒤에서 바쁘게 오던 학생이 부주의하게 당신의 가방이 어깨에서 떨어질 정도로 심하게 치면서 휙 지나갔다고 합시다. 깜짝 놀라 가방을 붙들고 보니 이미 그 학생은 뒤도 안 돌아보고 저 멀리 뛰어가고 있습니다. 속으로 괘씸한 생각이 들고 짜증이 나고 화가 나기도 합니다. 이럴 때 나지사명상은 다음과 같이 진행합니다.

먼저, '저 친구가 내 가방을 치고는 미안하다는 말도 없이 가버렸구나~.'와 같이 상대방의 행위를 객관적으로 묘사합니다. 이어서 '무슨 피치 못할 이유가 있겠지~.' 또는 '몸이 둔해서 나를 피해 가지 못했겠지~.' 등 상대가 나에게 적대적인 의도가 있어서가 아니라 내가 모르는 다른 이유가 있었을 것이라고 선의로 해석합니다. 마지막으로, '그래도 내가 넘어지지는 않았으니 다행이다~.' 또는 '그 친구도 넘어져 다치지 않았으니 다행이다~.'라는 식으로 나나 상대가 더 큰 어려움을 당하지 않은 것에 감사하는 마음을 일으킵니다. 더 나아가서 '그 친구가 늦지 않게 도착했으면 좋겠다~.'와 같이 상대의 행복을 기원하는 마음을 일으키면 더 좋습니다. 그렇게 하면 불쾌감이나 분노가 금방 사라지는 것을 경험할 수 있습니다.

나지사명상의 핵심은 내게 피해를 준 상대의 행위를 악의적이거나 적대적인 것으로 해석하지 않는 것입니다. 우리는 매일 알지 못하는 여러 사람과 상호작용하면서 삽니다. 그리고 그런 사람들은 나에게 적대적일 이유가 없습니다. 다만, 여러 가지 개인적인 성격이나 능력의 부족함 또는 피치 못할 상황 때문에 피해를 주는 것일 뿐입니다. 이는 누구나 마찬가지입니다. 나 자신도 그럴 의도가 없는데도 다른 사람에게 피해를 주는 것을 피할 수는 없는 일입니다.

나지사명상은 잘 모르는 사람에게 받은 불편한 경험뿐 아니라 친구나 가족처럼 잘 아는 사람들에게 받는 스트레스를 다루는 데에도 효과적인 방법이며, 일종의 작은 용서명상이라고 할 수 있습니다.

평등명상

평등명상은 다른 명상과는 달리 모든 존재의 평등성에 관해 숙고하는 명상입니다. 이런 평등성에 대해 자각하고 차별하지 않는 태도는 다른 모든 자비명상이 제대로 효과를 발휘하기 위한 중요한 전제조건이기도 합니다. 그래서 이 명상은 다른 자비명상을 하기 전에 하는 것이 좋습니다.

■ 요약: 나 자신뿐 아니라 기본적으로 모든 존재가 고통과 괴로움을 겪고 있으며, 누구나 사랑받고 행복하고자 하는 동등한 욕구를 가지고 있음을 깊이 생각해 봅니다.

1단계[준비]
① 편안하게 바닥이나 의자에 앉거나 또는 누워서 깊은 호흡을 서너 차례 하여 이완합니다.
② 가슴이나 배로 주의를 돌려 1~2분 정도 호흡의 감각을 있는 그대로 알아차립니다.

2단계[본명상]: 존재의 평등함에 대한 숙고
① 자신이 사랑받고 사랑하며 행복하기를 얼마나 원하는지 또 자신이 어려움을 겪고 힘들 때 거기서 벗어나기를 얼마나 원하는지 깊게 생각해 봅니다.
② 다른 모든 존재도, 심지어 내가 미워하는 사람도 나와 같을 것임을 깊게 생각해 봅니다.

③ 그들도 나와 같은 몸과 마음, 생각과 감정을 느끼는 존재임을 깊게 생각해 봅니다.

④ 그들도 나와 같이 다양한 고통과 괴로움을 겪으며, 그것에서 벗어나기를 얼마나 원할지 깊게 생각해 봅니다.

⑤ 그들도 나와 같이 사랑받고 사랑하며, 존중받고 행복하기를 얼마나 원할지 깊게 생각해 봅니다.

(이런 숙고의 대상을 인간뿐 아니라 동물과 기타 생명이 있는 존재로 확장할 수 있습니다.)

3단계[마무리]

① 의식의 초점을 아랫배의 호흡에 두고, 다음의 문구를 마음속으로 암송합니다.
- "모든 존재가 행복하고 건강하기를~."
- "모든 존재가 고통과 괴로움에서 벗어나기를~."

② 그만하고 싶으면 부드럽게 몸 전체의 느낌으로 주의를 돌려 잠시 머물다 돌아옵니다.

자비명상

자비명상은 우리 자신에게 본래 존재하는 친절함과 사랑, 관용, 감사의 마음을 적극적으로 계발하기 위한 명상입니다. 자기 이외에 다른 사람이나 동물, 나아가 모든 생명이 있는 존재를 향한 따뜻한 관심과 친절함, 그들의 고통과 괴로움에 대한 공감과 연민, 그들의 행복과 건강을 기뻐하는 마음 등 긍정적인 감정을 키울 수 있는 좋은 방법입니다.

■ 요약: 대상을 다른 사람이나 생명이 있는 존재, 모든 존재로 순차적으로 확장하여 자비의 마음으로 특정 문구를 소리 내어 또는 마음속으로 반복합니다.

1단계[준비]
① 허리가 곧게 펴지면서 의젓하고 편안한 느낌이 드는 자세를 취합니다.
② 심호흡을 서너 번 하여 마음을 안정시킵니다.

2단계[본명상]
① 의식의 초점을 가슴으로 옮기고, 가슴을 따뜻하게 해 줄 만한 대상(고마운 분, 자신을 아껴 주는 분, 귀여운 동물 등)을 떠올려 사랑과 친절의 느낌을 일으켜 봅니다.
② 기쁨과 행복을 빌어 주고 싶은 가까운 사람을 선택해서 그 사람의 이미지를 떠올립니다. 그 사람을 향해 다음의 문구를 반복합니다.
• "○○이 건강하고 행복하기를."
• "○○이 사랑하고 사랑받으며 살기를."

- "○○이 고통과 괴로움에서 벗어나기를."
- "○○이 삶의 어려움과 함께 살아갈 수 있는 자원과 힘을 갖기를."

③ 먼저 가까운 사람을 향해 자비명상을 실시하고, 이어서 잘 모르는 모든 존재를 위한 명상으로 나아갑니다. 그 순서는 다음과 같습니다.

- 고마운 사람
- 중립적인 사람
- 생명이 있는 다른 존재들
- 세상에 존재하는 모든 것

3단계[마무리]

① 그만하고 싶으면 부드럽게 몸 전체의 느낌으로 주의를 돌려 잠시 머물다 돌아옵니다.

Tip

- 처음에는 어색하고 저항감이 들 수도 있지만, 이를 알아차리고 꾸준히 지속적으로 노력해 봅니다.
- 가까운 사람을 대상으로 할 때에는 돌아가신 분이나 이성을 대상으로 하지 않습니다.

용서명상: 미운 사람을 위한

우리는 흔히 다른 사람에게 업신여김을 당하거나 피해를 입으면 분노와 미움을 느끼게 되고 그 사람에 대해 원한이나 복수심을 갖기 쉽습니다. 적개심이나 미운 감정은 전혀 도움 될 것이 없는 해로운 감정입니다. 자신이 미워하는 사람을 친절하게 대하고, 사랑의 마음으로 관용을 베푸는 것은 커다란 자비를 실천하는 것입니다. 또한 결과적으로 자신을 해로운 감정으로부터 보호하고 나아가 좋은 인간관계를 회복하는 데에도 도움이 됩니다.

미운 사람을 용서하기는 쉽지 않습니다. 그래서 이 명상은 일반적으로 타인을 향한 자비명상을 충분히 수련한 후에 하면 좋지만, 처음에 비교적 용서하기 쉬운 사람을 선택하면 다른 수련 없이도 해 나갈 수 있습니다. 처음에는 용서의 대상을 오랜 미움의 대상이나 원한관계를 가진 사람으로 하지 않는 것이 좋습니다. 그보다는 아주 작은 행동이나 말로 불편함을 주어서 마음에 담고 있었던 사람, 예를 들면 길을 가다가 부주의하게 부딪혔는데 뒤도 안 돌아보고 간다거나, 줄을 서서 기다리는데 새치기를 했던 사람 등 비교적 미움이 크지 않은 사람을 대상으로 시작하는 것이 좋습니다. 그런 후에 점차 불편감과 미움이 큰 사람을 대상으로 넓혀 나가는 것이 좋습니다.

■ 요약: 약간 미운 사람부터 시작해서 점차 분노나 적개심이 큰 사람으로 순차적으로 확장하여 자비의 마음으로 특정 문구를 소리 내어 또는 마음속으로 반복합니다.

1단계[준비]

① 의젓하고 편안한 느낌이 드는 자세를 취합니다.
② 심호흡을 서너 번 하여 마음을 안정시킵니다.
③ 특정 인물을 대상으로 평등심(누구든 좋습니다)을 가능한 한 생생하게 떠올립니다.

2단계[본명상]

① 용서하고자 하는 사람을 가능한 한 생생하게 떠올려 봅니다. 그리고 다음의 질문에 대해 깊이 생각해 봅니다.
• "그 사람의 행위가 온전히 그 사람 자신에게서 기인한 것일까요?"
• "그 사람도 나와 같이 고통과 괴로움에서 벗어나기를 간절히 바라고 있을까요?"
• "그 사람도 나와 같이 건강하고 행복한 삶을 간절히 원하고 있을까요?"
② 그 사람을 다시 한 번 생생하게 떠올려 봅니다.
③ 가슴에 주의를 모으고 자신의 따뜻한 용서와 사랑의 감정이 빛의 형태로 그 사람에게 비춰진다고 상상하면서, 다음의 문구를 낮게 소리 내어 또는 마음속으로 각각 열 번씩 암송합니다.
• "내가 용서받기를 원하는 것처럼 당신을 용서합니다."
• "당신이 건강하고 행복하기를 진정으로 기원합니다."
• "당신이 사랑하고 사랑받으며 살기를 진정으로 기원합니다."
• "당신이 고통과 괴로움에서 벗어나기를 진정으로 기원합니다."
• "당신이 삶의 어려움과 함께 살아갈 수 있는 자원과 힘을 갖기를

진정으로 기원합니다."

④ 대상을 바꾸어 앞의 과정을 반복합니다.

3단계[마무리]

① 그만하고 싶으면 암송을 중단하고 잠시 지금의 느낌을 충분히 음미해 봅니다.

② 부드럽게 눈을 뜨고 돌아옵니다.

"미움은 대상을 단순화하고 희화화하는 경향이 있습니다. 미움은 그 대상이 가지고 있는 복잡성을 알 수 없게 합니다. 미움은 그 대상의 가족이나 환경 같은 역사적인 전체적 맥락이 갖는 다양한 측면에는 아무런 관심도 갖지 못하게 합니다. 미움에 대응하는 한 가지 방법은 내가 미움을 느끼는 사람에게 주의를 기울이고 그에게 부정적 측면 외에 다른 측면은 없는지 살펴보는 것입니다. 뭔가 긍정적이고 밝은 측면이 정말 없는가? 그것에 주의를 기울이고 머물면서 마음을 열어 봅시다. 이는 마치 바위의 벌어진 틈과 같습니다. 그 틈을 열면서 추상적인 인물이 아니라 구체적인 사람과 만나보십시오."

— 앨런 월리스(B. Alan Wallace, 1950~), 미국의 저술가 —

10

명상과 행복

10

명상과 행복

행복이란

  누구나 행복한 삶을 살고자 합니다. 행복이란 무엇일까요? 행복을 한마디로 쉽게 정의하기는 어렵습니다. '행복이란 잘 사는 것'이라고도 할 수 있는데, 이를 웰빙(well-being)이라 합니다만, 그래도 잘 산다는 것이 무엇이냐 하고 물으면, 답하기가 쉽지 않습니다. 행복 또는 웰빙에 대해서는 두 가지 측면에서 접근이 가능합니다. 하나는 개인이 처한 심신이나 환경의 특성을 통해 행복을 정의하는 것입니다. 이런 관점에서는 질병 여부, 경제력, 사회적 보호체계, 문화체육시설 등 객관적인 특성으로 행복을 측정하게 됩니다. 다른하나는 이런 객관적 특성이 아니라 개인의 주관적인 경험으로 행복을 정의하고 측정하는 것입니다. 둘 모두 의미가 있지만, 행복에 대한 전통적인 논의는 주로 주관적인 행복을 중심으로 이루어졌습니다.

주관적인 행복에 관한 설명은 행복을 쾌락으로 설명하는 전통과 의미와 가치 등으로 설명하는 전통으로 나누어집니다. 어떤 설명이든 기본적인 생존을 위한 욕구, 즉 음식, 잠자고 쉴 곳과 같은 물질적 욕구의 충족이 행복이나 웰빙의 기본이 된다는 점에서는 같습니다. 문제는 우리가 이런 기본적인 물질적 욕구를 충족한다고 해서 행복하거나 잘 살고 있다고 느끼지 않는다는 것입니다. 뭔가 다른 것이 더 필요한 것이지요. 이 점에서 두 가지 행복론이 다릅니다.

쾌락적 행복론(hedonic happiness)은 주로 감각적 쾌락을 경험하는 것이 행복이라고 보는 설명입니다. 즉, 행복이란 쾌락 또는 긍정정서를 경험하는 순간의 총합으로 볼 수 있다는 것입니다. 이런 관점은 최근 들어 감각적 쾌락을 넘어서 삶의 모든 측면에서 목표 달성과 관련하여 경험하는 유쾌함과 불쾌함에 대한 주관적 판단까지 포함하는 설명으로 확장되었습니다. 즉, 행복이란 단순한 감각적 쾌락뿐 아니라 원하는 것을 이루거나 이루지 못한 결과에 대한 판단과 평가에 의해서도 달라진다는 것입니다. 예를 들어, 좋은 학점을 받는 것이나 원하는 곳에 취업하는 것 등의 결과는 감각적인 쾌락은 아니지만 행복하다고 느끼는 데에 영향을 준다는 것이지요. 또한 주관적 행복감은 현재의 경험뿐 아니라 과거의 기억과 미래의 전망까지를 포함하는 것임이 밝혀져 있습니다.

유다이모닉 행복론(eudimonic happiness)은 감각적인 쾌락을 넘어서 삶의 의미와 가치, 자신의 본성의 계발을 향한 성장 등을 행복의 필수요소로 간주하는 설명입니다. 유명한 자기실현(self-actualization)

이라는 말은 자기실현의 방향으로 사는 것이 행복이라는 것을 시사합니다. 그래서 이런 관점은 의미론적 행복론 또는 자기실현적 행복론이라고도 합니다. 이런 관점에서는 개인의 자율적 선택, 사회적 기여 또는 책임감, 개성의 발현을 따르는 삶을 행복한 삶이라고 봅니다. 이런 의미의 행복은 매 순간의 긍정적 감정경험과는 달리 비교적 장기적 관점에서 자신의 삶을 평가한 결과로 느끼는 행복이라 할 수 있습니다.

연구에 따르면, 우리의 웰빙은 긍정적 감정, 정서의 안정성, 활력과 같은 정서적 요소뿐 아니라 자존감, 유능감, 회복탄력성, 낙관성 같은 개성과 긍정적인 사회적 관계, 몰입, 의미감 등 다양한 요소에 의해 결정됩니다(Huppert & So, 2013).

자신이 행복하다 또는 잘 살고 있다고 느끼는 데에는 감각적인 즐거움이나 성취의 만족감이 꼭 필요하겠지만, 그것만으로는 충분하지 않습니다. 그 외에도 심리적 성장감과 삶의 의미감, 사회적 연결감, 자기답게 산다는 느낌이나 자기평가 등도 매우 중요할 것입니다.

◢ 행복과 가치

가치란 무엇을 중요하게 여기는가의 문제이며 사람마다 다를 수 있습니다. 예를 들어, 어떤 사람은 쾌락경험을 가장 중요한 것으로 여기고, 이와 달리 긍정적인 인간관계나 자기답게 사는 것을 중요하게 여기는 사람도 있을 수 있습니다. 사실 행복이나 웰빙은 대부분의 사람이 궁극적으로 지향하는 가장 포괄적인 가치입니다. 그리고 앞에서 설명한 행복이나 웰빙의 요소들은 행복이나 웰빙을 조금 더 구체적으로 표현한 것으로 이 또한 가치라 할 수 있습니다. 말하자면, 당신은 행복이나 웰빙이 이루어지는 삶을 자존감을 지키는(또는 높이는) 삶이라 표현할 수도 있고, 아니면 활력 있는 삶이나 더불어 사는 삶, 또는 자기스러운 삶, 의미 있는 삶 등으로 표현할 수 있습니다. 이는 결국 자신의 삶에서 중요하게 여기는 가치를 지향하는 삶과 행복한 삶이 다르지 않다는 것을 뜻합니다.

가치는 목표와 다릅니다. 가치는 성취 가능한 물질이 아니며, 졸업장이나 자격증, 학위와 같은 상징물도 아닙니다. 가치는 삶의 방향을 알려 주는 일종의 지향점으로서, 결코 구체적 성취물로 완성될 수 없는 것입니다. 이에 반해 목표는 성취 가능한 물질이나 상징을 말하는 것으로서, 가치와 그 방향이 일치할 수도 있고 일치하지 않을 수 있습니다. 예를 들어, 사랑하며 사는 삶, 존경받는 삶 등은 가치이고, 가정을 꾸리거나 학위를 받는 것은 이와 관련된 목표라 할 수 있습니다. 가정을 꾸리게 되었다고 사랑하며 사는 삶을 완성했다 할 수 없고, 학위를 받았다고 존경받는 삶을 완성한 것이라 할 수 없습니다. 또한 가정을 꾸렸어도 가족을 사랑하지 않는다면 가치의 방향과 어긋나는 것이고, 학위를 받았어도 존경받을 만한 행동을 하지 않는다면 가치의 방향과 어긋나는 것입니다.

가치와 일치하는 목표를 세우고, 가치와 목표에 기여하는 행동을 선택하는 것은 행복과 웰빙의 증진에 필수적입니다. 이렇게 자신의 가치와 일치하는 방향으로 사는 것이 가치와 불일치하는 방향으로 사는 것에 비해 웰빙의 여러 요소를 증진시킬 수 있기 때문입니다. 자신의 가치와 일치하는 행동은 삶의 불가피한 고통과 괴로움 속에서도 기쁨과 즐거움, 활력을 느낄 수 있게 할 뿐 아니라,

의미감과 자존감, 몰입, 긍정적 관계 등 웰빙의 여러 요소를 경험할 수 있게 합니다.

가치란 삶에서 일종의 등대와 같은 것입니다. 즉, 등대가 배가 목적지를 향해 제대로 가고 있는지를 판단할 수 있게 해 주는 기준인 것처럼, 가치는 삶의 과정에서 만나는 여러 가지 선택의 순간에 자신의 행위와 선택이 적절한 것인지를 판단할 수 있게 해 주는 기준이 됩니다. 우리는 매 순간 선택을 하며, 어떤 목표를 향해 행동합니다. 하지만 자신의 가치가 명확하지 않으면, 그것이 과연 제대로 된 방향의 삶의 방식인지, 효과적인 삶의 방식인지를 알 수 없게 됩니다. 지금 당신의 삶이 공허하고 무의미하며 무엇인가 문제가 있다고 느껴진다면, 이는 당신의 삶이 가치와 일치하지 않거나 아니면 가치가 명확하지 않기 때문일 것입니다.

자신의 핵심 가치가 명확하지 않아도 매번 어떤 구체적인 성취 목표를 갖거나 주어진 목표를 성취하기 위해 살아가는 것을 통해 삶의 활력과 생동감을 느낄 수도 있습니다. 예를 들어, 대학입학이나 좋은 학점, 원하는 직장에 취업하는 것, 승진, 내 집 마련과 같은 구체적인 목표가 있어서 이를 성취하기 위해 어려움을 참고 극복하며 노력하는 것은 의미감과 생동감을 제공할 수 있습니다. 또한 이런 목표를 성취하는 것은 커다란 기쁨과 즐거움을 줍니다. 하지만 그 목표가 자신의 삶의 가치와 연결되지 않는 것이라면 자발적인 동기가 생겨나기 어렵습니다. 자신의 노력이 자신이 진정으로 원하는 것과 관계없는 다른 사람의 가치추구를 위한 도구로 여겨지기 때문입니다.

또한 설사 그런 목표를 성취했다 해도 그 기쁨과 자부심, 만족감 등은 그리 오래지 않아 공허감과 무의미감으로 이어질 가능성이 매우 큽니다. 목표 성취의 기쁨과 즐거움은 매우 짧습니다. 대학 합격이나 취업, 승진, 내 집 마련의 즐거움은 두세 달 정도면 사라집니다. 하지만 방향 없는 삶이 주는 막연한 불안이나 불편감은 지속적으로 나타날 것입니다. 목표 성취나 문제해결 이후에 나타날 수 있는 "이제 뭘 하지?"라는 막연함이나 무력감, 아니면 "내가 무엇을 위해 그렇게 열심히 그 목표를 추구했을까?"라는 공허함이나 무가치하다는 느낌은 가치가 명료하지 않을 때 흔히 나타나는 대표적인 경험입니다. 이는 목표가 가치와 연결되지 않는다고 느껴지기 때문입니다.

우리는 자신의 가치를 명확하게 인식하지 못하는 경우가 많습니다. 그보다는 남들이 좋다는 것을 추구하며 별생각 없이 사는 경우가 많습니다. 자신이 왜 사는지, 무엇을 위해 사는지, 어떻게 살고 싶은지, 어떤 사람이 되고 싶은지 등 자신이 진정으로 원하는 것이 무엇인지를 알아야 합니다.

자신의 가치를 명확하게 인식하는 것을 가치명료화라고 하며, 이는 많은 심리치료에서 중요하게 다루는 것입니다. 기본적인 방법은 자신이 사는 동안 깊은 만족감과 기쁨을 주었던 것이 무엇인지를 되돌아보는 성찰과정을 통하는 것입니다. 마음 깊은 곳으로부터 따뜻하고 충만한 기쁨과 만족을 느낄 수 있었던 행위와 사건들을 돌아보면서 자신이 진정으로 소중하게 여기는 것이 무엇인지를 발견하는 것이지요.

자신의 내면을 직접 탐구하고 경험하는 훈련인 명상은 이러한 가치를 발견하는 데에 큰 도움이 됩니다. 명상을 통해 자신의 생각과 느낌, 욕구 등이 나타나고 사라지는 과정을 관찰함으로써 그리고 생각이라는 언어규칙의 영향에서 벗어나 자신의 본성을 느끼고 경험하며 성찰함으로써 자신이 진정으로 원하는 것이 무엇인지 깨달을 수 있습니다. 특히 마음챙김명상은 자신과 삶의 본성에 대한 새로운 자각을 가능하게 합니다. 이를 지혜라고 합니다. 지혜는 각자 자신이 진정으로 원하는 가치가 무엇인지를 드러내 줍니다.

지금 자신이 삶에서 무엇을 소중하고 의미 있게 여기는지를 잘 모른다 해도 조급해할 필요는 없습니다. 자신의 본성이 선함을 믿고, 자신의 가치를 선택할 수도 있습니다. 그리고 그런 가치와 일치하는 일들에 마음챙겨 전념하면 됩니다.

가치와 가치선택

가치는 어떤 행위나 선택을 평가하거나 판단하는 기준일 뿐, 그 자체가 평가의 대상은 아닙니다. 말하자면, 우리 자신이 지향하는 가치는 우리가 매 순간 선택하는 행위가 가치와 일치하는가를 평가할 수 있는 기준이지, 또 다른 기준에 따라서 옳다거나 그르다는 평가를 받는 대상이 아닙니다.

예를 들어, 당신이 낮잠을 잘까 아니면 공부를 할까 망설일 때, 여기에는 어떤 선택이 더 낫다거나 못하다는 기준이 있게 마련입니다. 즉, 낮잠을 자는 것이 몸의 건강에 더 좋다든지, 공부를 하는 것이 좋은 성적을 받는 데에 효과적이라든지 하는 기준이 있는 것이지요. 이때 몸의 건강이나 좋은 성적은 낮잠을 자거나 공부를 하는 행동이 바람직한가를 평가하는 기준 또는 '가치'에 해당합니다. 그래서 몸의 건강을 지향하는 사람에게는 낮잠을 자는 것이 더 나은 행동이 되고, 좋은 성적을 지향하는 사람에게는 공부를 하는 것이 더 나은 행동이 됩니다.

시대와 문화에 따라 사회적으로 인정되는 가치는 매우 다를 수 있습니다. 과거 유교 문화에서는 대를 잇고 조상님에게 부끄럽지 않게 사는 것이 핵심 가치 중 하나였습니다. 그래서 자신이 아들을 낳아 대를 잇고 가문을 성장시키는 것이 중요한 삶의 가치로 받아들여졌습니다. 하지만 오늘날 한국 사회에서는 이런 가치를 삶의 지향성으로 받아들이는 사람들이 매우 적어진 것 같습니다. 이렇듯, 어떤 가치를 인정하느냐 하는 것은 사회에 따라 다를 수 있습니다.

하지만 개인적인 삶의 가치는 온전히 개인의 것이며, 그 가치의 바람직함이나 정당함 등에 관한 당대의 사회적 가치와는 다른 것일 수도 있습니다. 삶의 궁극적인 가치는 자신이 선택할 수 있습니다. 즉, 우리 스스로가 살고 싶은 방향을 선택하는 것이지, 누가 결정해 주는 것이 아닙니다. 삶의 가치는 이성적으로 선택할 수도 있지만, 그렇다고 해서 이성적으로 설명할 수 있는 것은 아니며, 설명이 불가능하다고 해서 가치가 아닌 것도 아닙니다. 어떤 점에서 가치는 언어적 규칙에 따른 선택이 아니라 그냥 선택할 수도 있는 것입니다.

여전히 자신의 가치가 무엇인지 명료하지 않다면, 우리는 자신의 가치, 즉 삶의 지향성을 선택할 수도 있습니다. 세계적인 종교들은 시대와 역사의 변화에도 비교적 영향을 덜 받는 인류 공통의 가치를 보여 줍니다. 타인과 다른 존재에 대한 사랑과 봉사와 같은 이타심, 관대함, 공존과 공생, 자신에 대한 정직함과 성실성, 자유와 평등 등이 그런 것입니다. "당신의 가치는 무엇입니까?" "당신은 무엇을 위해 살고 있습니까?"라는 질문의 답을 찾아보십시오. 그것이 어렵다면 "당신은 무엇을 위해 살고 싶습니까?"라는 질문에 대한 답을 찾아볼 수 있습니다.

🍃 가치주도행동과 감정주도행동

가치주도행동이란 자신의 가치가 행위선택의 기준이 되는 행동을 말합니다. 가치주도행동은 자신이 가치 있다고 여기는 것에 부합하는 행동을 선택하는 것, 즉 자신의 가치실현에 도움이 되는 행동을 선택하고 그렇지 않은 행동은 포기하는 것입니다. 이에 반해 감정주도행동이란 그때그때 느끼는 감정에 따라 행동을 선택하는 것, 즉 괴로운 감정을 피하고 즐거운 감정을 추구하는 행동을 말합니다. 감정주도행동이란 제1장에서 설명한 쾌락주의적 삶과 같은 맥락의 것입니다. 가치주도적 삶을 사는 것은 쉬운 일이 아닙니다. 우리는 기본적으로 감정주도행동을 하는 경향을 가지고 있기 때문입니다. 매 순간 경험하는 즐거운 감정에 이끌리고, 괴로운 감정을 피하려는 타고난 경향으로 사는 것은 가치주도적 삶을 사는 데에 커다란 장애가 됩니다.

가치주도적 삶을 살려면 무엇보다 자신의 삶의 가치를 명확하게 인식해야 합니다. 그리고 삶의 매 순간 가치의 방향으로 사는 것을 방해하는 감정의 영향을 조절할 수 있어야 합니다. 가치주도적 삶을 사는 것은 가치의 방향과 일치하는 목표를 달성할 수 있는 가능성을 높여 줍니다.

삶의 가치는 자신의 내면에 대한 탐색과정에서 자연스럽게 드러날 수도 있고(이를 지혜의 작용이라고 합니다), 지금까지 자신의 삶, 즉 자신이 내린 행동선택에 대한 성찰을 통해 그동안 자신의 삶을 이끌어 온 가치가 무엇이었는지를 발견할 수도 있습니다. 이렇게 발견한 가치를 향후 자신의 삶을 이끌어 갈 가치로 유지할 수도 있고, 아니면 포기하고 새로운 가치를 탐구할 수도 있습니다.

명상수련은 자기 삶의 가치를 명료하게 드러나게 하는 매우 효과적인 방법입니다. 또한 자신의 가치를 지향하는 삶을 방해하는 여러 가지 감정과 생각의 영향을 적절하게 조절할 수 있는 자기조절력을 키우는 가장 효과적인 방법이기도 합니다. 지금까지 배운 여러 가지 수련법을 활용해서 자신만의 수련계획을 세워 꾸준히 실천해 보시기를 권합니다.

◢ 명상의 일상화

명상은 일상의 삶에서 언제 어디서든 수련할 수 있습니다. 우리의 삶은 매 순간의 활동으로 이루어지며, 하나의 생활습관을 형성합니다. 먹고, 움직이고, 일하고, 쉬는 활동은 생존에 꼭 필요한 것일 뿐 아니라, 이런 활동을 어떻게 하는가가 우리 삶의 질을 결정합니다. 명상은 먹고, 움직이고, 일하고, 쉬는 모든 활동에 적용할 수 있습니다.

● 마음챙겨 먹기
음식을 먹을 때 마음챙김을 쉽게 적용할 수 있습니다. 먹는다는 것은 우리가 활동에 필요한 에너지를 얻는 것 이상임을 이미 제2장의 2회기 수련에서 살펴본 바 있습니다. 우리가 먹는 음식이 바로 우리의 몸을 구성합니다. 음식은 단순한 연료가 아니라 몸을 이루는 원재료라 할 수 있습니다. 또한 어떤 음식이든 그 음식을 내가 만나서 섭취할 수 있을 때까지, 지구라는 자연의 햇빛과 땅, 물, 음식의 재료가 되는 수많은 동식물 그리고 많은 사람이 연루되어 있습니다. 혼자만의 힘으로 음식을 얻는 것은 아예 불가능한 일입니다. 연루된 모든 것의 기여와 희생으로 먹을거리가 생기는 것입니다. 이것이 음식을 먹기 전에 자신이 이 음식을 먹을 수 있도록 해 준 모든 것에 대해 감사하는 마음을 가져야 하는 이유입니다. 그리고 자신의 식사가 자신과 사회, 환경에 해가 되지 않기를 염원하십시오. 우리 모두는 자연의 일부이며, 나 자신의 몸도 결국 자연으로 돌아가 다른 존재의 원재료가 되기 때문입니다. 음식을 먹기 전에 이러한 감사와 염원의 마음을 가져 보십시오.

- 내가 이 음식을 먹을 수 있게 해 준 모든 것에 감사~
- 나의 식사가 자연환경과 생명이 있는 모든 존재에게 해가 되지 않기를 기원~
- 나의 식사가 나 자신의 건강뿐 아니라 사랑과 연민의 마음을 키우는 데 도움이 되기를~

TV를 보거나 컴퓨터나 휴대 전화로 다른 일을 하면서 음식을 먹기보다는 온전히 먹기에 집중하여 알아차려 보세요. 음식을 먹는 동안에 당신의 주의가 온전히 음식 먹기에 머무르도록 해 보십시오. 음식의 색과 모양, 질감, 냄새를 충분히 음미하면서 먹어 보십시오. 음식을 먹을 때 시시각각 변하는 내 몸과 마음의 상태를 마음챙겨 알아차려 보십시오. 커피나 차, 과자와 같은 간식을 먹을 때에도 그렇게 해 보십시오.

음식을 먹고 난 후에는 그 음식을 먹은 후 몸과 마음이 편안하고 기분이 좋은지, 활력이 생기는지 아니면 속이 불편하고 불쾌하거나 늘어지는 느낌인지 등을 알아차리십시오. 몸은 자신에게 좋은 음식을 스스로 분간할 수 있다는 것을 믿으십시오.

그러나 마음의 작용이 이런 몸의 능력을 방해한다는 것도 알아차려야 합니다. 예를 들어, 마음이 흥분하거나 긴장되면 음식에 대한 관심과 흥미가 줄어들거나 아니면 매우 자극적인 음식들에 대한 욕구가 커집니다. 또한 음식을 충분히 먹었다는 포만감은 실제 섭취량에 비해 늦게 나타납니다. 그래서 포만감을 느낄 때는 이미 필요 이상으로 과식을 한 상태일 때가 많습니다. 특히 음식을 너무 빠르게 먹으면 더욱 그럴 가능성이 높아집니다. 천천히 여유를 가지고 충분히 음미하는 식사습관을 가지려고 노력하십시오.

● 마음챙겨 움직이기

우리는 기계가 아닌 역동적인 유기체입니다. 우리의 몸 자체에 운동 경향이 내재해 있는 것입니다. 그래서 몸을 움직이지 않고 가만히 있는 것은 매우 어렵습니다. 운동은 최고의 건강비법이자 스트레스 감소법입니다(연구에 따르면 가장 효과적인 운동은 춤이라고 합니다). 운동은 몸 전체의 원활한 흐름을 회복시킵니다. 물은 고이면 썩고 흐르는 물이라야 스스로 정화되어 깨끗하고 맑은 상태를 유지할 수 있는 것과 비슷합니다. 적당한 운동 후에는 대개 기분이 좋아지고 소화와 배변과 같은 대사작용이 잘 되는 것이 이를 입증합니다. 운동은 다양한 신체감각을 자극하며, 이에 대한 마음챙김은 여러 가지 이점이 있습니다.

무엇보다, 움직임에 대한 마음챙김은 자신에게 적절한 운동법과 운동량을 가늠하는 데에 필수적입니다. 단순히 운동전문가가 권하는 운동을 무조건 따르는 것은 개인마다 다른 차이를 무시하기 쉽습니다. 전문가의 권유를 따라 운동하는 경우에도, 매 순간 몸의 감각을 알아차리는 것은 자신에게 적절한 수준을 찾는 데에 크게 도움이 됩니다. 또한 움직임에 대한 마음챙김은 자칫 과도할 수도 있는 움직임으로 인한 부상의 위험을 낮추어 줍니다. 특히 통증은 자신의 신체운동의 한계를 알려 주는 중요한 신호입니다.

쉽게 할 수 있는 안전하고 효과적인 운동 중 하나가 마음챙겨 걷기입니다. 평소보다 조금 빠르게 걸으면서 몸이 따뜻해지고 땀이 촉촉하게 날 정도로 걷기를 권장합니다. 어떤 운동을 하든 마음챙김을 적용할 수 있습니다. 이는 운동의 즐거움을 더욱 크게 만들어 주기도 합니다. 규칙적인 운동을 하나의 생활습관으로 확립하는 것이 유익함은 더 말할 나위가 없습니다.

◉ 마음챙겨 일하기

일은 성과를 위한 것입니다. 그러나 일에서 성과를 내는 것만 중요한 것이 아니라 일 자체에서 즐거움과 보람, 성장의 기쁨을 누리는 것도 매우 중요합니다. 어떤 일이든 그 일에 집중하면 더 좋은 성과를 얻을 가능성이 큽니다. 과거 심리학자들은 여러 가지 일을 한꺼번에 동시에 하는 멀티태스킹이 매우 효과적인 방법이라고 보았습니다. 하지만 최근의 연구 결과들은 한 번에 한 가지씩 일하는 것이 오히려 더 효과적이라는 것을 보여 줍니다.

음악을 들으면서 공부를 한다거나 다른 일을 하는 것은 기본적으로 덜 효과적입니다. 특히 음악이 일에 대한 집중을 방해하는 것일 때는 더욱 그렇습니다. 아마도 매우 반복적이고 자동적이어서 주의집중력이 크게 필요하지 않은 일을 할 때 외에는 음악을 들으면서 일을 하는 것은 도움이 되지 않을 것입니다.

한 번에 한 가지 일을 하고, 지금 하는 일에 집중하면 일의 효율성이 높아질 뿐 아니라 몰입감을 경험할 수 있습니다. 미하이 칙센트미하이(Csikszentmihalyi, 1996)는 몰입감(flow)이 자기 일의 분야에서 성공한 사람들에게서 흔히 발견할 수 있는 심리적 상태임을 밝혔습니다. 그에 따르면, 일에 몰입하면 "마음이 물 흐르듯 편안하며 자유로운 느낌, 시간 경과를 거의 느끼지 못하는 시간 지각의 왜곡, 몰입 대상과 일체가 된 것 같은" 몰입감을 경험하게 된다고 합니다. 이런 몰입감은 집중명상으로 얻을 수 있는 삼매 상태와 매우 유사합니다. 다만, 삼매와 달리 일에 몰입할 때는 상당한 수준의 인지적인 활동이 수반된다는 점에서 차이가 있습니다.

어떤 일은 팀 과제처럼 여러 사람과 함께 협동작업을 하게 됩니다. 이때 적절한 의사소통은 매우 중요합니다. 매체를 통한 소통이든 직접 대면해서 하는 대화이든 마음챙김은 정확하고 효율적인 의사소통에 매우 쓸모가 있습니다. 우리는 대화할 때 상대의 말에 잘 집중하지 못합니다. 상대의 말을 듣기보다는 자신의 생각과 주장을 말하고 싶어 하며, 상대가 하는 말이 조금이라도 위협적인 것이라고 판단되면 금방 긴장하거나 방어나 부인을 위한 생각을 준비하는 등의 내적 활동으로 주의가 가기 때문입니다. 마음챙김은 상대방의 이야기에 집중할 수 있게 하고, 상대의 감정과 생각을 있는 그대로 알아차리며, 또 이야기를 듣는 동안 나타나는 자신의 생각과 감정, 욕구를 알아차릴 수 있게 합니다.

● 명상적 휴식

휴식이란 적극적으로 아무것도 안 하는 것을 말합니다. 몸과 마음이 모두 아무것도 안 하면, 자연스레 휴식 상태에 들어갑니다.

휴식 상태에서 우리의 몸은 부교감신경계가 활성화되어 생리적 각성이 낮아지고 근육은 이완되며, 혈압과 맥박이 낮아지는 이완 상태가 됩니다. 또한 심리적으로 긴장이 줄어들고 특별한 과제해결을 위한 인지활동이 사라져 평안하고 평온한 상태가 됩니다.

휴식을 한다는 것은 몸과 마음의 균형을 회복하는 것이며, 유기체 본연의 리듬을 회복하는 것이라 할 수 있습니다. 어두워지면 잠이 오고 밝아지면 깨는 것은 우리의 체내에 지구가 속한 자연계의 리듬이 내재해 있다는 것을 의미합니다. 우리가 사는 지구는 45억 년 전에 탄생했다고 합니다. 그 이래로 지구는 끊임없이 자전과 공전을 하면서 지구상에 사는 모든 생명에게 빛과 어둠의 리듬을 제공했습니다. 또한 약간 기울어진 자전축은 지구상의 위치에 따라 사계절을 만들어 냈습니다. 낮과 밤의 규칙적인 변화나 계절의 변화는 모두 리듬이며, 이에 따른 수면과 각성도 리듬입니다. 이 리듬을 잘 유지하는 것은 건강에 필수적이며, 리듬이 깨지면 피로하고 질병에 걸리기 쉽습니다. 한국 사회는 다른 사회와 비교했을 때 긴장도가 높은 사회입니다. 그래서 대부분의 사람이 과도하게 긴장할 뿐 아니라 만성적으로 긴장 상태에 있습니다. 즉, 생체리듬이 깨져 있는 것입니다.

하지만 제대로 쉬는 것은 생각처럼 쉽지 않습니다. 왜 잘 쉬지 못할까요? 아마도 가장 큰 이유는 우리가 쉬는 것을 부정적으로 여기는 경향이 있기 때문일 것입니다. 특히 과도한 사회적 경쟁은 아무것도 안 하고 쉬는 것을 불안하게 여기도록 합니다. 그래서 쉴 수 있을 때조차 쉬지 못하고 뭔가를 해야 안심이 된다는 사람들이 많습니다.

잘 쉬려면 먼저 마음이 쉬어야 합니다. 그래야 몸도 잘 쉴 수 있습니다. 그런데 특별한 일이 없이 쉬고자 할 때에도 잡다한 생각과 불편한 감정, 흥분 상태에 있다면 쉬는 것이 아닙니다. 이는 우리가 잠을 자고 싶은데 자기 힘들고 자는 중에 자주 깨는 등 불면증을 겪을 때를 살펴보면 명백합니다. 대부분의 사람이 불면의 밤을 보내는 이유는 신체적 통증이나 심리적 긴장과 불편감 때문입니다. 신체적 통증을 동반하는 만성질환은 수면의 양과 질 모두에 부정적 영향을 미칩니다. 통증이 아니어도 이런저런 걱정과 불안, 흥분되는 기대는 마음을 분주하게 만들어서 쉬지 못하게 하고, 따라서 잠드는 것을 어렵게 합니다.

명상은 좋은 휴식방법일 수 있습니다. 명상을 할 때 잠이 매우 쉽게 오는 것은 명상이 매우 효과적인 휴식방법임을 시사합니다. 하지만 명상은 쉬려고 하는 것도 아니며, 특히 잠에 빠지면 명상을 할 수 없습니다. 명상을 할 때마다 잠에 빠진다면 이는 피로가 누적된 결과일 수 있습니다. 이럴 때는 오히려 쉬는 것이 더 좋은데, 이때 명상을 휴식의 수단으로 활용할 수 있습니다. 대체로 명상은 마음을 빠르게 이완시켜 쉬게 만들고, 그 결과 의식이 흐려져 잠에 빠지게 합니다. 이런 마음의 휴식은 결국 몸도 쉴 수 있는 조건이 됩니다(보디스캔은 많은 사람이 숙면과 휴식을 위해 가장 널리 활용하는 명상법입니다.). 하지만 명상을 주로 휴식을 위해 한다면 명상의 더 큰 이득을 누릴 수 없게 된다는 것도 알아 두세요.

공부나 일할 계획을 세우는 것처럼, 아무것도 하지 않는 휴식도 계획을 세워 실행하는 것이 좋습니다. 아무 일이 없을 때 또는 해야 할 일을 모두 끝낸 후에 휴식을 하겠다는 식의 계획은 거의 실효성이 없습니다. 공부나 업무, 육아, 청소 등 우리의 일상적인 과제는 끝이 없는 것입니다. 맡길 수 있다면 다른 사람들에게 맡기고 이런 일을 완전히 떠나는 시간을 계획하십시오. 그래야 특별한 성취목표나 과제를 정하지 않고 그냥 느낌에 따라 행동하는 시간을 가질 수 있습니다. 가능하면 혼자 있는 시간을 만들어 보세요. 휴대 전화나 통신기기를 꺼서 인간관계를 잠시 완전히 단절하고 자신만의 시간을 보내 보세요. 인공의 소리를 떠나 자연 속에서 산책을 하면서 내면에서 떠오르는 모든 것을 그냥 살펴보거나 낮잠을 자거나 일과 관계없는 가벼운 책을 읽는 등 온전히 일을 떠나 있는 시간을 가져 보는 것은 훌륭한 휴식이 됩니다.

● 생활명상

먹고, 마시고, 운동하고, 일하고, 쉬는 것 말고도 사실상 일상의 모든 활동은 비공식명상으로 만들 수 있습니다. 세수와 칫솔질하기, 샤워하기, 음식 장만하기, 설거지하기, 옷 입고 벗기, 일상적인 움직임하기, 반려동물 돌보기나 식물 가꾸기, 청소나 정리하기, 세탁하기, 화장하기, 심지어 배변하기 등 깨어서 하는 모든 활동은 비공식명상이 될 수 있습니다. 그 원리는 ① 한 번에 한 가지만 하고, ② 몸이 하는 일에 주의를 기울이며, ③ 그 과정에서 발생하는 몸의 느낌과 생각, 감정을 알아차리는 것입니다.

자신만의 수련계획 만들기

다음의 표는 지금까지 배운 명상을 정리한 것입니다. 정적 명상이란 명상을 하는 동안 가능한 한 몸을 움직이지 않고 하는 명상이며, 동적 명상이란 오히려 몸의 움직임을 이용하는 명상입니다. 공식명상은 하루 1시간 정도 매일 하도록 권하는 명상이고, 비공식 명상은 여건이 허락하는 대로 가능한 한 자주 하도록 권하는 명상입니다. 이 장의 '명상의 일상화'에서 설명했던 마음챙겨 먹기, 마음챙겨 움직이기, 마음챙겨 일하기, 명상적 휴식, 생활명상이 모두 비공식명상에 포함될 수 있습니다.

	정적 명상	동적 명상
공식명상	• 호흡관찰 • 수식관명상 • 정좌명상: 주의확장 • 보디스캔 • 정좌명상: 감정과 생각 마음챙김 • 정좌명상: 열린 마음챙김 • 자비명상: 자기자비, 타인자비	• 해맞이 요가 • 만트라 명상 • 걷기 집중명상 • 걷기 마음챙김 • 하타요가
비공식명상	• 주의확장: 몸 마음챙김 • 먹기명상: 연결성 경험 • 평등명상 • 용서명상	• 먹기명상 • 통증관찰: 통증과 함께하기 • 절명상: 용서 구하기 • 생활명상

지금까지 배운 명상을 토대로 해서 앞으로 스스로 할 수 있는 명상수련계획을 세워 보세요. 처음부터 너무 무리한 계획을 세우기보다는, 스스로 즐겁게 탐구할 수 있는 실행 가능한 계획을 세우는 것이 중요합니다. 다음은 수련계획을 위해 고려할 사항입니다.

■ 수련기간

어느 정도 수련을 계속할지를 결정합니다. 처음에는 1~2주 또는 한 달 정도를 계획하는 것이 좋습니다. 또한 1주일 동안 며칠이나 수련할지도 정합니다.

■ 수련 시간과 장소

가능하면 공식명상을 위한 하루 중 수련 시간과 장소를 정하는 것이 좋습니다. 아침에 일어나 하루 일과를 시작하기 전 1시간 정도를 권하지만, 꼭 그 시간대가 아니어도 됩니다. 잠자리에 들기 전을 택해도 좋습니다. 자신의 습관과 생활리듬에 비추어 가장 하기 쉬운 시간대를 택하면 되고, 수련 시간도 1시간이 아닌 30분이나 그 이하도 좋습니다. 지금까지의 자신의 생활습관에 가장 변화가 적을 수 있고 그래서 큰 노력을 들이지 않아도 실행할 수 있도록 계획하는 것이 좋습니다. 무엇이든 너무 억지로 무리해서 하려는 태도는 명상을 일상화하는 데에 오히려 장애가 될 수 있습니다.

■ 수련기록

매번의 수련은 항상 다른 경험을 만들어 냅니다. 어떤 때는 전혀 비슷한 경험을 해 본 적이 없는 것을 경험하기도 합니다. 명상수련을 마치고 나서 바로 명상하는 동안에 경험한 신체적 · 심리적 경험을 기록하는 것이 좋습니다. 그렇지 못하더라도 최소 일주일에 한 번은 자신의 수련내용과 경험을 기록하기를 권합니다. 다음의 표는 수련기록지의 예입니다.

수련기록지			
명상 종류 **(공식)**	① 호흡 마음챙김 ② 해맞이 요가 ③ 수식관/만트라 ④ 보디스캔 ⑤ 걷기명상 ⑥ 정좌명상 ⑦ 하타요가 ⑧ 자비명상 ⑨ 절명상 기타 명상 _____		
월/일	종류	수련 시간(분)	수련 동안 일어난 몸과 마음의 경험
/			
/			
/			
/			
/			
/			
/			
/			
/			
/			
/			
/			
/			
/			
/			
/			
/			
/			
/			
/			
/			
/			
/			
/			

하루 집중수련

일상적으로 꾸준하게 명상수련을 하는 것도 좋지만, 특별히 긴 시간을 내서 온전히 삶 자체를 명상수련으로 채우는 연습을 하면 더 좋습니다. 이렇게 하루나 이틀 또는 일주일, 길게는 석 달 정도 평소의 가정이나 직장의 삶을 완전히 떠나서 한곳에 머물며 명상수련을 하는 것을 불교전통에서는 안거(安居)라 하며, 기독교 전통에서는 피정(避靜)이라 합니다. 영어로는 retreat이라 하는데, 이는 신앙적 성장에 큰 도움이 되는 것으로 알려져 있습니다. 물론 성직자나 전문 수련자가 아닌 사람들이 한 달 이상 집중수련을 하기는 어렵지만, 혼자 하루 정도 날을 잡아 집중적으로 해 볼 수 있습니다. 이렇게 하는 것은 비교적 지속적인 심리적 안정과 통찰을 경험할 수 있는 좋은 기회로, 일상생활 속에서 하는 짧은 명상수련의 효과를 배가시킬 수 있을 뿐 아니라 심리적 성장에도 크게 도움이 됩니다.

다음의 표는 혼자 집에서 또는 집을 떠나 해 볼 수 있는 하루짜리 집중수련 시간표의 예시입니다. 자신만의 명상계획에 따른 수련을 마치는 마지막 날을 하루 집중수련의 날로 할애하는 것도 좋은 방법입니다.

시간표	소요 시간	내용	비고
9:00~9:30	30분	• 해맞이 요가 10회 • 호흡관찰	• 1회기
9:30~10:00	30분	• 정좌명상: 수식관 • 정좌명상: 만트라	• 2, 3회기
10:00~10:30	30분	• 걷기명상: 실내	• 4회기
10:30~11:00	30분	• 정좌명상: 주의확장	• 3회기
11:00~12:00	60분	• 보디스캔	• 4회기
12:00~12:30	30분	• 산명상	• 5회기
12:30~14:00	90분	• 먹기명상(점심식사) • 걷기명상: 실외	• 2, 8회기 • 6회기
14:00~14:30	30분	• 하타요가	• 7회기
14:30~15:30	60분	• 정좌명상: 감정/생각 마음챙김 • 정좌명상: 열린 마음챙김	• 5회기 • 6회기
15:30~16:00	30분	• 절명상: 용서 구하기	• 8회기
16:00~16:40	40분	• 자기자비명상 • 자비명상	• 8회기 • 9회기
16:40~17:00	20분	• 원하는 수련하기, 마무리하기	

맺는 글

제5장에서 행위양식의 삶과 존재양식의 삶에 대해 설명했습니다. 행위양식(doing mode)의 삶이란 목표 지향적인 삶이며, 원하는 것과 현재 상태의 차이에 의해 동기화되는 생활방식으로서 '더 나은' 상태를 성취하기 위해 끊임없이 일하는 우리의 일상적 삶이 여기에 속합니다. 우리는 더 많은 소득, 더 나은 자동차와 집, 더 예쁘고 멋진 배우자, 더 많은 인정, 더 좋은 성적, 더 많은 권력, 심지어는 더 많은 행복을 위해서 열심히 일합니다.

존재양식(being mode)의 삶이란 지금 현재의 상태를 조급하게 바꾸려 하지 않고 오히려 있는 그대로 수용하며 허용하는 생활양식으로서 삶의 매 순간의 경험을 분석하거나 평가하거나 비교하지 않고 있는 그대로 받아들여 경험하는 삶을 말합니다. 여기서 말하는 수용이란, 자칫 모든 현실에 안주하라는 것으로 오해할 소지가 있지만, 그 반대입니다. 존재양식의 삶에서 수용한다는 것은 무엇이든 인정하는 수동적이고 맹목적인 것이 아니라 오히려 능동적이고 주도적인 것입니다. 예를 들어, 자신이 싫고 못나 보이는 면이 있다 해도, 그런 약점을 탓하거나 외면하지 않고 있는 그대로 사랑하고 받아들이며, 피하고 싶은 불편함과 괴로움이 있어도 그것을 의도적으로 직면하는 삶을 사는 것을 말합니다. 이런 수용은 실재에 대한 자각을 토대로 하는 적극적인 수용이며, 자기계발과 성장을 위한 진정한 시작점이 되는 것입니다.

임상심리학자인 버나드와 티스데일(Barnard & Teasdale, 1991)은 개인 수준에서 행위양식과 존재양식 중 한 가지 양식에만 의존해서 사는 사람은 취약한 사람이며, 유연하게 두 양식을 넘나드는 것이 바람직한 삶이라고 주장합니다. 실제로 누구든 심지어 그가 전문 종교인이나 명상가라 해도 존재양식만으로 사는 것은 바람직하지 않으며, 완전히 그렇게 살 수도 없습니다.

명상은 존재양식의 삶을 훈련하는 좋은 도구입니다. 하지만 명상수련이 일상의 삶에 생생함과 활기, 의미감, 안정감과 평화를 더해 주지 못하거나 오히려 일상의 삶을 포기하게 하거나 악화시킨다면 수련에 문제가 있는 것입니다. 명상도 중독될 수 있습니다. 일상의 삶이 힘들고 피곤한데 명상을 하면 편안하고 좋아서 일상을 회피하고 명상에 몰두한다면, 이는 중독된 것입니다. 명상은 괴로움을 피하고 즐거움을 추구하는 것이 아니며, 반대로 괴로움을 자초하고 즐거움을 회피하는 것도 아닙니다.

물론 명상 또한 행복한 삶을 위한 것이라는 점에서는 이견이 없습니다. 그러나 명상은 즉각적인 감각적 쾌락을 추구하기 위한 것이 아니며, 외현적인 성취나 비교 우위를 통해 상대적인 행복을 추구하기 위한 것도 아닙니다. 명상은 아무것도 추구하거나 피하지 않으면서, 즐거움이든 괴로움이든 있는 그대로 알아차리고 그냥 존재하는 존재양식의 삶을 훈련하는 것입니다. 이런 훈련을 통해 과도한 행위양식과 소유양식으로 기울어 있는 일상의 삶을 적절한 균형 상태로 되돌리는 힘을 갖게 됩니다. **어쩔 수 없는 상황이나 외부의 기대나 요구에 의해서가 아니라 자발적이고 자유로운 선택을 통해 균형 잡힌 삶을 살 수 있게 하는 것이 명상입니다.**

명상수련은 우리 자신의 존재적 괴로움과 고통을 부드럽게 받아들일 수 있게 하며, 무지와 오해에서 비롯된 불필요한 고통과 괴로움을 경감시켜 줍니다. 또한 명상수련은 우리 자신에 내재한 본성에서 우러나오는 기쁨과 사랑, 감사와 만족, 호기심과 열정 같은 행복의 요소들을 누릴 수 있게 하는 것입니다.

명상을 통해 안정과 평화, 기쁨과 자유로운 삶을 사실 수 있기를 기원합니다.

참고문헌

Barnard, P. J., & Teasdale, J. D. (1991). Interacting cognitive subsystems: A systemic approach to cognitive-affective interaction and change. *Cognition and Emotion, 5*(1), 1-39.

Benson, H. (1975). *The relaxation response*. CA: William Mcmorrow and Company.

Benson, H., & Proctor, W. (2011). *The Relaxation revolution: The science and genetics of mind body healing*. New York: Scribner.

Carmody, J. (2016). Fish discovering water: Meditation as a process of recognition. In M. A. West (Ed.), *The psychology of meditation: Research and practice* (pp. 74-92). Oxford, England: Oxford Press.

Csikszentmihalyi, M. (1996). *Creativity: Flow and the psychology of discovery and invention*. New York: Harper Collins.

Dweck, C. S. (2012). *Mindset: How you can fulfill your potential*. London: Constable & Robinson Limited.

Frank, R. H. (2016). *Success and luck: Good fortune and the myth of meritocracy*. NJ: Princeton University Press.

Fromm, E. (1976). *To have or to be*. New York: Harper & Row.

Gilbert, P. (2010). An introduction to compassion focused therapy in cognitive behavior therapy. *International Journal of Cognitive Therapy, 3,* Special Section: Compassion Focused Therapy, 97–112.

Gilbert, P., & Choden. (2014). *Mindful compassion: How the science of compassion can help you understand your emotions, live in the present, and connect deeply with others.* Oakland, CA: New Harbinger Publications.

Hayes, S. C., Villatte, M., Levin, M., & Hildebrandt, M. (2011). Open, aware, and active: Contextual approaches as an emerging trend in the behavioral and cognitive therapies. *Annual Review of Clinical Psychology, 7*(1), 141–168.

Huppert, F., & So, T. C. (2013). Flourishing across Europe: Application of a new conceptual framework for defining well-being. *Social Indicators Research, 110,* 837–861.

Jacobs, T. L., Epel, E. S., Lin, J., Blackburn, E. H., Wolkowitz, O. M., Bridwell, D. A., Zanesco, A. P., Aichele, S. R., Sahdra, B. K., MacLean, K. A., King, B. G., Shaver, P. R., Rosenberg, E. L., Ferrer, E., Wallace, B. A., & Saron, C. D. (2011). Intensive meditation training, immune cell telomerase activity, and psychological mediators. *Psychoneuroendocrinology, 36*(5), 664–681.

Kabat-Zinn, J. (1990). *Full catastrophe living: Using the wisdom of your body and mind to face stress, pain, and illness.* 김교헌, 김정호, 장현갑 역(2017). 마음챙김 명상과 자기치유: 삶의 재난을 몸과 마음의 지혜로 마주하기. 서울: 학지사.

Kabat-Zinn, J. (2003). Mindfulness-based interventions in context: Past, present, and future. *Clinical Psychology: Science and Practice, 10,* 144–156. doi:10.1093/clipsy.bpg016

Killingsworth, M. A., & Gilbert, D. T. (2010). A wandering mind is an unhappy mind. *Science, 330*(6006), 932.

Langer, E. J. (1989). *Mindfulness*. MA: Addison-Wesley Publishing Company.

Lazarus, R. S., & Folkman, S. (1984). *Stress, appraisal, and coping*. New York: Springer.

Lutz, A., Brefczynski-Lewis, J., Johnstone, T., & Davidson, R. J. (2008). Regulation of the neural circuitry of emotion by compassion meditation: Effects of meditative expertise. *Public Library of Science One, 3*(3), e1897.

McGonigal, K. (2015). *The upside of stress: Why stress is good for you, and how to get good at it*. 신예경 역(2015). 스트레스의 힘: 끊임없는 자극이 만드는 극적인 성장. 서울: 21세기북스.

Nolen-Hoeksema, S. (1998). Ruminative coping with depression. In J. Heckhausen & C. S. Dweck (Eds.), *Motivation and self-regulation across the life span* (pp. 237-256). New York: Cambridge University Press.

Schwartz, G. E. (1990). Psychobiology of repression and health: A system approach. In J. L. Singer (Ed.), *Repression and dissociation: Implications for personality theory, psychopathology, health* (pp. 405-434). Chicago, IL: The University of Chicago Press.

Turner, M. (1996). *Literary mind*. New York: Oxford University Press.

Wood, A. M., Froh, J. J., & Geraghty, A. W. (2010). Gratitude and well-being: A review and theoretical integration. *Clinical Psychological Review, 30*(7), 890-905. doi: 10.1016/j.cpr.2010.03.005. Epub 2010 Mar 20

사단법인 한국명상학회 홈페이지 https://www.k-mbsr.com/
청남선생 홈페이지 http://www.andongkwon.pe.kr

찾아보기

〈내용〉

저자 소개

김완석(Gim, Wan-Suk)
아주대학교 심리학과 교수이다. 아주대학교 건강명상연구센터 소장으로 명상에 기반을 둔 심신건강 증진에 관련된 강의와 연구를 하고 있다. 사단법인 한국명상학회의 회장을 역임했으며, 현재 이사장으로 일하고 있다. 한국심리학회가 인증하는 건강심리 전문가이자 사단법인 한국명상학회의 명상지도전문가(R급)이다.

〈저서 및 역서〉
긍정컴퓨팅: 웰빙과 잠재력 개발을 위한 기술(공역, 커뮤니케이션북스, 2018)
과학명상(커뮤니케이션북스, 2016)
마음을 여는 명상: 사무량심(역, 학지사, 2016)
행동의학과 마음챙김수용(공역, 학지사, 2014) 외 다수

〈논문〉
연민확장성이 연민붕괴에 미치는 영향[공동, 2018, 한국명상학회지, 8(1), 91-104]
수치심이 자비명상에 대한 저항감에 미치는 영향: 자비 대상(자기 vs. 타인)의 조절효과[공동, 2017, 한국심리학회지: 문화 및 사회문제, 23(2), 131-157]
아주신체자각척도(ABAQ)의 개발과 타당화[공동, 2016, 한국명상학회지, 6(1), 45-58]
역기능적 소비행동에 대한 마음챙김 소비의 영향 연구[공동, 2015, 한국심리학회지: 소비자광고, 16(1), 125-145]
자비명상과 마음챙김명상의 효과 비교: 공통점과 차이점[공동, 2014, 한국심리학회지: 건강, 19(2), 509-531]
명상기반 개입법에서 정적명상과 동적명상의 차별적 효과[단독, 2013, 한국심리학회지: 건강, 18(4), 643-667] 외 다수

〈대중강연〉
플라톤 아카데미 TV 〈인문학 아고라-과학기술시대, 명상을 만나다〉 5강 '명상과 나의 몸, 나의 마음'
BTN TV 〈지혜의 다락방〉 11회~14회 '과학명상의 이해' 외 다수

마인드 다이어트
명상기반의 자기조절
Mind Diet: A Meditation-Based Program for Enhancing Self-Regulation

2019년 8월 5일 1판 1쇄 인쇄
2019년 8월 10일 1판 1쇄 발행

지은이 • 김완석
펴낸이 • 김진환
펴낸곳 • ㈜ **학지사**

　　　　　04031 서울특별시 마포구 양화로 15길 20 마인드월드빌딩
대표전화 • 02)330-5114　　　팩스 • 02)324-2345
등록번호 • 제313-2006-000265호

홈페이지 • http://www.hakjisa.co.kr
페이스북 • https://www.facebook.com/hakjisa

ISBN 978-89-997-1695-9 93180

정가 15,000원

저자와의 협약으로 인지는 생략합니다.
파본은 구입처에서 교환해 드립니다.

이 책을 무단으로 전재하거나 복제할 경우 저작권법에 따라 처벌을 받게 됩니다.

이 도서의 국립중앙도서관 출판시도서목록(CIP)은 서지정보유통지
원시스템 홈페이지(http://seoji.nl.go.kr)와 국가자료공동목록시스템
(http://www.nl.go.kr/kolisnet)에서 이용하실 수 있습니다.
(CIP 제어번호: CIP2019025103)

출판 · 교육 · 미디어기업 **학지사**

간호보건의학출판 **학지사메디컬** www.hakjisamd.co.kr
심리검사연구소 **인싸이트** www.inpsyt.co.kr
학술논문서비스 **뉴논문** www.newnonmun.com
원격교육연수원 **카운피아** www.counpia.com